Katharina Grabner-Hayden

Mehr Lametta, Schatzi!

Weihnachtssatiren

Kral Verlag, Berndorf 2023

Impressum

1. Auflage 2023
Autorin: Katharina Grabner-Hayden
Grafik: Clemens Toscani, Toscani.at
Lektorat: Ulrike Hütter
Coverfoto: Philipp Monihart

(Inh. Robert Ivancich)
A-2560 Berndorf, John-F.-Kennedy-Platz 2
Telefon: +43 660 435 7604
E-Mail: office@kral-verlag.at
www.kral-verlag.at

Printed in EU

ISBN: 978-3-99103-156-7

Erschienen in Berndorf 2023

Besuchen Sie uns im Internet: www.kral-verlag.at,
auf facebook www.facebook.com/KralverlagBerndorf
und instagram www.instagram.com/kral_verlag/

Katharina
GRABNER-HAYDEN

MEHR *LAMETTA,* SCHATZI!

WEIHNACHTSSATIREN

Kral Verlag, Berndorf 2023

Meiner Familie

und

Eva

Die meisten Leute feiern
Weihnachten,
weil die meisten Leute Weihnachten
feiern.

Kurt Tucholsky

INHALT

EIN DANK VORWEG

Lange Vorwörter und Reden haben eines gemeinsam, sie können ungemein enervierend sein. Es war für mich schon als Kind unerträglich und kaum auszuhalten, wenn der Großvater am gedeckten Weihnachtstisch seine familiären Jahresrückblicke wie Sternspritzer über alle Anwesenden niederprasseln ließ. Es interessierte niemanden, wir wollten alle nur schnell essen und dann zu den Geschenken stürmen.

Ich halte meine Dankesworte deshalb kurz und bündig, denn ich will Sie, liebe Leserinnen und Leser, nicht länger auf die Folter spannen und zu einem weihnachtlichen und humorvoll-entspannenden Literaturschmaus einladen.

Weihnachten und Entspannung? Geht das überhaupt? „Ja", sagt die Christmas-Planerin in mir.

Mit vier Söhnen, zwei Enkelkindern, lieben Schwiegerkindern und einer mörderisch anhänglichen Verwandtschaft bedarf es neben riesigen Kochtöpfen und vollen Proseccobeständen auch einer großen Portion buddhistischer Gelassenheit, um das weihnachtliche Chaos durchzustehen.

Trotz allem liebe ich dieses Chaos. Gäbe es dieses Durcheinander nicht, ich müsste es erfinden.

Meinem Ehemann, meinem geliebten „Odysseus", gebührt dabei der größte Dank. Ein Leben ohne ihn, ohne seine engelsgleiche Geduld und beharrliche Menschenfreundlichkeit wäre langweilig und nicht denkbar. Ich liebe dich.

Meine Mutter und meine Schwiegermutter, die ich in diesem Buch so unverfroren mit „Lilibet“ und „Mitzerl“ – zwei Charaktere aus dem österreichischen Weihnachts-Filmklassiker „Single Bells“ – vergleiche, sind nicht nur großartige Mütter, Groß- und Urgroßmütter, beide sind mir Vorbilder an Frohsinn und nobler Zurückhaltung. Außerdem können beide unfassbar gut kochen. Seid innig umarmt!

Danke an meinen lieben Freund Herbert „Mesl“ Winklehner, der mich als fachkundiger Theologe und leidenschaftlicher Leser beim Schreiben dieses Buches begleitet hat. Ich habe ihn mit meinen Texten oft an den Rand der Verzweiflung gebracht. Nach dieser Lektüre ist er glücklich, zölibatär leben zu dürfen.

Zum Schreiben gehört für mich absolute Stille, ein Notebook und ein schneller Internetzugang. Danke den Brüdern aus dem Kloster in Dachsberg/Oberösterreich, den Oblaten des heiligen Franz von Sales, für die überaus freundliche Aufnahme in ihrem Haus. In einem Männerkloster zu schreiben, „hat etwas“. Manch gruselige Erscheinung konnte ich den Mönchen nicht ersparen, wenn ich nächtens ungeschminkt, unfrisiert und nur leicht bekleidet durch die weitläufigen Gänge spukte, um eine Kaffeemaschine zu finden.

Ein herzliches Dankeschön dem Team des Kral Verlages. Ihr freundliches und professionelles Arbeiten und ihre Leidenschaft für Bücher sind ansteckend und haben mir beim Schreiben tatsächlich Flügel wachsen lassen, obwohl ich kein Engel, sondern eher ein Leopold bin.

Aber davon lesen Sie später!

Genießen Sie nun mit einem Glas Prosecco meine Weihnachtsgeschichten. Sie werden mit großer Genugtuung feststellen, dass es in anderen Familien noch viel ärger zugeht als in der Ihrigen.

Ihre Katharina – *Leopoldine* – Grabner-Hayden
Krems 2023

XMAS WONDERLAND

Ich liebe meine Freundin Judith. Während ich mit meiner Großfamilie versuche, im Hier und Jetzt zu leben, dreht sich ihre gesamte Aufmerksamkeit um die Planung unserer gemeinsamen Zukunft, und das ohne Mann und Kinder. Sie denkt dabei an unsere Bühnenkarriere und – da wir beide ja wirklich nicht mehr die Jüngsten sind – an unsere gemeinsame Pension.

Dieser sieht sie mit großer Sorge entgegen. Leider lässt sich Judith gerne von pessimistischen Informationen aus den Medien beeinflussen, die ihr – und in weiterer Folge auch mein – Leben bestimmen.

So ist sie zum Beispiel überzeugt, dass mich meine Kinder zu hundert Prozent in ein hässliches Pflegeheim stecken werden, wenn ich alt und dement bin. Hässlich deswegen, weil die am billigsten sind. Das läge daran, meint sie, dass ich zeitlebens zu wenig Einkommen erwirtschaftet hätte, worunter auch sie als Managerin zu leiden habe.

Judith organisiert meine Veranstaltungen, ist immer an meiner Seite und hilft mir bei der Auswahl der Bühnentexte. Sie darf und muss mich kritisieren, wenn mein Verlag anklopft, weil ich meine Abgabetermine nicht eingehalten habe. Dann muss sie für Ruhe sorgen und mich an meinen Schreibtisch zwingen. Ihr ist dabei jedes Mittel recht.

Ich bewundere Judith, sie ist verlässlich bis zum Umfallen. Ich weiß, ich nerve sie mit meinem stoischen Gleichmut, dafür profitiert sie von anderen meiner Qualitäten.

Sie ist meine beste Freundin und Ratgeberin, ich gehorche ihr immer, weil ich grundsätzlich eher phlegmatisch bin. Es kommt im Leben sowieso ständig anders, als man denkt.

Sie meint, der Buchverkauf müsse sich in Zukunft verdoppeln, nein versechsfachen, damit ich – und damit meint sie auch sich – ein nettes Auslangen fände. Dies sei aber in meinem Alter und bei den Aussichten, dass Menschen keine Bücher, sondern nur mehr E-Books kaufen, eher nicht zu erwarten. Ich wiederum nehme das Leben, so wie es ist. Einmal anstrengend, dann wieder leicht und humorvoll.

So liegt sie mir seit Wochen mit der Idee in den Ohren, ich könnte doch mehr aus meinem Haus machen. Die Kinder seien fast erwachsen und pfiffen ohnehin aufs Landleben. Ich könnte daher mein Domizil, eine ehemalige alte Dorfvolksschule, in eine schöne Frühstückspension umbauen oder daraus ein luxuriöses Restaurant mit Blick auf das Benediktinerstift Göttweig machen. Sollte es weiterhin unangenehme Personalprobleme im Tourismus und in der Gastronomie geben, dann wäre ein niveauvolles Bordell ebenfalls denkbar. Wobei ihr nach dreimaligem Gesichtslifting die Position der Empfangsdame zukäme, während ich in der Buchhaltung oder im Facility Management tätig sein könnte, was schließlich auch sehr wichtig wäre. Ein *Table Dancing* traut sie mir aus gewichtigen Gründen nicht mehr zu.

Nichts dergleichen wird passieren. Die Räume meines Hauses stehen weiterhin für meine Familie und meine Freunde offen und warten sehnsüchtig auf den Moment, an dem viele kleine Kinderstimmchen durch seine Gänge und Zimmer schallen.

Vor einigen Tagen besuchte mich Judith wieder und schwirrte mit einem roten Seidenkaftan durch mein Haus. Sie hatte mir keine Blumen oder Prosecco, sondern bloß eine ihrer neuen Ideen mitgebracht. Ihr rotes wallendes Gewand und ihre großen herausquellenden Augen verhießen nichts Gutes. Entweder hatte sie drei Tage nicht geschlafen oder Unmengen an Aufputschmitteln genommen.

„Schatzilein, ich hatte im Traum *die* Idee meines Lebens!“, fuchtelte sie euphorisch mit ihren Händen in der Luft herum. „Ich habe lange darüber nachdacht. Restaurants sind out, kannst du vergessen. Das Personal ist mies und ständig mit *Work-Life-Balance*-Problemen beschäftigt, Laufhäuser und Bordelle unrentabel, aber ...“

Bei dem Wort *aber* öffnete ich zitternd eine Flasche Prosecco. Judith war heute nur mit viel Alkohol zu ertragen.

„... aber: Virtuelle Welten sind *in*, denn Lesen ist *out*! Ich war in der vergangenen Woche bei der Harry Potter Ausstellung in Wien. Ein Wahnsinn! Die Leute haben sich fast zertreten. Dort rinnt das Geld in Strömen!“

„Uje“, ich trank einen beherzten Schluck.

„Unglaublich, was man da alles mit warmer Luft kreieren kann. Du kannst aus jedem Schas Geld machen. Die Idee ist wichtig, alles andere ist eine Frage von perfektem Marketing und überzeugter Verkaufsstrategie.“

Ich hatte bereits das zweite Glas getrunken.

„Es gibt Laufhäuser, Horrorhäuser, Spukhäuser, Geisterhäuser und nun ... tamtaratam ... nun endlich auch ein XMAS WONDERLAND, ein Weihnachtshaus! Weihnachten spielt sich dann nicht mehr nur von Oktober bis Dezember ab! Nein, Weihnachten erstreckt sich über das ganze Jahr. Ob Urlaub oder Kurzbesuch, in einem Weihnachtshaus kannst du wieder Liebe und Freude tanken, dir die Sehnsucht nach Familie und Freunden erfüllen, und so ganz nebenbei werden dem Besucher die historischen Hintergründe aus dem Neuen Testament in total neuer Form erzählt. Das alles findet in Zukunft in deinem Haus statt!“

Ich nickte zweifelnd und trank. Ein Was? Ein Weihnachtshaus?!

Ich war soeben erst froh darüber, dass ich Weihnachten und

den Besuch meiner Familie mit all den sich daraus ergebenden Sticheleien und Streitereien überstanden hatte – was nur mit viel Prosecco gelungen war –, und nun tischte mir Judith die Idee auf, aus meinem Haus eine dauerbrennende Weihnachtskerze zu machen! Eine schreckliche Vorstellung, die mir Angst bereitete. Ich war überzeugt, dass man mich unmittelbar nach der Eröffnung dieses Erlebnishauses an einem niederösterreichischen Fahnenmast baumeln sehen würde. Ich trank wieder aus meinem Glas.

„Ich habe mir Großartiges ausgedacht, und du bist die Erste, der ich das Konzept meiner, beziehungsweise unserer, *Wizarding World* vorstelle."

„Gott sei Dank hört das niemand!", dachte ich. Dann ging das Theater los. Sie zog mich in ihre Welt und führte mich durch mein eigenes Haus, dem neu zu errichtenden XMAS WONDERLAND. Mit einem Promille Alkohol im Blut gelang es mir leichter, mich ihrem Willen zu fügen. Sie hatte sich mein Bühnen-Headset über die Ohren gezogen und hob bedeutungsvoll ihre Stimme:

„Sehr verehrte Gäste! Ich darf Sie alle ganz herzlich in der *Wizarding World*, dem XMAS WONDERLAND begrüßen. Diese einzigartige Ausstellung wird Sie in die Zauberwelt von Weihnachten entführen.

XMAS WONDERLAND wird bereits erfolgreich in vier verschiedenen Großstädten Europas gezeigt und das als Dauerausstellung: in London, Paris, Wien ... und nun auch in Höbenbach.

Es ist eine *Experience* für die ganze Familie, für jedes Alter und für jeden Geschmack, ein *Must-see*!

Warum so lange auf diesen großen Tag warten? Das habe ich mich schon als Kind immer gefragt. Der lange Advent, die faden, dunklen Tage bis zum Lichterfest sind Geschichte! Mit dieser Ausstellung können Sie ohne die geringste Wartezeit das ganze Jahr über mit Ihren Lieben feiern. Der Zauber von Weihnachten, erlebbar gemacht durch eine Meisterleistung an digitaler Technologie und innovativem Design. Sie interagieren mit Ihren Lieblingsheiligen wie Josef von Nazareth, Maria oder den drei Weisen aus dem Morgenland Caspar, Melchior und Balthasar. Es ist eine Reise in eine Welt voller Liebe, Harmonie und staunender Freude. Sie können sich aber ebenso mit Bösewichten wie Quirinius, Herodes oder Steuereintreibern treffen. In unserer *Virtual World* werden Obdachlosigkeit, Fluchtsituationen und blutige Kindermorde in einer Realityshow erlebbar gemacht. Sie brauchen in Zukunft kein Darknet, um sich gruselig wohl zu fühlen. XMAS WONDERLAND macht all das möglich! Das ist die neue Form des Geschichteerzählens. Beeindruckend lebensnah und in Echtzeit.

Mein Name ist Dolores, ich bin Kulturvermittlerin und darf Sie bei Ihrer virtuellen Reise begleiten. Ich werde Ihnen spannende *Behind The Scenes Stories* erzählen. Setzen Sie nun Ihre Digital-Brillen auf und tauchen Sie mit mir ein in die *Fantastic World of Christmas*!"

Ich unterbrach ihren Redeschwall, den sie ähnlich reißerisch formuliert hatte wie ein Animateur einer Delfinshow in Seaworld, Florida. Während ich mir die Kindersonnenbrille meines Enkels aufsetzen musste, fragte ich sie: „Wie kommst du auf Dolores?"

„Dolores klingt gut und hat irgendwie einen spirituellen und doch seriösen Touch!"

Fand ich nicht unbedingt, ich kannte das Buch *Dolores* von Steven King. Aber egal, der Prosecco wirkte. Weiter ging es ins Wohnzimmer.

„Auf der ersten *Videowall* sehen Sie, selbstverständlich in 3D, die Lieblingsszene aller Weihnachtsbewunderer und Christkindl-Liebhaber: das Krippenmotiv mit der Heiligen Familie.

Keine Sorge, Krippe hat nichts mit einem viralen Infekt zu tun. Den schreibt man ja auch mit einem weichen G ..." – sie fing dabei gekünstelt zu lachen an – „... ha-ha-ha ...! Spaß beiseite, Sie sehen den Geburtsort des sogenannten Gotteskindes, den Stall in Bethlehem. Gleich zu Beginn der Ausstellung dreht sich alles naturgemäß um die Entstehungsgeschichte von Weihnachten. Und da schlägt auch schon das erste Wunder zu.

Es war um das Jahr 6 (!) vor Christi Geburt. Offiziell wurde das Kind ja um 0 geboren. Das wäre logisch, geht sich aber aufgrund anderer historischer Fakten wie den Lebensdaten von Augustus und Herodes, Volkszählungen und Sternbeobachtungen nicht aus. Damals jedenfalls litten einige Propheten aus Syrien und Judäa an mangelnder Glaubwürdigkeit und folglich an massivem Kundenschwund. Diese Leute hatten die Aufgabe, Messiasse, also Heilsbringer, anzukündigen. Heute würde man sie als Influencer bezeichnen. Allerdings interessierte das niemanden, denn es gab massenweise kleine und große „Speaker" und keiner hatte mehr den Durchblick. Das Argument *„Nieder mit den Römern!"* hatte ebenfalls an Attraktivität verloren. Die Menschen fühlten sich zwar von den Römern unterjocht, profitierten aber stark von deren Annehmlichkeiten wie Bädern, Straßen, Bildung, Prostitution und vor allem Polygamie! Wollte man sich trotzdem mit ihnen anlegen, gab es ohnehin die Zeloten, eine Kampftruppe, die durch die Straßen von Jerusalem zog und Krawall machte, durchaus vergleichbar mit heutigen Staatsverweigerern.

Um die Zukunft der Propheten und ihrer Heilsbringer stand es also eher schlecht. Da musste eine neue Idee her und die war total irrsinnig: ein Kind aus dem Nichts, das den Menschen Frieden, Freude und eine große Portion Eierkuchen bringen sollte. Ein ganz neuer Influencer sollte am Heilsmarkt auftreten, aber dieses Mal als ärmliches Kind und nicht als König. Das war wirklich genial, eine großartige Marketingidee, geboren aus einer Notlage heraus."

Wir gingen weiter ins nächste Zimmer, mein Schlafzimmer. Kein Wort kam über meine Lippen, ich war von Dolores' Ausführungen teilweise geschockt, teilweise überwältigt.

„Einige aus unserer Runde kennen sogar den Namen dieses Wunders. Wollen Sie ihn uns verraten? Nein? Kein Problem. Es war ein kleiner Bub namens Jesus, der Sohn eines Zimmermanns aus Nazareth. Aus ihm musste etwas ganz Besonderes werden.

Blöd nur, dass die Griechen und vor den Griechen auch die Ägypter schon öfters versucht hatten, Kinder aus Lehm, Spucke, Blut oder sonstigen menschlichen Exkrementen vor ihrem geistigen Auge entstehen zu lassen. Auf diese Weise konnten sie glaubhaft versichern, das Chaos der Welt in eine göttliche, nämlich in *ihre* Ordnung zu bringen. Schriftgelehrte und hohe Priester waren – gegen entsprechende Barzahlung natürlich – leicht zu finden, die dafür die entsprechende theologische Deutung lieferten.

Man brauchte also etwas anderes, eine Geburt mit wahrhaft göttlichem Charakter, ein astreines, allen einleuchtendes Wunder eben. Dafür blieb eigentlich nur eine Möglichkeit: eine Jungfrauengeburt. Die ging selbst in der antiken Welt viral. Das war verrückter und phantastischer als eine Story von Prinz Harry und Meghan Markle. Schade, dass es damals noch kein Netflix gab!"

Ich musste mich kurz setzen. Dolores' Erzählung wurde wirklich immer interessanter. Hatte meine Freundin womöglich doch recht mit ihrer Idee eines Weihnachtshauses? Sollte ich tatsächlich das Schreiben aufgeben und mich lukrativeren Geschäftsmodellen widmen? Dolores tupfte mich mit einem Bleistift an, den sie phantasievoll zum Laserpointer umfunktioniert hatte.

„Kurzer Exkurs zur Jungfrauengeburt: Älterer Mann verliebt sich in blutjunges Mädchen, kennen wir ja alle vom Richard Lugner. Dann irgendein Fest, eine Hochzeit oder eine nette Brauchtumsbeschneidung, bei der viel Alkohol im Spiel ist und – bäng! – ist sie, dieses blutjunge Ding, schwanger. Wobei der arme Mann gar nicht weiß, ob er oder ein anderer der Vater des Kindes ist. Maria, der süße Kolibri, ist nicht nur blutjung, sondern auch ungeheuer hübsch, und was Männer betrifft, völlig unerfahren."

„War die nicht erst zwölf Jahre alt?“, warf ich ein.
„Bring mich bitte nicht immer aus dem Konzept! Ich weiß nicht, ob Maria noch ein Kind war. Das wird hier aber nicht erwähnt, sonst sperren die uns wegen Pädophilie die Ausstellung zu, noch bevor wir eröffnet haben. Wir sagen einfach nichts über Marias wahres Alter. Klar?

Also weiter, man/frau kannte noch keine Pille, die Präservative waren aus löchriger Ziegenhaut, und die Knaus-Ogino-Verhütungsmethode war der jungen Maria offensichtlich auch noch nicht bekannt. Josef ist sich trotz massivem Alkoholkonsums aber sicher, dass er mit ihr – schwuppdiwupp – Sie wissen schon, was ich meine – etwas in dieser Nacht ‚gehabt hat‘.

Weil er aus dem Hause Davids stammte, hat das alles auch etwas mit Ehre zu tun. Ich meine dabei nicht den Geschlechtsakt an sich, sondern üblicherweise eben das, was man mit *Verantwortung übernehmen* assoziiert. Also, wenn aus einer erotisch spontanen Begegnung ein kleiner Kolibri entspringt, für den man dann Alimente zahlen muss. Saudumm gelaufen für den Josef!

Zwischenfrage? Was das Haus David ist? Das Haus David war eine Großfamilie, von seiner Bedeutung her durchaus mit dem Hause Habsburg vergleichbar. Mächtig, aber trotzdem mehr oder weniger ausgestorben.

Aber nun wieder zurück zu unserem Thema: Josef und Maria standen nun vor einem großen Problem. Die hübsche Maria vor ihrem dicken Bauch, Josef vor einer teuren Hochzeit und beide vor einer Steinigung.“

Ich war fasziniert. „Könnten wir da nicht ein paar Körbe mit Steinen hinstellen und eine echte Steinigung simulieren?“
„Ja, könnte man technisch umsetzen. Ich merke, du hast schon Geschmack an XMAS gefunden!“
„Und wie!“

Nächster Raum. Mein Badezimmer.

„Nun kommen bei der ganzen Tragödie wieder unsere Heilpraktiker, also die Propheten ins Spiel, denn Maria ist nicht nur blutjung und schön, sie ist auch sehr schlau und setzt den Rat der Heilpraktiker gleich um. Das Kind muss göttlich sein, ein kleiner Prometheus, so wie ihn die Griechen und vorher schon die Ägypter kannten.

Weil aber Propheten es an sich haben, überall zu predigen und Heil zu sprechen, spricht es sich klarerweise wie ein Lauffeuer herum, dass die gute Maria offiziell nur vom Heiligen Geist geschwängert sein kann. Was natürlich nur zu fünfzig Prozent stimmt, weil in besagter Nacht ja ein Richard bei ihr war ... ha-ha-ha, ein kleiner Scherz zur Auflockerung ... natürlich nicht der Richard Lugner, sondern Josef, ihr Verlobter. Egal, der eine sagt, es war ein Engel, ein anderer meint, es sei ein Bote Gottes gewesen. Der dritte schwört, er habe Gott selbst mit Maria gesehen, obwohl es möglicherweise ja auch der Josef gewesen sein konnte, schließlich trägt nicht nur Gott, sondern auch Josef einen weißen Bart.

Die frohe Botschaft, dass ein Kind geboren wurde, das der Retter der Welt ist, ging dann tatsächlich viral durch alle Dörfer und Städte des antiken Mittelmeerraumes. Alle glaubten die Geschichte, weil sie daran glauben wollten. Zum Schluss sogar der Josef.

Warum die beiden dann von Nazareth nach Bethlehem gegangen sind, weiß niemand. Wahrscheinlich ‚sollte sich die Schrift erfüllen', so wie es die Propheten voraussagten. Klar, das glaubte dann jeder. Sicher ist, dass es ein Sonntag war, der 24. Dezember und zwar im Jahre 6 vor Christi Geburt."

„Also, das ist jetzt zu dick aufgetragen, das glaubt uns doch niemand! Sonntag, 24. Dezember!? Klassischer Fall von Fake News. Weihnachten wurde doch erst gefeiert, als das Christentum Staatsreligion im Römischen Reich wurde. Da wählte man den 25. Dezember, den Tag des Sonnengottes – die Wintersonnenwende – als Geburtstag von Jesus", warf ich kritisch ein.

„Du willst mir schon wieder zeigen, dass du g'scheiter bist als ich!", motzte Judith. „Fake News? Ist das nicht völlig egal? Hier dreht es sich doch bloß um einen Tag, das ist doch ziemlich spießig von dir. Ob es ein Sonntag war oder nicht, kannst nicht einmal du beweisen, Frau Dreimalklug! Heute weiß doch kein Mensch mehr den genauen Hintergrund dieses Festes. Ich versuche mein Publikum emotional wieder ein wenig in diese Geschichte einzuführen, und du kommst mir ständig mit deinen kleinlichen Kommentaren."

Ich musste analog auf die Toilette, dann folgte ich ihr schweigsam ins nächste Zimmer. Ein dreckiges, ziemlich nach Bier und Zigaretten riechendes Jugendzimmer.

„Betreten Sie nun mit mir den nächsten Raum! Erleben Sie die Magie des 24. Dezembers in einer kleinen Scheune zu Bethlehem, und das hautnah! Die Requisiten und Kostüme sind teilweise aus historischen Beständen. Dies ist der Grund, warum es hier zuweilen etwas muffig riecht. Sie können diese Gerüche wie feuchtes Stroh mit und ohne Eselsurin, den Windelduft des Jesuskindes oder den Mundgeruch eines betenden Hirten anschließend in kleinen Fläschchen in unserem Weihnachtsshop erwerben.

Im Raum des 24. Dezembers können Sie außerdem selbst zu einer Krippenfigur werden. Schöpfen Sie aus dem reichhaltigen Kleiderfundus inklusive Engelsflügel und Heiligenscheine. Werden Sie selbst zu Maria oder Josef. Sie spüren, dass Sie Teil der Heiligen Familie sind. Fühlen Sie die Kraft und die Liebe, die Sie beim Anblick des kleinen Kindes wie ein Zauber durchflutet."

Mich durchflutete in diesem Augenblick nicht Liebe, sondern purer Zorn über das stinkende und verdreckte Zimmer meines Sohnes.

„Als Selfies werden diese Krippenmotive vor allem in der Vorweihnachtszeit via WhatsApp Fotocollagen oder für kleinere Videos auf Instagram oder TikTok immer beliebter.

Gerne stellen wir Ihnen auch eine App für ein Fotobuch zur Verfügung. Die biblischen Figuren sind auf Wunsch selbstverständlich gegen Weihnachtsmänner mit und ohne Rentiere ersetzbar.

Besonders beliebt bei Familien ist der Ritt durch die Wüste, und das auf einem echten Kamel. Mit dem Aufpreis von nur 27 Euro können Sie und Ihre Kinder die Heiligen Drei Könige auf lebenden Dromedaren durch die Wüste begleiten. Dies ist mit einer 360 Grad digitalen Leinwand und klimafreundlich eingeflogenem Sand aus dem Sinai möglich. Bitte beachten Sie bei diesem interaktiven *Storytelling*, dass Sie selbst Einfluss auf die Handlung nehmen können. Möglicherweise laufen Sie Gefahr, sich in der Wüste zu verirren, dann verlieren Sie wichtige Punkte beim Spielen. Ein Tipp: Sie können Ihr Dromedar soweit bringen, dass das Tier Ihre Mitspieler oder Ihre Gegner, zum Beispiel den König Herodes und seine Soldaten anspuckt. Das bringt wiederum Gutpunkte.

Und weiter geht es in den nächsten Raum: der Raum des Genusses."

Wir waren in meiner Küche angelangt, da konnte ich mir endlich die nächste Flasche Prosecco aus dem Kühlschrank holen. Ich stehe nämlich auf interaktive Kulturvermittlung!

„Was wäre Weihnachten ohne genussvollen Festtagstisch? Hier entscheidet eine künstliche Intelligenz namens „Alexia" über die Fortsetzung des Rundgangs. Sie setzen sich die Kochmütze auf, und „Alexia" sagt Ihnen – wie in der Geschichte von Harry Potter –, in welches Haus Sie eintreten. Bei diesem Spiel werden Ihnen von der sprechenden Mütze nach ein paar Rechenminuten vier unterschiedliche Kochschulen für den feierlichen Festtagstisch angeboten:

Die Karpfenfresser

Gehören Sie zu dieser Gruppe, dann stehen Sie auf und gehen einfach dem Geruch von angebranntem Panierfett nach. Sie werden hinter der Tür von Johann Lafer und einem toten Karpfen erwartet. Herr Lafer weiht Sie in die Geheimnisse eines gut frittierten Karpfenfilets ein und zeigt Ihnen anschließend – wenn Sie wollen, auch persönlich –, dass Kaviar vom Karpfen eine höchst aphrodisierende Wirkung besitzt.

Die Ganslesser

Hier dürfen Sie sich auf etwas ganz besonders Schönes freuen: auf eine mit Äpfeln bestückte Weidemastgans aus Ungarn und auf Frank Rosin aus Deutschland. Beide sind wahre Gaumenfreuden. Wen Sie als erstes verzehren, Gans mit Rosin oder Rosin ohne Gans, bleibt Ihnen überlassen.

Die Bratenschlemmer

Vorsicht! Hier dürfen Sie sich nicht irritieren lassen. Es handelt sich um ein rotes Rübenpüree und einen veganen Linsenbraten, den es nur zu Weihnachten gibt. Ganz nach dem Motto: Einmal im Jahr genügt. Sie zoomen live mit Sarah Wiener direkt aus dem Europaparlament in Straßburg – genügt auch einmal im Jahr.

Die Kekseliebhaber

Süß – süßer – *ur*süß! Unter diesem Hut setzen wir auf Ihre Bereitschaft, ein paar Kilo Weihnachtsspeck zu akzeptieren. Rund und gesund bleiben Sie auch während der Feiertage. Ihre Kreativität und Ihr Können sind unter dieser Kochmütze mehr als gefragt, denn Ihre Begleitung ist Silvia Schneider. *Nomen est omen.* Sie ist die hübscheste ‚Zuaroacherin', also die begehrteste Küchengehilfin der Nation. Mit ihr gelingen die kompliziertesten Mehlspeisen. Wenn das Trinkgeld passt, rührt, zerhackt und zerschneidet sie alles!“

Nun führte mich die freundliche Dolores in mein Büro, meine Schreibwerkstatt.

„Wenn Sie mir bitte weiterfolgen! Der nächste Raum ist dem Basteln und Schenken gewidmet. In den Vitrinen finden Sie Weihnachtsgeschenkideen zum Kaufen. Lesen Sie einfach bei den Angeboten den angebrachten Micro-QR-Code auf Ihrem Smartphone ein. Sie sehen dann automatisch den Billigstanbieter des jeweiligen Geschenkes oder erhalten Bastelanleitungen zum Selbermachen. Bedenken Sie dabei: Schenken Sie immer nur Dinge, über die Sie sich selbst nicht freuen würden, wie etwa Diätkurse, Strickanleitungen oder Kochbücher. Mit einer Zusatzfunktion können Sie sich die eingepackten Geschenke von *lieferando* direkt ins Haus zustellen lassen. Somit steht stressfreien und erholsamen Feiertagen nichts mehr im Wege.

Und nun zum Höhepunkt von XMAS WONDERLAND: Die Kammer des Schreckens."

Sie öffnete die Tür zu einem weiteren Zimmer, das wir als gemütliche Bauernstube eingerichtet hatten. Dort saßen meine analoge Mutter und zwei analoge Cousinen bei Kuchen und Kaffee. Vor meinem überdimensional großen *Ficus Benjamina* stand eine weitere analoge Frau, unsere Putzfrau. Sie bügelte. Aufgeschreckt, starrten sie uns völlig irritiert an. Was sie sahen, war ja mehr als verstörend: Vor ihnen gestikulierte eine in einem wallenden Kaftan eingehüllte Irre, eine betrunkene Frau schlürfte ihr nach. Beide kannten sie gut.

„In diesem Raum befindet sich der hell erleuchtete Christbaum mit bunten Lichterketten und Altwiener Christbaumschmuck. Sehr trendig! Doch Vorsicht, lassen Sie sich von dieser Idylle nicht täuschen! Denn im Kreis, um den Tisch herum, sitzt die liebe Verwandtschaft, die Sie – um des Familienfriedens willen – einladen mussten, und Gäste, die Sie gar nicht kennen. Diese Menschen haben sich als ‚gute Freunde der Familie' getarnt und sich einfach in Ihr Haus eingeschlichen. Die Motivation beider Gruppen: Streitsucht, hervorgerufen durch Neid und Gier. Eigenschaften, die bei den meisten Menschen verhältnismäßig stark ausgeprägt sind. Doch keine Sorge! Sie sind in der Kammer des Schreckens durch gepanzertes Glas vor jeglichen Angriffen geschützt und können durch ein Mikrofon von außen einfach einige naive Fragen in die Schlangengrube werfen. Mit Garantie werden diese zu größtmöglichen Aggressionsschüben und Schreiduellen führen. Ich gebe Ihnen gerne ein paar Fragen als Beispiele, die absolut sicher für einen gelungenen Streit sorgen:

- Wer ist eigentlich an der Trennung von Gertrude und Andreas schuld? Hat sie ihn oder er sie zuerst betrogen?
- Hat nur Helga von Tante Frieda 10.000 Euro bekommen oder die anderen auch?
- Sollen wir Helmut zur Alkoholentwöhnung eine gute Reha suchen?
- Wollen wir nächstes Weihnachten mal etwas anderes als Fondue essen?
- Wo befindet sich das silberne Tafelbesteck von Tante Helene?
- Ist das eigentlich normal, dass Peter gerne Frauenkleider trägt?
- Schließlich zum Schluss die perfideste aller weihnachtlichen Fragen als Wunsch formuliert:
  Magst du dir nicht etwas mehr Zeit für dich nehmen?
- Und dann: die Überreichung eines *Weight Watchers* Buches."

Die beiden Cousinen rümpften die Nasen, Gertrude schaute Helga verächtlich an: „Warum hast du von Tante Frieda 10.000 Euro gekriegt und ich nicht?"

Der Tipp mit den Fragen funktionierte tatsächlich, die Damen fingen zu streiten an. Wunderbar.

„Sie können den Raum gerne betreten und mit den virtuellen Figuren interagieren. Die Streitereien und Diskussionen werden aufgezeichnet und danach mit einem Konfliktmediator oder einem Psychologen Ihrer Wahl analysiert. Bei Bedarf werden Ihnen auch Vorschläge mitgegeben, wie Sie Ihre Streitkultur optimieren. Zu Handgreiflichkeiten wird es nicht kommen, ständig werden Herzfrequenz und Adrenalinspiegel gemessen. Ihr bestes Druckmittel, wenn kein Ende des Streits absehbar ist: Lenken Sie einfach das Spiel auf Harry Potter und drohen Sie Ihren Mitstreitern mit Voldemort. Anfänglich werden Sie die Avatare auslachen, aber das Wort

„Voldemort“ ist das ultimative Losungswort fürs Steckerziehen. Strom aus – Licht aus – Avatare aus.“

Dolores schnippte das Licht im Zimmer aus. Die Damen blieben im Dunkeln zurück. Wir gingen weiter.

„Sie können nun Ihre selige Ruhe genießen und zwar mit mir im letzten Raum. Alle wichtigen Dinge können Sie dann als Podcast nochmals anhören, sich bei amerikanischen Weihnachtsliedern entspannen und Kraft tanken. Ihre Kinder übernimmt unser pädagogisch geschultes Personal, alle ausgebildete Freizeitpädagogen. Während Sie Champagner genießen und Fotos auf Instagram und Facebook posten, schwimmen Ihre Kinder in einem Weihnachtskugelbad und sind dabei glücklich.

Besuchen Sie auch unseren reich bestückten Weihnachtsshop! Ich bin überzeugt, Sie finden etwas Sinnvolles und Erfreuliches für Ihre Lieben!

Danke fürs Mitmachen! Danke, dass Sie uns im XMAS WONDERLAND besucht haben, wir freuen uns auf ein baldiges Wiedersehen. Ihr Engel Dolores.“

Wir waren wieder am Ausgangspunkt der Führung angekommen.

„Und? Wie findest du die Idee?“, fragte mich Judith mit strahlenden Augen.

„Ganz furchtbar!“, dann fiel ich ihr dankbar in die Arme. „Ich habe es verstanden! Ich setze mich sofort wieder an meinen Schreibtisch und arbeite an meinem Weihnachtsbuch weiter! Versprochen.“

Judith nickte glücklich. Sie hatte damit das schönste aller Geschenke bekommen.

Irgendwie werden Judiths Ideen, mich zum Schreiben zu bewegen, immer ausgefallener. Das liegt sicher an den Aufputschmitteln, die sie sich von Zeit zu Zeit „gönnt“.

Oder sie kennt die Geschichte ihrer Namenspatronin Judit aus dem Alten Testament. Die hat ihren Feldherrn Holofernes, der ein Auge auf sie geworfen hatte, während eines Trinkgelages enthauptet. Deswegen schreibe ich jetzt wie eine Verrückte, mir soll es nicht so ergehen. Das wäre unangenehm, so kopflos.

Hoffentlich wird mein Weihnachtsbuch ein Bestseller, dann werde ich wirklich mein altes Haus umbauen.

Ich habe auch schon eine großartige Idee dazu: Es wird eine Altenresidenz für senile Künstler*innen, und Judith bekommt darin das schönste und größte Zimmer!

NIE WIEDER WEIHNACHTSGUTSCHEINE!

Vor einigen Jahren beschloss meine Familie, dem weihnachtlichen Kaufrausch den Kampf anzusagen.

Sie, liebe Leserinnen und Leser, werden sich jetzt sicher denken, dass dies in einem Bildungshaushalt, wie dem meinen, eine moderne und durchaus logische Sache ist.

Da sind zum einen die lieben Kinder, die an die Zukunft und damit an das Klima denken, und aus ökologischen Gründen auf Smartphones, digitale Spiele, kostenpflichtige Streamingdienste und Flugreisen verzichten wollen. Auf der anderen Seite möchten die Eltern und Großeltern einen finanziellen Beitrag für die Großfamilie leisten. Immerhin braucht der liebe Nachwuchs bei seinen Hausstandsgründungen einen entsprechenden materiellen Hintergrund, und dies in Form von Betten, Vorhängen, Küchengeschirr oder Waschmaschinen. All das ist aber auch außerhalb der Weihnachtszeit möglich, und da sogar weit günstiger.

Diese Überlegungen spielten jedoch in meiner Familie keine Rolle. Wir beschlossen vor einigen Jahren aus reiner Not, diesen unangenehmen Kaufrausch zu beenden – und das weder aus genannten ökologischen noch aus ökonomischen Gründen. Wir wurden von ganz anderen Motiven Motiven geleitet: pure Angst und großes Entsetzen.

Grund genug, Weihnachten einmal völlig anders zu feiern.

Es ist noch gar nicht so lange her, da saß die Großfamilie völlig geschafft und nervlich am Ende am Tisch und getraute sich nicht, die Weihnachtspakete zu öffnen.

Jeder hatte vor jedem Angst, denn in den vergangenen Jahren kam es zwischen uns regelmäßig zu unangenehmen Feindseligkeiten, die auch nach dem Heiligen Abend und weit in das Neue Jahr hinein nicht ausgeräumt werden konnten.

Gerade in katholisch geprägten Großfamilien wie der meinen tritt diese Feindseligkeit mit großer Vehemenz zu Tage, besonders schlimm war das stets zu Weihnachten. Da wurde mit großer Lust und Hingabe geneidet und abgewogen, nach Anderem geäugt, danach gegiert und darum gestritten.

Tante Annelieses Silbertabatiere zum Beispiel hatte etwa sechshundert Euro gekostet, sie hatte dummerweise ihrem Mann Friedrich aber nur Geschenke um „mickrige" vierhundert Euro gemacht. Diese ungerechtfertigte Differenz von zweihundert Euro ließ Onkel Friedrich seine Frau das ganze nächste Jahr bei jeder Kleinigkeit in höchst unangenehmer Weise spüren.

Den sündteuren Aufenthalt zu Fastenwochen in einem benediktinischen Frauenkloster konnte sich Hans Peter weiß Gott wo hinschmieren, was Cousine Lilly ihrem verdutzt dreinblickenden Ehemann lautstark vor versammelter Familie kundtat: „Wenn du mich fett findest, dann sag es einfach, du Idiot!"

Sie blieben sich nichts schuldig. Er bekam von ihr eine Vorteilspackung Viagra und ein Buch über männliche Wechseljahre geschenkt.

Meine Kinder summierten die Preisschilder, die wir natürlich auf Pullover und Hemden wegen eines möglichen Umtausches hängen gelassen hatten, und fingen noch unter dem Christbaum mit Eifersüchteleien an, weil Ferdinand um fünfzig Euro mehr an Geschenken „verbuchen" konnte als die anderen.

Aus dem anfänglichen Tauschhandel wurde ein veritabler Raufhandel, der stets mit dem Werfen der Krippenfiguren endete. Die höllischen Streitereien konnten auch nicht mit dem Argument, es sei ja völlig egal, wir hätten alle Kinder gleich lieb, vom Tisch gefegt werden.

Sogar mich, einen durchaus bescheidenen Menschen, hatte die Weihnachtsgier gepackt. Denn warum sollte ich mich über eine Second Hand Mütze und eine CD freuen, wenn ich mir doch Bücher, Parfums und einen kleinen netten Diamantring gewünscht hatte?

Jedes Jahr die gleiche unangenehme Situation. Nach den Diskussionen und den anschließenden Streitereien wurde abgerechnet, was alle guten Vorsätze eines friedlichen Festes im Keim erstickte.

Schließlich reichte es meinem geliebten Ehemann. Nachdem sich Schwager und Schwägerinnen, und später die restliche Familie wie üblich in die Haare gekommen waren, schmiss er die liebe Verwandtschaft nach der Bescherung ohne Essen einfach aus dem Haus.

Zurück blieben wir: Odysseus‘ liebevolle Kleinfamilie – vier angefressene Jungs und eine schmollende Ehefrau.

„So kann es nicht mehr weitergehen! Ihr habt den Sinn und Zweck von Weihnachten nicht verstanden. Nächstes Jahr feiern wir ohne Geschenke! Keine Hosen, keine Hemden, kein Schmuck, keine Parfums, keine Computerspiele, keine Bücher, nichts. Wir werden uns in Zukunft auf die wahren Werte eines Weihnachtsfestes konzentrieren und diese sind allen bekannt: Nächstenliebe und Freude!“, schrie er in die geschockte Runde.

Ich saß am Sofa und ärgerte mich: „Du hast leicht reden! Du hast ja heuer am allermeisten abgeräumt!“

Mein Mann schüttelte den Kopf: „Ihr habt mich nicht verstanden! Nächstes Jahr gibt es nur noch Gutscheine!“

„Fein, die sind mir ohnehin lieber. Da krieg ich im Winterschlussverkauf das Doppelte darum!“, rechnete mein Sohn vor.

„Sehr gescheit“, dachte ich. Gutscheine müsste ich dann auch nicht so mühsam einpacken.

Odysseus war außer sich vor Wut. „Mit Gutscheinen meine ich keine Geldgutscheine! In Zukunft schenken wir uns Liebe, Zeit und andere Aufmerksamkeiten!“

Die Burschen lagen wie kleine Katzen ausgestreckt neben mir am Sofa und bekamen bei den Worten „Liebe und Zeit“ Lachkrämpfe. Ich musste herzlich mitlachen.

„Euch ist wirklich nicht zu helfen!" Danach hörten wir nur noch die Tür ins Schloss fallen. Mein Mann, beleidigt und tief getroffen, hatte es vorgezogen, Weihnachten beim nahegelegenen Dorfwirt zu feiern.

Weil mir im Leben nichts wichtiger ist als ein harmonisches Eheleben, zeigten meine Kinder und ich im darauffolgenden Jahr Einsicht. Wir waren bereit, uns nur Liebe und Zeit zu schenken, was mir persönlich in Anbetracht ihrer schlechten Noten und dreckigen Zimmer echt schwerfiel.

Wir genossen trotzdem eine wunderbar stille, weil ohne Hektik verbrachte Adventzeit. Keine Geschenke, keine Pakete, kein teures Seidenpapier, keine aufwendigen Mascherln, vor allem keine stressigen Einkaufstouren.

Das schönste aber war, dass meine liebe Verwandtschaft bei diesem *New Deal* nicht mitmachen wollte. Weihnachten ohne „richtige" Geschenke? Das durfte doch nicht wahr sein! Die einen führten diese Verhaltensänderung auf unsere familiäre Überforderung zurück, die anderen erklärten sich den psychisch auffälligen Zustand mit einer neurologischen Störung, die neuerdings gerne unter dem Begriff „Post Covid Syndrom" subsummiert wird. Wie auch immer, die liebe Verwandtschaft verschonte uns mit einem Besuch. So konnte einem friedlichen Fest nichts mehr im Wege stehen.

Weihnachten kam, und damit auch ein wunderbarer Tannenbaum, unter dem nichts, absolut gar nichts lag. Einzelne Briefe und bunt bemalte Zettel hingen vom Baum. Oh, wie originell!

Von Manuel bekam ich einen Zehnerblock für Geschirrspüler-Ein- und -Ausräumen, von Constantin fünf Mal Rasenmähen und von Ferdinand das Versprechen, für ein Jahr sein Zimmer in Ordnung zu halten.

Johannes hatte wie üblich auf Geschenke und sogar auf seinen Gutschein vergessen. Er hatte mir noch schnell aus den Resten einer Prometheus Statue, ein Werkstück aus der Schule, einen

Aschenbecher aus Eisen gebastelt. Die Leber des Prometheus wuchs der antiken Legende gemäß ständig nach, offensichtlich erhoffte sich mein Sohn die gleiche Regenerationsfreudigkeit meiner Organe, speziell meiner Lunge. Die Statue konnte er sich nur von einem Schulkameraden „ausgeborgt" haben, denn so ein hohes Maß an Kreativität war ihm echt nicht zuzutrauen. Egal, der Aschenbecher war genial. Da machte das Rauchen gleich noch mehr Vergnügen!

Odysseus beschenkte mich mit zehn Gutscheinen für pünktliches Heimkommen und einem Heftchen mit handwerklichen Tätigkeiten im Haushalt, wie die kaputten Steckdosen im Vorzimmer zu reparieren oder das Holz auf der Terrasse zu streichen.

Auch ich hatte mir in der Adventzeit Gedanken zum Fest des Friedens und der Versöhnung gemacht. Mein geliebter Mann bekam von mir das einmalige (!) Versprechen, mich über seine extravaganten Urlaubsdestinationen nicht aufzuregen und jede noch so stinkende und verdreckte Almhütte ruhig und gelassen zu ertragen.

Die Kinder hatten es mir besonders schwer gemacht. Jedem einzelnen schenkte ich die Garantie zu schweigen. Schweigen über schlechte Noten oder aus dem Ruder gelaufene Partys, Mund halten bei Mädchenbesuchen und keine Aggressionsattacken gegenüber Pädagogen oder Polizisten.

Es war das schönste Weihnachten, das wir je verbracht hatten.

Bis die Gutscheine eingelöst wurden.

Dem Zehnerblock von Manuels Geschirrspüler-Ein- und -Ausräumen fiel in den darauffolgenden Monaten das gesamte Augarten Porzellan und die Hochzeitsgläser zum Opfer.

Der Rasen war zwar dank Constantin gemäht, doch mit ihm auch meine Liguster-, Forsythien- und Rhododendrensträucher. Der Rasenmäher war nach seiner aufopfernden Hilfe Schrott, denn die „helfenden Hände" hatten unglücklicherweise das Kettenöl und nicht Benzin in den Tank geleert.

Ferdinands Wäscheordnung gipfelte in rotgrünblau verwaschener Wäsche und in einer kaputten Waschmaschine. Reparaturkosten: 680 Euro. Das Gutscheinkind hatte vergessen, vor dem Waschgang Münzen, Kaugummis und den Nagelzwicker zu entfernen, was die Trommel nicht überlebte.

Johannes freute sich, er musste nichts anderes tun als zuzuschauen. Den Aschenbecher hatte ich ja bereits erhalten und mit ihm wahrscheinlich auch ein Lungenkarzinom.

Ich wiederum empfing bei den ausschweifenden Partys die von den Nachbarn verständigte Polizei freundlich, und ärgerte mich auch nicht über die Mädchenpumps, die vor den Zimmern meiner Söhne standen.

Selbst auf Odysseus war Verlass, jeden Tag kam er pünktlich nach Hause. Er reparierte die kaputten Steckdosen und montierte gleichzeitig eine wunderschöne alte Lampe in der Küche. Diese hatte ich vor Jahren auf einem Flohmarkt erstanden, sie passte perfekt zu meinen Bauernmöbeln. Leider hatte die Lampe keine Nullleiter-Phase und unser Haus noch keinen Fehlerstrom Schutzschalter, kurz FI genannt.

Als mein Geliebter stolz den Lichtschalter anknipste, hörten wir aus dem Mauerwerk ein leises Knistern, gefolgt von einem krachenden, dann hellgleißenden Schein. Den Kurzschluss überlebte der schöne alte Holzluster nicht. Mit ihm brannten auch Teile der Küche ab. Kosten des Feuerwehreinsatzes und des anschließenden Ausmalens der Küche: 1600 Euro.

Dieser Umstand brachte auch Vorteile mit sich. Immerhin ersparten wir uns durch diese Mehrausgaben einen Urlaub in irgendeiner verlausten Berghütte. Gott sei Dank.

Zu all dem schwieg ich eisern und verbiss mir jede Kritik. Nichts ist mir nämlich wichtiger als ein harmonisches Familienleben, und das beginnt mit dem ersten Gebot einer guten Beziehung: Dass ein Ehemann eben immer recht hat.

Nur als Odysseus und die Kinder heuer in der Adventzeit wieder den Vorschlag machten, uns Gutscheine zu schenken, weil unsere Familie dadurch in liebevoller Weise zusammengewachsen wäre, bekam ich einen Nervenzusammenbruch.

„Nein, um Gottes willen, keine Gutscheine! Ich will gekaufte Geschenke und ein Weihnachtsfest wie früher! Das kommt mir um einiges billiger!“

Die Verwandtschaft ist glücklich über meine Entscheidung. Eine Runde von fünfundzwanzig Personen hat sich angesagt und wird uns wieder völlig unkomplizierte Weihnachten bescheren.

Gott, wie ich mich jetzt schon darauf freue!

WEIHNACHTSPOST

Ich liebe Weihnachtspost, egal in welcher Form sie hereinflattert, ob als Postkarten, Briefe oder Päckchen.

Meiner Generation wird immer wieder unterstellt, wirtschaftsliberale Leistungsschweine zu sein, die für nichts Zeit haben, nur für Beruf und Geld. Dem widerspreche ich gerne.

Wir sind Leistungsschweine – stimmt –, aber wir haben trotzdem Zeit. Und zwar so viel, dass uns während der Adventzeit und trotz exzessiver Punschorgien und Weihnachtsfeiern dann und wann richtig schön langweilig wird. So langweilig, dass einem die glorreiche Idee kommt, all jenen zu schreiben, die man wirklich außerordentlich liebt, oder jener freundlich gedenkt, denen man ein langes und gesundes Leben wünscht.

Bei Briefen, die in die direkte oder verschwägerte Stammlinie der Familie gehen, wird damit auch klar und unmissverständlich ein möglicher Erbanspruch deutlich, der nötigenfalls unangenehme Klagen zur Folge haben könnte.

Ich liebe das Schreiben von Weihnachtspost und habe diese Tradition deswegen beibehalten. So wie in früheren Zeiten – hier müssen Sie sich, liebe Leserin und lieber Leser, ein tiefes sehnsuchtsvolles Seufzen vorstellen – ist für mich der 25. November, also mein Namenstag (Katharina von Alexandrien), der Startschuss und Beginn meiner vorweihnachtlichen Schreiborgie.

Ich halte nämlich nichts von tausendfach weitergeleiteten Weihnachtspostings auf WhatsApp, Facebook oder Instagram. Diese Botschaften bekommen alle, von der Lehrerin bis zur Putzfrau, von der besten Freundin bis zum Gynäkologen. Ich aber will nicht „alle“ sein. Gerade nicht zu Weihnachten. Selbstgemachte Zipfelmützen-Videos, muskelstrotzende Porno-Weihnachtsmänner oder sinnentleerte Toilettensprüche über die Liebe, die mir irgendein aufgeblasener TikTok-Influencer-Kasperl erzählt, interessieren mich ungefähr genauso wie die Stuhlbeschaffenheit von Elon Musk.

Ich verstehe als Besitzerin einiger Kundenkarten durchaus die Kommunikationsstrategien von Firmen, die ihre *Bla-bla-bla*-Weihnachtswünsche in die Emailpostfächer ihrer Kunden flattern lassen. Immerhin muss man tausenden Menschen ein gesegnetes Weihnachtsfest und alles Gute für das Neue Jahr wünschen. Nur könnte ich wegen dieser mittlerweile allgemein üblichen Praktiken, die für mich spürbare kulturelle Degenerationserscheinungen sind, zu heulen anfangen, wenn sogar Verlage – der Kral Verlag ist dabei ausgenommen – solche Standardweihnachtsbriefe verfassen, bei denen vom vergangenen auf das neue Jahr nur die letzte Ziffer ausgebessert wird. Diesen Verlagen kann ich nur sagen:

Liebe Freunde, Sie verkaufen Literatur und keine Badezimmerfliesen!

Weil mir Beziehungen wichtig sind und ich ein effektives Zeitmanagement pflege, verplempere ich keine Zeit am Smartphone oder mit dem Backen von Weihnachtskeksen. Nein, ich setze mich an den Schreibtisch und gedenke meiner Lieben, indem ich für jede und jeden ein paar nette Worte finde und eine mögliche Einladung ausspreche.

Jedes Jahr dürfen sich meine Familie und Freunde auf originelle und geistreiche Weihnachtskarten freuen.

Einmal waren es rote Papiersocken, auf die ich meine Segenswünsche schrieb, dann wieder ein Adventkalender mit vierundzwanzig Sprüchen. Ein anderes Mal versendete ich ein Krippenmotiv unserer Familie. Mein Engelchen als Christkind in der Mitte des Bildes, umgeben von Hirten und Hirtinnen – wir sind eine moderne, gegenderte Familie! –, die meine Schwiegertöchter und Söhne mimten. Mein Mann und ich, also Omi und Opi, spielten Ochs und Esel. Die Karten kamen bei Freunden und Bekannten sehr gut an, weil ein Foto und ein nettes Briefchen dazu einfach Freude machen.

Letztes Jahr gab es wieder etwas Besonderes aus der Grabnerei: Odysseus und ich als alterndes, aber verliebtes Pärchen in einer Punschbude. Diese wurde dank meines Graphikers charmant wegretuschiert, zurück blieben der betrunkene Gesichtsausdruck meines Mannes und meine roten Schnapsbäckchen. Die weihnachtliche Szene wurde von einem doof dreinblickenden Elch umrahmt. Perfekt.

Ich ließ von diesem Sujet einhundertfünfzig Karten drucken, setzte mich an meinen Schreibtisch und fing zu schreiben an.

Zuerst Briefe an all jene, die mir lieb waren und sich auch sofort vor meinem inneren Auge versammelten. Die „Mitzerl"-Omi, meine Schwiegermutter, Sybille, Doris, Berti, Eva und Ferdinand, Angelika und gleich auch deren Freundin, um diese nicht zu vergessen.

Nach einer Stunde war ich mit den ersten fünfzehn Karten fertig. Ich bedankte mich für ihre Freundschaft, für ihre Geduld, die sie mir so zärtlich schenkten, und brachte den sehnlichen Wunsch zum Ausdruck, mit ihnen im Neuen Jahr viele schöne Stunden verbringen zu wollen. Ich stellte mir ihre liebenswürdigen Gesichter vor, und schon rannen die Worte aus mir heraus wie aus einer Quelle. Ja, ja, *wo viel Liebe, da viel Freude*, sprang es in meinem Kopf herum. Bei diesem sinnigen Spruch hätten Zyniker amüsiert ihr Kreuzchen wie bei einem Weihnachts-Bullshit-Bingo-Spiel gemacht, ich meinte es aber ernst.

Weil ich an eine Quelle und an Flüssigkeit dachte, rührten sich mein Magen und meine Zunge mit unangenehmer Deutlichkeit. Beide wollten Prosecco. Den hatte ich mir nach einer so effektiven Schreibzeit redlich verdient!

Ich öffnete die Flasche und trank das Glas in einem Zug leer. So eine Weihnachtskartenschreiberei machte wirklich durstig.

Die nächsten Karten gingen an besondere Leserinnen und Leser meiner Bücher und Fans meiner Kabarettabende, die ich persönlich kenne und mit denen ich mich freundschaftlich verbunden fühle. Hier unterstrich ich meinen besonderen Dank für deren treue Besuche und ihr Lachen bei den Veranstaltungen, und kündigte geschäftstüchtig mein neues Buch an.

Nach etwa zwei Stunden und weiteren fünfunddreißig geschriebenen Karten war ich fertig. Ich atmete kurz durch und schaute auf die Flasche. Sie war fast leer.

Ich trank auch das letzte Schlückchen – „Pfiat di Lackerl!" – aus und stellte die nächste Flasche auf den Tisch.

Wer sich an dieser Stelle über meinen Alkoholkonsum wundert und sich möglicherweise darüber mokiert, dem liefere ich nun vier wichtige Argumente:

- Meine Leber ist nach zehnjähriger Tätigkeit in einem politischen Amt an Alkohol gewöhnt.
- Ich habe es mir nach der Aufzucht von vier Söhnen einfach verdient.
- Ich bin groß und korpulent, das verteilt sich.
- Ich liebe Prosecco. Prost!

Mit einem Schwuppdiwupp erhob ich mein Glas und ließ Veranstalter*innen, Bibliothekar*innen und Bildungseinrichtungen und *innen herzallerliebst grüßen. Ups, ich spürte den Alkohol massiv, es wurde mir wirklich warm ums Herz.

Egal. Nun kam die Großfamilie dran. Ich griff gierig nach dem nächsten Glas Prosecco und kippte es hinunter. Prooooossstt – auf die Familie!

Nun hieß es: lügen, lügen, lügen.

Aber warum lügen? Hatte mir nicht erst kürzlich mein geschätzter Therapeut geraten, die Dinge, die mich störten und belasteten, in respektvoller Form zu äußern? Oder zumindest in Briefform zu artikulieren, um mir die Wut und die Frustration von der Seele zu schreiben? Danach könne man ja das Geschriebene in einem Feuerritual verbrennen. Genau. Der Mann war seine hundertzwanzig Euro wert.

Ich würde alles aufschreiben, die Karten danach in tausend kleine Fetzen zerreißen, die Papierflusen mit Kräutern und Weihrauch vermischen und danach mein Haus räuchern. Blendende Idee.

Ich schrieb an Tante Iris, die mir mit ihren ständigen Aufforderungen, endlich an Gewicht zu verlieren, schrecklich auf die Nerven ging. Wie sehr mich ihre Besuche ärgerten, bei denen sie großzügig aus Wiens bester Konditorei kiloweise Mehlspeisen mitbrachte und sich wie eine großzügige Mäzenin feiern ließ, obwohl sie die Bäckereien um die Hälfte des Preises erstanden hatte, weil sie vom Vortag waren. Ich schloss den Brief mit der Drohung, sie beim nächsten Besuch samt ihrer großzügigen Dessertspende in der Biotonne zu entsorgen.

Dann kamen Traude und Fredi dran, eine Tante und ein angeheirateter Onkel aus Mistelbach, ein pensioniertes Lehrerehepaar. Er Professor für Deutsch und Philosophie, und sie Werklehrerin – mehr brauche ich nicht zu sagen. Mit größter Freude und einer fast schon kognitiven Dauererektion machten sie sich in früheren Jahren über den Entwicklungszustand meiner Kinder lustig. Sie prüften mit Penetranz deren kindliche Deutschkenntnisse und erdreisteten sich, mich während anregender Gespräche ständig darauf aufmerksam zu machen, dass diese oder jene Präposition einen Dativ oder einen Akkusativ verlangte, was ich als Schriftstellerin ja eigentlich wissen sollte.

All jene, die mich und meine Bücher kennen, wissen, wie ich zu Pädagog*innen im Allgemeinen stehe, besonders zu Werklehrer*innen, darum erspare ich Ihnen nähere Details meines Schreibens. Ich beendete meine Karte mit den Worten: „… euch pädagogischen Vollpfosten wünsche ich frohe Weihnachten und eine galoppierende Demenz!“

Alle anderen Verwandten bekamen nettere Karten, zumindest waren sie erträglich.

Doch Stopp! Eleonore, meine Cousine, die hatte ich ganz vergessen. Sie und ihre Brut kamen zu jedem nur erdenklichen Anlass in mein Haus. Dieses Verhalten hatten sie sich im Laufe der Jahre angewöhnt: einfach zu kommen, ohne sich anzukündigen. Es genügte eine Außentemperatur von zwölf Grad samt Sonne, schon saß sie mit Ehemann und ihrem quengelnden Fortpflanz im Auto, kam zu uns und ließ ihre drei Monster bei mir aussteigen. Danach fuhren die beiden fort und machten sich alleine einen schönen Tag.

Ach, wie sehr würden sie weltoffene Menschen wie uns lieben. Eleonore meinte damit aber ausschließlich die offenen Türen unseres Hauses. Umgekehrt lud sie uns nie ein. Meine Kinder waren ihrer Meinung nach nicht an eine kultivierte Lebensweise in ihrer Döblinger Villa gewöhnt, ich sollte verstehen.

Ja, so hatte sich nach dieser zwanzigjährigen Schieflage einiges an Wut und Kränkung aufgebaut. Ich nippte an meinem Glas, zog mir die Ärmel wie für einen Kampf über die Ellenbogen und schrieb:

~~Meine Lieben!~~

Ich strich die Anrede durch und besserte sie aus in:

Ihr miese Bagage!

Ein erlebnisreiches und aufregendes Jahr neigt sich dem Ende zu. Gott sei Dank! Denn im nächsten Jahr wird sich einiges für euch ändern! Für die hunderten Stunden in unserem Haus, ob eingeladen oder nicht, warte ich immer noch auf ein Dankeschön von euch. Zu Weihnachten, zu Ostern und an vielen anderen Wochenenden seid ihr einfach gekommen, habt den Kühlschrank leergefressen und euch an unseren Weinbeständen gelabt. Damit ist jetzt Schluss. Ich werde von euch ab 2023 einen Eintritt von 72 Euro verlangen. Pro Mann und Nase! Wir können es kaum erwarten, euch und eure blöden Visagen einmal nicht zu sehen, weder eure, noch die eurer Kinder. Apropos Kinder. Eure Tochter ist seit der letzten Party schwanger! Solltest du dich, liebe Eleonore, zumindest die nächsten zwei Jahre an den Zaun unseres Hauses wagen, dann ersäuf ich deinen Chihuahua eigenhändig in der Regentonne, lass ihn ausstopfen und stelle ihn mir aufs Klo.

Frohes Schaffen, ihr Affen!

Punkt. Genau richtig. Der hatte ich mal so richtig meine Meinung gesagt – und ab ins Kuvert auf den Stoß fertiger Briefe.

Verdammt, jetzt spürte ich den Alkohol gewaltig. Egal.

Der Nächste bitte!

Ach, wie wunderbar, ich war in bester Laune und in literarisch absoluter Höchstform. Nun wurde es lyrisch. Ich schrieb an Otto, den pingeligen Sohn meines Schwagers, von Beruf Hautarzt. Wie stand der eigentlich familiär zu mir? Schwiegersohn, Schwagerneffe, Schwiegerneffe, nein, nur Neffe, oder war er womöglich gar nicht mit mir verwandt? Ich konnte zu diesem Zeitpunkt aufgrund meines Alkoholkonsums das Verwandtschaftsverhältnis nicht mehr genau klären. Völlig egal, er ging mir auf die Nerven und daher schrieb ich Folgendes:

Oh Ottilein, Oh Ottilein!
Ab heute wird es anders sein.
Von nun an sei dir fest versprochen,
ich pfeif auf dich erst in vier Wochen.

Ich strich das letzte Verbum durch und ersetzte es durch einen Fäkalausdruck –

Du und deine Kinderlein,
werdet nicht mehr unsre Gäste sein.
Denn immer nach Martinischmäusen,
sind unsre Haare voll mit Läusen.
In ein paar Wochen könnt ihr kommen,
wenn ihr durch Seife erst geschwommen.
Denn seid ihr ordentlich gewaschen,
dürft ihr kommen und vom Baume naschen!

Ha, eitler Idiot, das hatte gesessen! Ich wünschte ihm noch eine gesunde Prostata! Und ab auf den Stoß!

Die Nächsten, bitte!

Also nun musste ich etwas aufpassen, bisher waren die Briefe ja einigermaßen intellektuell anspruchsvoll gewesen, aber jetzt spürte ich immer deutlicher, wie mir der Alkohol zusetzte.

Ein paar Briefe noch, weil es gerade so leidenschaftlich in mir brannte und zwar für, für, für ... ich scrollte in meiner Handyliste herum ...

... für ... für

... für die Deutschprofessorin meines Sohnes! Constantin hatte zwar schon vor einigen Jahren maturiert, ich hatte nur nie die Gelegenheit gehabt, ihr in respektvoller Art und Weise konkrete Anregungen zu geben, um ihren Unterricht etwas attraktiver zu gestalten. Völlig enthemmt rann es aus mir heraus:

> Sehr geärte frau fessor, sie miese Shclange!
> Sie, das ganze Bildunssistem und dieser türkise Bildungskasperl, wie heißt der doch gleich? Potaschek? Egal, sie und er gehen mir aber sowas von auf die Eier. Wenn ich wälche hätt! Haha! Sie haben trotz Euthanasie, sorry, Epifanie, verdammt, Logobädie wie heißt das, wenn du Sätze und Wortgruppen nicht erkennst? Ach ja, ich weiß es: Trotz Legastelie meinem Sohn nicht geholfen. Er hat aber trotzdem die Matura geschafft. Etsch. Und nun wird er auch ein lehrer, die arme Sau. Hoffentlich ein besserererer als sie. Wird er, weil er mein sohn is und ich ihn mit Liebe abgefüllt habe. Apropos Liebe: Ich vergönn ihnen, dass ihnen ihr man sie verlssen hat. Frohes fest und ganz fiele schlimme Schüller!

Fertig. Und ab auf den Stoß. Gott, war ich gut. Eine Karte ging an den Herrn Pfarrer, eine an meinen Gynäkologen und weitere an irgendwelche Menschen, die ich nur oberflächlich kannte. Wobei ich mir nicht mehr sicher war, was ich wem geschrieben und welche Karte ich in welches Kuvert gesteckt hatte.

Verdammter Prosecco! Hatte ich jetzt die Dankesworte für derart gepflegte kleine Händchen, die mich zwischen meinen Beinen gerne erregen durften, dem Herrn Pfarrer ins Kuvert gesteckt? Dann hatte ich ja womöglich meinem Arzt die Kerzerllutscher-Kritik in seine Weihnachtskarte gesteckt. Ich wusste es nicht mehr, ging aber von einer Trefferwahrscheinlichkeit von fünfzig Prozent aus.

Egal, ich konnte dies ja noch am nächsten Tag kontrollieren, und außerdem sollte ja ohnedies alles verbrannt werden.

Glücklich und zufrieden schlürfte ich zu meinem geliebten Ehemann ins Bett und schlief sofort ein.

Am nächsten Tag erwachte ich aus einem todesähnlichen Schlaf. Mein Kopf brannte wie Feuer. Die Kinder waren bereits an der Uni und der Jüngste von meinem Mann in die Schule gebracht worden.

Odysseus hatte mir ein kleines Weihnachtsfrühstück gerichtet. Wie aufmerksam. Butter, Erdbeermarmelade und frische Semmeln standen auf dem Tisch. In der duftenden Kaffeetasse schwamm Milchschaum, darauf hatte er ein großes Herz aus Kakao gezeichnet. Ich seufzte, ich hatte den besten Mann der Welt an meiner Seite. Verträumt nippte ich an meiner Tasse Kaffee und las den Brief, den er mir zu den Semmeln gelegt hatte.

Guten Morgen, meine Geliebte!
Ich bewundere dich. Du hast mit unseren Kindern und mit Deinem Beruf unendlich viel zu tun und denkst trotzdem mit so viel Liebe und Zuneigung an die vielen Menschen um Dich. Du glaubst gar nicht, wie wichtig unseren Freunden und Bekannten diese Weihnachtskarten sind. Sie sind Ausdruck tiefer Zuneigung und großer Wertschätzung. Gut, dass es Menschen wie Dich gibt!
Um Dir einen Weg abzunehmen, habe ich beim Semmel Holen die Weihnachtskarten bereits zur Post gebracht und aufgegeben.
Ich liebe dich. Dein Odysseus.

DER WEIHNACHTSWAHNSINN

In meiner Familie ist es Usus, wirklich alles zu feiern: Geburtstage und Namenstage, den Valentinstag und den wichtigsten Tag im Jahreskreis, den Muttertag. Nach diesen Feiertagen reihen sich, dem Alter und Einkommen entsprechend, die Examen wie Matura und Universitätsstudien, weiter dann die gymnasialen Qualifikationen oder positiv absolvierten Eintritte in berufsbildende höhere Schulen. Schließlich kommen die lieben Kleinen dran: Feier zum Abschluss der Volksschule oder des Kindergartens mit Zauberern und Clowns im Garten.

Doch am allerschönsten sind die vielen Weihnachtsfeiertage. Warum meine Familie noch nicht auf die Idee kam, als Großkommune zu leben, um sich die teuren und unökologischen Fahrten aufs Land zu ersparen, verstehe ich selbst nicht. Ich habe es meinen Lieben immer wieder vorgeschlagen, an die Möglichkeit eines großen Bauernhofes zu denken oder gleich ein Schloss zu erwerben. Da könnten die Schwiegereltern und der Schwager im Nordflügel wohnen, die Tanten und Onkel samt Anhang im Westtrakt, und meine Familie mit Schwiegerkindern und deren Angehörigen im Süden und Osten des Hauses. Bei entsprechender Größe des Anwesens würden wir uns auch nicht auf die Nerven gehen. Bei Schönwetter fänden die Sauf- und Fressgelage im Innenhof des Schlosses statt, bei Regen könnte der Rittersaal verwendet werden.

Das einzige Problem: Wir besitzen leider kein Schloss. So trifft sich eben alles, was in der Familie Rang und Namen hat, in unserem Haus, weil es so schön groß ist und so schön im Grünen liegt.

Weihnachten und die Raunächte stellen für mich dabei unter all den Festen die größte Herausforderung dar.

Die Herkunft des Wortes *Raunächte* ist etymologisch nicht ganz geklärt. Einer Ansicht zufolge geht der Begriff auf das mittelhochdeutsche Wort *rûch* – ‚haarig' zurück, das heute in dieser Bedeutung in der Kürschnerei als „Rauchware" für Pelzwaren noch in Verwendung ist (siehe *wikipedia.de* unter Raunacht). In diesen wilden „*rûch*-Nächten" würden sich Dämonen in Fellen zeigen und alle Häuser mit bösen Zaubersprüchen verwünschen. Bis zum 6. Jänner trieben diese haarigen Geister ihr Unwesen. Drinnen wie draußen.

Auch in unserem Haus lassen sich die familiären Plagegeister ab der Wintersonnenwende am 21. Dezember nieder und ziehen erst zu den Heiligen Drei Königen am 6. Jänner wieder ab. Selbstverständlich, nachdem sie den Keller und die Speisekammer leergefressen haben.

Dazwischen räuchere ich das Haus fleißig mit Harzen und Kräutern aus, besprenge das Mobiliar und die Betten mit Weihwasser, segne unsere Tiere, die ja in diesen Nächten ebenfalls sprechen können, und befestige Engelsfedern in den Kastenfenstern, um die bösen Geister drinnen und die Unwesen draußen zu beruhigen. Es lebe der Aberglaube und die energetisch aufgeblasene Verwandtschaft, die es zu besänftigen gilt. Sie wissen, liebe Leserinnen und Leser, ich tu alles für ein harmonisches Fest!

Seit Jahren habe ich mir für diese „wilden" Tage einen ausgeklügelten Plan zurechtgelegt. Schon zu Beginn der Adventzeit fange ich mit dem Zusammentragen und Schlichten der Stühle fürs Wohnzimmer an, damit dort dreißig Personen gemütlich sitzen können. Die alten Kommoden verschwinden in unser Schlafzimmer, um Platz für den Kinder- und Jugendtisch zu schaffen. An diesem können bis zu zwölf Heranwachsende sitzen. In unserer Regenbogenfamilie weiß man nie, ob nicht wieder ein Kleinkind durch eine Geburt oder Patchwork-Kids durch eine Scheidung dazugekommen sind.

Die großen Perserteppiche werden zusammengerollt und dienen als Abdichtung vor Kälte und Schnee auf dem Dachboden, auf dem mein Mann und ich im wahrsten Sinne des Wortes unsere Zelte aufschlagen. Uns geht es dort oben unterm Dach gar nicht schlecht. Wir sind ungestört, liegen auf Wärmedecken und haben uns sogar einen kleinen Teekocher aufgestellt, für den Fall, dass die Temperaturen unter null Grad fallen. Die Schwiegereltern sollen es bequem haben, sie schlafen in unserem Ehebett. Die Kinder übersiedeln in dieser Zeit ins Gartenhaus, ich brauche ihre Zimmer, den Vorraum und den Umkleideraum für meine Eltern, die Onkel und Tanten und deren Familien.

Zwei Zimmer sind für Jungfamilien umgerüstet und der Vorraum mit einem kleinen Badezimmer, der eigentlich zum Gepäck Verstauen, Duschen und Wäsche Waschen gedacht ist, kann blitzschnell auch zu einem Kreißsaal umfunktioniert werden. In meiner Familie ist man/frau nie vor einer plötzlichen Niederkunft gefeit. Tante Grete, eine Hebamme in Pension, bekommt im Falle des Falles gleich das Zimmer daneben.

Nur der engste Familienkreis kann und darf in unserem Haus während der Feiertage nächtigen, Freunde und Bekannte haben wir bei den Nachbarn gegen Bezahlung untergebracht.

Selbst die Küche wird für das große Fest „umgerüstet". Neben dem E-Herd stellen mein Mann und ich extra für meine Mutter einen Holzofen in den großen Küchenraum, einen sogenannten „Sparherd", wo die gute Großmutter halbe Schweine und dutzende Gänse braten kann, die ihrer Meinung nach aus dem alten Ofen einfach am besten schmecken. Sie ist ein Kind aus dem bäuerlichen Milieu, was mich nicht weiter stören würde, abgesehen von der Tatsache, dass Kinder dieses Milieus immer recht haben. Ihr zu widersprechen kommt mir nicht im Entferntesten in den Sinn, ich muss nicht nur mein Haus, sondern auch mein Nervengerüst schonen. Das wird sowieso auf eine harte Probe gestellt, wenn sich meine Schwiegermutter und Tante Frieda zu ihr in die Küche gesellen.

Tante Frieda hat vom Kochen ungefähr so viel Ahnung wie ein Zahnarzt von einer Steißgeburt. Sie weiß trotzdem alles besser und gibt gerne Ratschläge über die gute Wiener Küche, was die beiden Großmütter im wahrsten Sinne des Wortes auf die Palme bringt. Nicht nur einmal sah ich, dass meine Mutter und meine Schwiegermutter der guten Frieda augenzwinkernd heimlich Spucke in die Suppe rührten, ein anderes Mal ein Lachsbrötchen anstatt mit Paprika mit einer kleinen Chilischote verzierten und ihr zum Verzehr anboten. Tante Frieda, die wegen ihres Reizdarms bekannt und gefürchtet ist, befand sich danach den Rest des Abends auf der Toilette.

Nun war wieder einmal ein frohes Weihnachtsfest in unserem Haus gefeiert worden. Ungefähr vierzig Gäste waren eingezogen und hatten es erst Mitte Jänner, also lange nach den Heiligen Drei Königen, sukzessive verlassen.

Doch bereits zu Maria Lichtmess am 2. Februar kehrten sie zurück. Nachdem ich die letzten Wochen nie länger als drei Stunden geschlafen und mir beim Abbau des Dachbodenzeltes den vierten Lendenwirbel verschoben hatte, war meine Stimmung nicht überaus euphorisch, als die Meute mit Kuchen und Blumen vor der Tür stand und um Einlass bat.

So muss sich die arme Maria, die Mutter Jesu, gefühlt haben, als sie nach der Geburt ständig von betenden Hirten und den Heiligen Drei Königen im Wochenbett gestört wurde. Maria bekam dafür Gold, Weihrauch und Myrrhe, aber ich? Nichts.

„Was wollt ihr denn schon wieder?“, fuhr ich die Mischpoche an.

„Feiern, was sonst!“, war die empörte Antwort meiner Mutter.

„Was denn, um Gottes willen? Weihnachten ist vorbei und Ostern erst in ein paar Monaten!“, heulte ich, doch die liebe Verwandtschaft hatte sich schon im Wohnzimmer niedergelassen.

Bei Kaffee und Kuchen offenbarten sie mir den wahren Grund ihres Kommens. Unverblümt und ziemlich direkt beschwerten sie sich über das vergangene Weihnachtsfest, bei dem einiges nicht ganz so „geklappt“ hatte, wie von ihnen erwartet.

„Nächstes Jahr werden wir dir bei den Weihnachtsvorbereitungen helfen. Du bist mittlerweile schon in einem Alter, bei dem man gerne die eine oder andere Sache vergisst! Das macht ja nichts, in Zukunft werden wir dir unter die Arme greifen", meinte meine Cousine überheblich. Sie hatte leicht reden, sie bewohnte mit ihrem Mann und ihren zwei Schreihälsen während der Feiertage mein Büro. Danach war der Raum verwüstet und die Wände teilweise mit Ölkreiden bemalt.

Meine Geschwister monierten die Tatsache, dass Tante Frieda neben den Schwiegereltern und sie dafür im Bügelzimmer neben Onkel Friedrich schlafen mussten, der die ganze Nacht erbärmlich geschnarcht hatte. Nächstes Jahr sollte die Einteilung anders sein, zumindest möge sich das Verwandtschaftsverhältnis auch in der Zu- und Einteilung der Betten widerspiegeln.

Im Übrigen, kritisierten die Wiener Bobos, sollten in Zukunft die Großmütter nicht mehr in der Küche stehen, sondern mit den Babys und Kleinkindern spielen – dazu wären sie mit ihrer voranschreitenden Demenz geistig eher in der Lage –, denn das Essen sei zwar reichlich und üppig, aber leider viel zu fett und überdies nicht ausgewogen gewesen, zumindest ernährungstechnisch. Mimis Mann zum Beispiel hätte gar nichts essen können, weil der Arme neben seiner Glutenunverträglichkeit nun auch unter einer Laktoseintoleranz leide und sehr verärgert war, dass man auf diesen Umstand in keiner Weise Rücksicht genommen hatte. Des Weiteren sei der Baum zu groß und zu stachelig, die Heiligen Drei Könige, vor allem der Melchior mit seinem geschwärzten Gesicht politisch nicht korrekt gewesen, und überhaupt, woher eigentlich die teilweise geschmacklose und trockene Weihnachtsbäckerei stammte.

„Die habe ich selbst gemacht!", heulte mein Odysseus in die aufgeregte Runde.

Ich unterdrückte meine Wut und schmiss die Geister nicht gleich aus dem Haus, wahrscheinlich war ich durch den Kräuterweihrauch benebelt. Ganz im Gegenteil, ich ging sensibel auf alle ihre Kritikpunkte ein, stimmte ihren Argumenten zu und setzte nichts entgegen. Sie hatten mit ihrer Kritik ja völlig recht. Weihnachten war nicht mehr das, was es einmal war. Ich würde mir für das kommende Jahr etwas einfallen lassen, versprach ich ihnen. Etwas viel Besseres. Dann fuhren sie wieder davon.

Ich ließ mir tatsächlich etwas einfallen. Als Odysseus zur nächsten Wintersonnenwende ein wenig „spirituell enthemmt" von seiner Jagdrunde nach Hause kam, lockte ich ihn mit einem weißen Flitterengelskostüm in mein Auto und wir fuhren los.

Wir ließen alles zurück – Söhne, Enkelkinder, Familie, Gäste, den ganzen Weihnachtswahnsinn. Ziel: Unsere kleine heimelige Jagdhütte im Nirgendwo, irgendwo in den dunklen Wäldern des Dunkelsteinerwaldes.

Hier würde uns in hundert Jahren niemand finden! Hier waren wir ungestört und alleine! Endlich hatte ich es geschafft, mich von allen Traditionen zu lösen und den weihnachtlichen Raunächten zu Hause zu entkommen. Mein Mann jubelte! Die Familie würde uns zwar sicherlich vermissen, sei's drum! – Hurra, einmal auf Weihnachten geschissen!

Wir hatten ein paar gute Flaschen Wein und Kerzenschein, was brauchten wir mehr, um glücklich zu sein? Gottvoll! Es war so erleichternd, und wir beide waren so unwahrscheinlich glücklich, dass sich sogar unsere Frohlockungen zu reimen begannen!

Draußen pfiff der Wind um die Hütte und der Schnee peitschte an die vereisten Scheiben. Drinnen in der warmen Stube hatten wir es uns gemütlich gemacht, aßen, tranken und freuten uns diebisch, dass wir die wilde Meute zu Hause gelassen hatten und endlich einmal alleine miteinander feiern konnten.

Um unsere kleine Hütte wurde es immer stürmischer, was unserer guten Laune jedoch keinen Abbruch tat. Ich holte das alte batteriebetriebene Radio und übertönte die Wetterfront mit Radio NÖ, ein anderer Sender ließ sich nicht empfangen. Dann stellte ich Gläser, Wein und ein Brettspiel auf den Tisch: *Kalaha*. Ein Spiel, von dem mein Mann behauptet, es sei bereits von Alexander dem Großen gespielt worden. Ein Strategiespiel, das ich liebe, weil mit *Kalaha* auch Niederlagen wunderschön werden können.

Wir spielten anfänglich um Geld, dann um die nächste Flasche

Wein. Schließlich ging es darum, wer sich seiner Kleider entledigen musste. Beide spielten wir strategisch auffällig patschert, um zu verlieren. Ich gewann, er zog sich aus. Wir spielten um die nächste Flasche Wein und um die nächste Runde Sex. Wunderbar. Daneben lief Radio NÖ – es funktionierte trotzdem. Mein Mann wurde immer besser – beim Brettspielen! Wo denken Sie hin, Sie lesen ein anständiges Weihnachtsbuch!

Odysseus entwickelte sich mehr und mehr zum Meister und besorgte die nächste Flasche Wein. Danach gewann er das Versprechen, mit mir Schäferstündchen genießen zu können, wann immer er wollte und das für die nächsten Monate. Ich verlor natürlich absichtlich, klar!

Ständig stand ich auf und musste nach seinen Anweisungen Holz hacken und weitere Scheiter vom kalten Lagerraum hereintragen. Als ich mit einem weiteren Holzkorb frierend aus der Dunkelheit die Stube betrat und nach Revanche lechzte, war mein Mann friedlich eingeschlummert.

Nun saß ich da. Nackt im Kerzenschein neben meinem schnarchenden griechischen Gott. Einschlafen konnte ich nicht mehr. Zu sehr peitschte der Wind an die Fenster. Draußen herrschte tatsächlich, wie in vielen Spukgeschichten beschrieben, eine wilde Jagd. Ein Pfeifen, ein Säuseln, ein Glucksen und Gurgeln war zu hören. Die Fenster waren Gott sei Dank vergittert, aber ein Braunbär mit gut zweihundert Kilo hätte die alte Holztür ganz leicht aus den Angeln drücken und uns fressen können. Mir wurde angst und bange. Von einzelnen Bärenmännchen, die durch dieses Gebiet zogen, hörte und las man ja ständig. Fröstelnd legte ich ein paar Scheiter nach und versuchte mich abzulenken.

Womöglich waren es gar keine Bären, sondern echte Geister, schoss es mir durch den Sinn. Unwesen, die um die kleine Hütte spukten. Und ich Depp hatte nicht einmal Weihrauch dabei. Noch dazu fing das batteriebetriebene Radio zu stottern an und gab seinen Geist auf, na bravo! Nun hörte ich, wie die Äste der Bäume im Sturm zusammenschlugen und das Dach unter der Schneelast ächzte, ja sogar das Heulen eines Wolfes schien sich unter diese schaurige Lärmkulisse zu mischen.

Im Ofen ging langsam das Feuer aus. Mein Mann schlief neben mir wie ein Baby, nein wie ein Toter. Apropos, atmete er überhaupt noch? Ich hielt ihm die Nase zu, er röchelte kurz auf, um sich danach schmatzend auf die Seite zu drehen.

In diesem Moment hätte ich mich ohrfeigen können. Wie schön wäre es nun zu Hause! Im warmen Wohnzimmer mit der lieben Familie mit Kerzenschein und netten Gesprächen. Gut, die mussten nicht wirklich erbaulich sein, aber dort wäre ich jedenfalls in Sicherheit. Nun saß ich alleine mit einem schlafenden, weil völlig erschöpften Jäger in einer einsamen Hütte und wartete, bis mich ein Bär oder ein Wolf überfallen würde. Dann waren da noch die Geister und Unholde, die uns bedrängten. Sie würden uns niemals wieder aus der Hütte lassen. Zitternd schmiegte ich mich wie eine Katze an den warmen Körper meines Mannes. Ich konnte mir die Schlagzeilen in den Zeitungen sehr gut vorstellen: „Grausige Weihnacht im Dunkelsteinerwald: Ehepaar in Liebe vereint – aber tot".

Plötzlich, ich musste vor Angst und Sorge und zugegeben mit einem mordsmäßigen Damenspitz eingeschlafen sein, vernahm ich von ferne undefinierbare Stimmen. Um die Hütte war es still geworden, der Sturm hatte sich gelegt. Die Strahlen des Mondes blitzten durch die vergitterten Fenster und von draußen hörte ich tatsächlich Schritte, die sich der Hütte näherten. Na toll! Kein Bär, kein Wolf, dafür Einbrecher! Himmel, Arsch und Zwirn, was hatte ich mir nur dabei gedacht? So ganz alleine die Nacht mit meinem Mann im Wald zu verbringen!

Es klopfte an der Tür. In Todesangst kroch ich unter die Bettdecke und stellte mich stumm. Das Klopfen wurde lauter. Nun pochte es. Beide fuhren wir hoch. Odysseus, noch schlaf- und betrunken, griff instinktiv nach seinem Jagdmesser und stellt sich breitbeinig vor die Tür. Ich holte mir das Buttermesser, das auf dem Tisch lag. Beide bäumten wir uns hoch und rissen im gleichen Moment die Tür auf.

„ÜBERRASCHUNG!"

Da standen sie alle: meine Mutter und die Schwiegermutter, meine Söhne mit Ehefrauen und Kindern, die Großväter, Tanten, Cousinen und Cousins, Onkel, die gesamte Mischpoche, und fingen zu singen an: „Fröhliche Weihnacht überall, tönet durch die Lüfte froher Schall. Weihnachtstraum, Weihnachtsbaum, Weihnachtsduft in jedem Raum! Fröhliche Weihnacht überall ...!"

Tante Frieda war die letzte, die sich ins Zimmer gezwängt hatte. „Seid ihr beide wahnsinnig geworden? Was habt ihr euch nur dabei gedacht? Wir können doch Weihnachten nicht ohne euch feiern! Und jetzt zieht euch endlich Klamotten an und fahrt mit uns nach Hause, ihr Nudisten!"

Immer noch nackt wie Eva im Paradies fiel ich allen dankbar um den Hals. Auf meine Familie konnte ich mich eben immer verlassen, sogar in den Raunächten.

Dann stießen zwanzig Personen mit Bier, Wein und Schnaps auf den Wahnsinn, der Familie heißt, an – in einer Wohnküche, die eigentlich nur Platz für maximal sechs Personen bot.

Seitdem liebe ich Raunächte, aber nur, wenn ich sie mit der gesamten Familie verbringen kann.

DER GEGENDERTE NIKOLO

Oh, ich liebe den heiligen Nikolaus!

Erhaben und würdig stand er da. Der weiße lange Bart schmiegte sich weich auf das rot-gold bestickte Gewand. Die perlenbesetzten Handschuhe griffen nach dem Bischofsstab und nach dem dicken Buch, aus dem in Kürze vorgelesen werden sollte.

Das Fest des heiligen Nikolaus ist in meiner Familie ein Highlight der Adventzeit. So wie beim Martinischmaus und zu Ostern, zu allen Geburtstagen, Muttertagen, Taufen, Hochzeiten, zu Schulfesten und sonstigen sportlichen und unsportlichen Events – also eigentlich fast jede Woche zwei bis dreimal –, versammelt sich die gesamte Familie bei mir im Haus, um allem und jedem zu gedenken. Bei uns wird gefeiert bis zum Umfallen. Dafür gibt es immer einen Grund, genauso wie für Alkohol, wie es ein Wienerlied trefflich besingt.

Am 6. Dezember wird es bei Punsch und Lebkuchen ganz besonders adventlich. An diesem Tag werden wir von einem liebenswerten Mann, dem heiligen Nikolaus, besucht. Meist ist es mein geliebter Odysseus, der genderbedingt in die alte Bischofskleidung schlüpfen muss, die wir uns alljährlich vom Pfarrer für dieses Spektakel ausborgen. Mein Mann ist groß, kräftig und spricht erhaben, genauso wie man sich traditionell einen Nikolo eben vorstellt.

Nur einmal lief alles anders. Leider schief.

Vor einigen Jahren wollte ich mein Schicksal als junge Mutter und Ehefrau nicht mehr einfach so hinnehmen und mein Schattendasein kommentarlos akzeptieren, nicht ständig in der Küche stehen und kochen, nicht nur vorbereiten und servieren. Ganz im Gegenteil. Ich wollte den Kindern – eigentlich dem Rest der Familie und allen meinen Gästen – zeigen, dass Frauen die besseren Männer sein können. Also brüllte ich wie in Shakespeares *Sommernachtstraum*: „Lasset mich auch den Löwen spielen!"

Selbstbewusst trat ich aus dem Schatten meines Mannes und schlüpfte in die Rolle eines Bischofs. Nur einmal, so mein Wunschdenken, ein einziges Mal groß sein können, mein Gesicht mit einem weißen Bart verdecken, irgendetwas Undeutliches und Blödes in mich hinein brabbeln und trotzdem von allen besungen und bejubelt werden! Danach wollte ich ein paar Gläser Punsch trinken, den traditionellen Obolus einstecken und wieder gehen, anstatt mich mit einer Horde brüllender Kleinkinder und grölender Erwachsener abzugeben. Ein herrlicher Gedanke!

All das funktionierte natürlich in meiner konservativen Familie nicht. Was sich für mich ziemlich reizvoll anfühlte, führte bei einem Teil der Gäste mit ungebremster Wut zu aggressivstem Konfliktverhalten. Ich war erhaben und langsam mit Bischofsstab, Mitra und wallenden Gewändern ins Wohnzimmer geschritten, während mein Mann selbstgerecht am Türstock lehnte – er wusste genau, was in den nächsten Minuten passieren würde – und die Szenerie beobachtete.

Die kichernde und fröhliche Meute erstarrte jäh beim Anblick eines weiblichen Bischofs.

So wie heute Dragqueens eine ganze Nation mit roten Lippen und falschen Wimpern verunsichern können, führte mein damaliger Auftritt zu einem allmächtigen Skandal, obwohl man/frau ja nichts anderes wollte als aus Kinderbüchern vorzulesen.

Die liebe Verwandtschaft, Freunde und Bekannte spalteten sich augenblicklich in Befürworter eines Dragqueen-Abends und in dessen militante Gegnerschaft. Die einen wollten jubelnd mit einem weiblichen „Dragking" namens Nikola feiern, weil sie die Gleichstellung von Männern und Frauen gerade in der römisch-katholischen Kirche für mehr als überfällig hielten, die anderen skandierten lautstark: „Keine frühzeitige Sexualisierung von Kleinkindern!", „Nieder mit der Nikoläusin!" oder eindeutig zweideutig „Unser Bischof hat 'nen großen Stab!"

Die Großmütter und die Kinder weinten. Meine Schwiegermutter beklagte ihren armen Sohn, den sie an mich, eine geschmacklose und offensichtlich völlig durchgeknallte Frau verloren hatte. Die Kinder heulten, weil sie um ihre Nikolaussäckchen bangten, und meine Mutter, weil sie sich durch den Schreck am heißen Glühwein die Zunge verbrannt hatte.

Ich zog mein Ding trotzdem demonstrativ durch, beschloss aber um des Friedens willen, nie wieder in die Rolle eines Bischofs zu schlüpfen. Dies überließ ich meinem Mann, weil er es echt besser „draufhatte". Feministisch leben konnte ich ohnehin die anderen 364 Tage im Jahr. Den Nikolotag schenkte ich ihm großzügig.

Der von mir damals provozierte Skandal brachte aber auch Vorteile mit sich. Die politisch eher rechts stehende Gruppe der „Nieder mit der Nikoläusin!"- Sager*innen kommen seither aus Überzeugung nicht mehr zu uns auf Besuch.

Nun also war es wieder einmal soweit: 6. Dezember, Nikolausabend.

Odysseus und ich standen im Vorzimmer, unsere Gäste übten im Wohnzimmer fleißig die ersten Weihnachtslieder. Vorsichtig setzte ich meinem Mann die Mitra auf den Kopf und gab dem Nikolo neben einem Klaps auf seinen kessen Hintern auch noch einen kräftigen Kuss mit auf den Weg. Da schob sich plötzlich und unerwartet meine Freundin Karin brutal zwischen uns und zerstörte die bezaubernde Stimmung: „Hast du eh nicht auf die Liste vergessen?"

Aufgeregt wie ein kleines Hündchen, das nach seinem Stecken wedelt, sprang Karin um den Heiligen, also um meinen Mann herum.

„Welche Liste?", fragte Odysseus mit seiner majestätisch tiefen Nikolausstimme.

„Na die Betragensliste! Und vergiss nicht auf Sophies Schnuller! Ich bitte dich!“

Meine Freundin hatte meinen Mann bereits Tage zuvor mit sämtlichen Fehlern und Lausbubenstreichen ihrer Kinder genervt, von zerschossenen Fensterscheiben in der Schule berichtet und von Wäschebergen erzählt, die die Kinder in ihren Zimmern hinterließen. Sie jammerte über lästige Streitereien, wenn die Kleinen – anstatt zu lernen – dauernd irgendwelche blöden Computerspiele spielten. Der Nikolaus sollte daher ihrer Meinung nach dieser Rasselbande „endlich einmal so richtig einheizen!“

„Ach ja, die Liste! Natürlich habe ich sie!“ Odysseus deutete beruhigend auf sein dickes Buch.

Schon schritt der heilige Mann betont würdevoll in das mit Kerzen erleuchtete Wohnzimmer, in dem die Kinder und die Großfamilie samt geladenen und ungeladenen Gästen gespannt warteten.

„Ihr macht mir alle große Freude, Kinder! Was steht denn da alles in meinem großen Buch geschrieben?“, sprach der heilige Nikolaus langsam und feierlich durch seinen langen weißen Bart. Die lachenden und quietschenden Kinderstimmen waren längst verstummt, alle starrten den Heiligen ehrfürchtig an. Karin wetzte siegessicher und aufgeregt auf dem Sofa hin und her.

„Ein paar von euch sind ja wirklich keine großen Mathematikgenies, dafür wunderbar in Turnen und Deutsch! Auch Geographie und Geschichte, lese ich da, macht euch Spaß. Nur weiter so! Die dummen Sinus- und Cosinus-Kurven versteht ja sowieso keiner, nicht einmal der liebe Gott!“

Karin erbleichte, die anderen schmunzelten. Wütend zischte sie durch die versteinerten Lippen: „Der Schnuller!“

„Was lese ich da weiter? Zerschossene Fensterscheiben in der Schule? Gut, die kann man wieder reparieren, müsst ja nicht in der Klasse Fußballspielen! Und die Schmutzwäsche? Die macht eurer Mutter zwar keine Freude, aber so ist das eben mit Kindern, gell? Sonst seid ihr aber alle miteinander wahre Engerl!“

Die Kinder kicherten zufrieden, nur Karin stand kurz vor einer Explosion.

„Der Schnuuuuuuuuuuuuuller!"

„Ach ja, und nun zu unserem kleinen, lieben Sophiechen! Du hast ja einen ganz besonders guten Freund in deinem Mund!"

Sophie nuckelte noch fester an ihrem Schnuller und nickte ängstlich. Sie ahnte Schlimmes.

„Schmeckt der wirklich so gut?"

„Mmmmmmmhhhhhhh!", blies das kleine Mädchen ängstlich aus den Mundwinkeln hervor.

„Darf ich den auch mal kosten?" Schon streckte der heilige Mann seine Hand danach aus.

Bereitwillig legte Sophie dem Nikolaus ihren Schnuller in den weißen Handschuh. Karin frohlockte. Endlich war der Feind eines jeden kieferorthopädischen Facharztes aus dem Kindermund verschwunden, sie konnte sich in Zukunft die teuren Zahnspangen ersparen.

Der Nikolaus steckte den Schnuller in den Mund, nuckelte kurz daran und fuhr schmatzend fort: „Der schmeckt ja wirklich vorzüglich! Den musst du dir unbedingt behalten! Und gesünder ist er auch, zumindest besser als die Zigaretten deiner Mutter!"

Sophies Augen verwandelten sich in diesem Moment in zwei große, leuchtende Sterne.

Karin schnappte nach Luft und fiel frustriert in die Kissen zurück.

Gemütlich klang der vorweihnachtliche Abend aus. Die Kinder naschten Lebkuchen und Schokolade aus ihren Nikolaussäckchen, die anderen erzählten sich lachend Geschichten über eine Nikoläusin namens Katharina, die vor Jahren einmal versucht hatte, eine Revolte loszutreten und kläglich daran gescheitert war. Mich ärgerte das Geschwätz ganz und gar nicht, hatte ich ja klammheimlich in die Nikolaussäckchen der Erwachsenen die kunterbunten Smarties mit Wurmtabletten meiner Hunde durchmischt. Nur Karin schmollte mit verschränkten Händen in ihrer Sofaecke. Sie sagte kein einziges Wort.

Spätabends saßen mein Mann und ich bei einem guten Gläschen Wein im Wohnzimmer und lachten herzhaft über Karins Fehlerliste und die Wurmmittel. Gott war ich froh, dass ich niemals mehr den Nikolo spielen musste.

Doch was sahen wir zu unserer Überraschung?

Sophiechen hatte ihren geliebten „Schnulli“ zum Adventkranz gelegt und dort einfach „vergessen“.

Wir haben ihren Schatz natürlich aufgehoben, vielleicht braucht sie ihn ja irgendwann wieder einmal. Wir werden sehen.

EIN FREMDER IM EIGENEN BETT

Bei den frühlingshaften Gefühlen und der anschließenden Zeugung war meinen Eltern nicht bewusst, dass sie neun Monate später mich, ein Christkind bekamen.

Mein Geburtstag fällt denkbar schlecht, genau eine Woche vor Weihnachten. Die Geldbörse meiner Eltern war vor den Feiertagen gänzlich leer, und so wurde ich bereits als Kind ständig vertröstet, man würde am Heiligen Abend all das Versäumte schenken, was am Geburtstagstisch fehlte, was natürlich eine aufgelegte Lüge war, denn ich bekam dieselben Unter- und Strumpfhosen wie meine drei anderen Geschwister.

Obwohl ich älter geworden bin und ich auf Geschenke verzichten kann, gähnt mir jedes Jahr an meinem Geburtstag auch in meiner Familie ein magerer Gabentisch entgegen, weil, wie gesagt, eine kinderreiche Familie eine Woche vor Weihnachten praktisch nichts Flüssiges mehr im Portemonnaie hat.

Gott sei Dank habe ich mir im Laufe der Jahre und in Anbetracht meines Frustes eine geheime Schatzbörse angelegt. Die Tarockkassa vom Kartenspielen oder gesammelte Münzen aus den Hosentaschen meines Mannes sind mein geheimes Kapital, das ich mit niemandem teile. Deodorants, billige Ohrringe oder Bücher gehen sich damit aber allenthalben aus.

Vergangenes Jahr nun waren meine eisernen Reserven verbraucht. Nach mühseligem Zählen der Münzen kam ich zum Entschluss, eine Flasche Sekt und ein gutes Buch müssten meinen Ansprüchen gerecht werden.

Nach den morgendlichen Gratulationen eröffnete mir einer meiner Söhne bei der Fahrt zur Schule, dass er in drei Tagen eine komplizierte Deutschschularbeit schreiben sollte, ich müsste ihm dabei in den nächsten Tagen unbedingt helfen.

„Wie kompliziert?"

„Mama, sehr kompliziert!"

„Um was geht es denn?" Ich dachte dabei an eine Diskussion über Alkoholismus bei Jugendlichen oder Grundsätzliches über Sinn und Zweck von Weihnachten, doch weit gefehlt.

„Wir müssen irgendwas interpretieren. Was mit Gretchenfragen, Gott, Mephisto oder so."

„Du meinst *Faust*?"

„Ja, genau der *Faust*, mir war jetzt kurz der Name entfallen!"

„Um Gottes willen!" Ich musste mit dem Auto stehen bleiben und rang nach Luft. Wie ich meinen Sohn einschätzte, hatte er sicher noch nicht einmal das Buch aufgeschlagen.

„Kannst du mir bitte sagen, wie sich das in drei Tagen ausgehen soll?"

„Weiß ich doch nicht! Du bist ja immer so gescheit und schreibst die Bücher, da habe ich gedacht ..."

Dass Goethes *Faust* eine etwas diffizilere Lektüre ist als seine *Herr der Ringe* Romane, war dem literarisch gänzlich unbeholfenen jungen Mann nicht verständlich, und da ich ohnehin vorhatte, den Vormittag in einer Buchhandlung zu verbringen, versprach ich ihm, die Lektüre zu besorgen.

„Haben Sie *Faust, 1.Teil*?", fragte ich eine etwas gelangweilt dreinblickende Buchhändlerin, nachdem ich weder in der Fachabteilung für deutsche Literatur noch bei den Sachbüchern fündig geworden war.

„*Faust*?" In ihren Kuhaugen konnte man erkennen, dass das junge Ding keine Ahnung hatte.

„Ja, der von Goethe!"

„Muss neu erschienen sein", schon war sie beim Computer und fing zu googeln an, „wird wohl in der Rubrik Sport und Fitness zu finden sein, ist sicher wieder eine neue Kampfsportart."

Ich kratzte den allerletzten Rest meiner gymnasialen Deutschkenntnisse zusammen und erklärte ihr eindringlich, dass *Faust* nichts mit Fäusten und daher absolut gar nichts mit einem Sport zu tun hatte, dass es rein um einen Kampf zwischen Gut und Böse, zwischen Macht, Vernunft und Liebe ging. Ich gab ihr Name und Geburtsjahr des gewünschten Autors und schon strahlte mir ein zufriedenes Gesicht entgegen.

„Ah ja, ich hab‘s! Aber das ist ja ein Uraltschmöker, so was haben wir nicht lagernd! Das liest ja keiner!"

„Doch ich, und ich brauch das Buch ganz dringend!"

„Zwei Wochen Lieferzeit! Mindestens! Nehmen‘S doch den Niavarani, der ist auch gut."

„Wen bitte?"

„Den Niavarani. Superbuch, hat ebenfalls was mit Gott, Liebe und so zu tun."

„Haben Sie‘s denn schon gelesen?"

„Nein, ich lese nicht, ich verkaufe nur."

Nachdem mir eine weitere Aufklärung über Wesen und Bedeutung von Goethes Meisterwerk für die deutsche Literatur unzweckmäßig erschien, stand ich mit einer DVD des Hamburger Schauspielhauses – eine Gustav Gründgens-Inszenierung – und dem neuen Buch von Niavarani an der Kassa. Warum in meiner Bibliothek der *Urfaust* und *Faust erster und zweiter Teil* keine Heimstätte gefunden hatten, war mir selbst schleierhaft, ich hatte ihn doch in der Schule rauf und runter gelesen.

Nun konnte sich mein Sohn das Schauspiel mittels LCD-Fernseher „hineinziehen", was in Anbetracht der kurzen Vorbereitungszeit sinnvoller war, und die wichtigsten Passagen, gut, die konnte man schlussendlich auch aus Wikipedia kopieren.

Unweigerlich dachte ich an meine eigene Schulzeit. Ein ganzes Jahr über mussten wir uns in verteilten Rollen – tödlich langweilig! – das Stück vorlesen, und weil ich in einem Mädchengymnasium war, erhielt ich, wie konnte es auch anders sein, die Rolle des Mephisto. Die Professorin korrigierte nebenbei Hausübungshefte, während wir Schülerinnen uns durch die

Texte hindurchquälten, wie das sprichwörtliche Kamel durch ein Nadelöhr.

Über den Impulskauf meines Niavaranis war ich im Nachhinein ein wenig überrascht, ich wollte mir eigentlich selbst ein Geburtstagsgeschenk machen und fiel auf das dumme Geschwätz der Verkäuferin herein.

Auch gut, dachte ich, schlimmer als manch anderes Werk konnte es ja nicht sein, und fing zu lesen an.

Lesen hat für mich unbestritten drei wichtige Funktionen, es dient zur Unterhaltung, zur Wissensanreicherung und zur Entspannung. Ein neues Buch übt eine unglaubliche Faszination auf mich aus.

Ich lese viel und quer durch den Gemüsegarten. Meist zwei Bücher parallel. Das hängt von meiner jeweiligen Tagesverfassung ab. Ich pendle dabei zwischen Sachbuch und Belletristik und hin und wieder, wenn ich ganz gut drauf bin – das kommt in meiner Großfamilie eher selten vor – , lerne ich ein Gedicht von Rilke, einfach nur um die Gehirnzellen zu trainieren. Ein Buch ist unbedingt fertig zu lesen, dabei zolle ich den Autoren und allen *Innen (!) meinen tiefen Respekt. Zweimal nur brach ich mein Prinzip, da musste ich bereits nach zehn Seiten kopfschüttelnd die Lektüre zur Seite legen. Die aufgeschlossene Leserschaft wird mich verstehen und es verzeihen, es waren der Katechismus der römisch-katholischen Kirche und ein Buch von Alice Schwarzer.

Niavaranis Neuerscheinung versprach lustig zu werden, und weil in ein paar Tagen Weihnachten vor der Tür stand und ich mit vielen Geschenken – auch jenen, die man mir am Geburtstag nicht machen konnte – rechnete, unter anderem viele, viele Bücher, wollte ich es schnell verschlingen, um Zeit für die nächste literarischen Mahlzeit zu haben.

Ich dividierte die Anzahl der Seiten durch die verbliebenen Resttage bis Weihnachten, also fünf, so waren gerechnete siebzig Seiten am Tag zu lesen. Minus unvorhersehbarer Katastrophen, wie eine kranke Familie oder ungebetene Gäste, ergab dies ein

Pensum von mindestens hundert Seiten pro Tag. Gut, das konnte ich schaffen, gute Literatur liest sich bekanntlich schnell.

So lag ich nachmittags eine Stunde im Bett und abends, wenn die Rasselbande endlich schlief, in meinen Federn und gab mich gedankenverloren Niavarani hin.

Niemand, absolut keiner durfte meine Mittagspause stören, ich drohte den Kindern mit versalzenem Essen oder Fernsehverboten. Sogar Klein-Manuel unterdrückte Hunger und Durst und meldete sich gehorsam an, wenn er eine neue Windel brauchte.

„Ich bin jetzt für niemanden zu sprechen, ich lieg mit Niavarani im Bett und will in Ruhe lesen!“, fauchte ich in acht verständnislose Augen, die nur an Computerspielen und Fernsehen interessiert waren.

Als Heinrich, mein Schwager, kurz vor den Feiertagen mit Duftkerze und einer Flasche Prosecco an der Tür stand, musste ihn Manuel freundlich, aber bestimmt abwimmeln.

„Onkel Heinrich, die Mama ist nicht da.“

Vom Schlafzimmer hörte man leises Kichern und Lachen.

„Aber ich hör sie doch! Was macht sie denn?“

„Die Mama darf jetzt nicht gestört werden!“

„Wo ist denn deine Mama?“

„Die liegt mit dem Niavalani im Bett.“

„Meinst du den aus dem Fernsehen? Der heißt aber nicht Niavalani, sondern Niavarani, und mit dem liegt sie im Bett?“

Heinrich wusste über die vielen bekannten Besuche aus Wien und meine Liebe zum Kabarett Bescheid.

„Ja, genau der! Aber ich darf sie dabei nicht stören!“

Wieder Kichern aus dem Zimmer.

Heinrich drehte sich kopfschüttelnd um und ging, leise in sich hinein brummend: „So eine Sauerei und das bei vier Kindern!“

Onkel Heinrich ist nicht nur der liebe Schwager, Heinrich ist auch eine Buschtrommel. Wie ein Lauffeuer sprach es sich im Dorf herum, dass ich eine Liebschaft hatte.

Und das in meinem Alter!

Bei obligaten Einkäufen erwiderte man meinen Gruß mit enttäuschten Gesichtern, den Kindern strich man wehmütig und sorgenvoll über die Haare, und Odysseus sprach der gute Onkel erst nach ein paar Gläsern Punsch beim Weihnachtsstammtisch im Dorfwirtshaus auf seine triste Lage an.

„Glaubst du nicht, dass dir die Situation mit deiner Frau etwas entgleitet?"

„Warum entgleiten?"

„Schau mal, während du dich abmühst und abrackerst, liegt deine Frau im Bett und amüsiert sich."

„Das weiß ich. Gott sei Dank, wenigstens habe ich etwas Ruhe von ihr, und sie ist danach sehr entspannt!"

„Aber mit so einem Mann?"

„Was soll mit ihm sein?"

„Sei mir nicht böse, das geht doch wirklich etwas zu weit!"

„Nur weil er Halbperser ist? Das ist es ja gerade, was sie so reizvoll findet. Diese Vitalität und dieser Humor!"

„Muss denn das sein, noch dazu vor Weihnachten?!"

„Das hat doch nichts mit Weihnachten zu tun. Sie macht es das ganze Jahr so!"

„Und das mit dem Niavarani?"

„Du könntest ein wenig toleranter sein, Heinrich! Ich bin sehr froh darüber, früher musste ich mich nach ihrem Mittagsschlaf mit einem Arno Geiger, einem Thomas Glavinic und einem Robert Seethaler herumschlagen. Da fahr ich als Ehemann mit dem Niavarani viel besser, der ist unkomplizierter und lustiger."

„Woher weißt du denn das alles?"

„Sie erzählt mir ihre Erlebnisse mit ihnen."

„Was?! Pfui Teufel, eine feine Beziehung führt ihr! Und was sagen die Kinder dazu?"

„Die sind glücklich, dass wir ihn endlich haben. Er ist ein wahrer Segen für uns!"

„Da kannst du dir ja gleich ein Bordell aufmachen, bei der Frequenz, die deine Frau hat!"

„Warum ein Bordell?"

„Na wegen ihrer Liebschaften!"

„Heinrich, ich glaube wir reden aneinander vorbei, meine Frau betrügt mich nicht!"

„Oh, doch und wie! Ich habe es selbst gehört!"

Odysseus schwankten die Knie. Nie und nimmer hätte er sich vorstellen können, dass ich, seine Auserwählte und Geliebte, es mit jedem x-beliebigen Autor trieb.

Die Tür meines Schlafzimmers wurde brutal aufgestoßen, meine Mittagsruhe war dahin. Wie ein Tier schrie Odysseus nach seinem Gegenspieler, während Heinrich verstohlen im Kleiderschrank nach ihm suchte.

„Wo ist er? Ich bring das Schwein um!"

„Wer? Der Niavarani? Ach, mit dem bin ich fertig, und er war hinreißend!", antwortete ich meinem Geliebten und zog mir schnell ein Hemd an, Heinrichs Augen quollen bereits aus ihren Höhlen.

„Sag ich doch, sie hat einen!", goss der noch Öl ins Feuer.

„Wer ist es diesmal?", keuchte mein Mann, er stand kurz vor einem Infarkt.

„Wer es dieses Mal ist? Ach Bärli, ich habe doch längst schon einen neuen, den *Doktor Faust*!" Dann zeigte ich ihnen ein altes vergilbtes Buch, *der Tragödie erster Teil*, das ich doch in der Bibliothek gefunden hatte.

Die Irrungen und Wirrungen waren schnell geklärt, sie lagen einerseits am Bildungsdefizit meines Schwagers und andererseits am hohen Punschkonsum meines geliebten Ehemannes.

Tausend Mal entschuldigte sich Heinrich für dieses dumme Missverständnis, nie hätte er sich nur im Traum gedacht, dass ich …

Er versprach mir als Wiedergutmachung, in Zukunft öfter österreichische Literatur zu lesen, trotzdem flüsterte ich ihm bei der Verabschiedung ins Ohr:

„Heinrich! Mir graut's vor dir!"

DAS ROTE LEINENKLEID

Vor einiger Zeit veranstaltete eine Sozialeinrichtung einen Flohmarkt für bedürftige Menschen. Da die Sommerklamotten der Kinder und auch meine Kleidung schon längstens aussortiert gehörten, beschloss ich, mich von Hosen, Taschen, Röcken und Leibchen zu trennen.

Ich stand vor den Kinderzimmerschränken und vor meinem überquellenden Kasten und schämte mich für den Überfluss.

Odysseus war in den vergangenen Jahren bescheiden geblieben. In seinem Kleiderschrank lagen nur wenige Hosen und Hemden, weil er selten neue Klamotten brauchte. So hatte ich mich ungehindert in seinen Laden und Regalen ausgebreitet. Mein Mann war die letzten Jahre ein Phänomen gewesen, er konnte essen, was immer er wollte und nahm kein Dekagramm zu. Er war weder größer noch breiter geworden, was ich stets mit verstecktem Neid zur Kenntnis nahm. Ich hingegen hatte das Gefühl, wie eine Eiche zu wachsen, jedes Jahr legte ich einen neuen Baumring zu.

Egal, ich wollte etwas Gutes tun, noch dazu vor Weihnachten, besorgte große Kisten und Säcke und krempelte die Kästen um.

Dabei ist es gar nicht einfach, sich von Kleidung zu trennen. Weder von denen der Kinder, noch von meinen. Ich zeige dabei ein ähnliches Verhalten wie mit Büchern, einmal gelesen, sind sie „meine Kinder“ und können nicht mehr so leicht weggegeben werden.

Die alten Wollwesten, die unpassenden Pullover oder die zu engen Röcke tragen allesamt die schönsten Erinnerungen vergangener Jahre in sich.

Die schwarze Lederhose zum Beispiel. Die hatte ich mir vor Jahren in einem Anfall eitler Selbstüberschätzung zugelegt und passte genau – nie!

Nur ein einziges Mal, und das muss im Jahre 2004 gewesen sein, da hatte ich mir vorgenommen, am Weihnachtsabend nicht – wie es sich für eine brave Ehefrau geziemte – ein nettes Kostüm zu tragen, sondern ich wollte meinen Ehemann mit einer enganliegenden schwarzen Knautsch-Lederhose mit rotem Mieder erotisch provozieren. Selbst als dreifache Mutter konnte man beruflich erfolgreich und sexy sein.

Ich hungerte mir Monate zuvor das Letzte von den Knochen ab, und siehe da, am Heiligen Abend rutschte ich förmlich in das Ding. Ich sah damit aus wie Olivia Newton-John in dem Film *Grease*. Mein extravagantes Outfit gefiel meinem Mann. Er fand es überaus sexy. Der Rest der Familie war von meinem provokanten Styling schockiert.

Wir drei liebten uns sehr. Ich liebte meine schwarze Lederhose, mein Mann liebte mich in schwarzer Lederhose und ich liebte meinen Mann meist ohne schwarzer Lederhose. Bis ich nach den Feiertagen und nach ein paar Gänse- und Schweinebraten ein paar Kilo mehr an den Hüften hatte und mich von ihr unter Tränen wieder trennen musste.

Nach ein paar Monaten musste ich mir eingestehen, sexy, aber blöd gewesen zu sein, denn ich erwartete mein viertes Kind. Ich war sprachlos, die Familie lachte.

Jetzt, nach vielen Jahren, musste ich darüber schmunzeln. Liebevoll drückte ich die schwarze Hose an meine Wange, küsste sie und legte das Kleidungsstück schweren Herzens auf die aussortierte Wäsche.

Dann war da noch mein rotes Sommerkleid. Ein aus grobem Leinen hauteng anliegendes Stück Stoff, am Busen in Querfalten und ein ab der Hüfte in luftige Streifen gelegter Rock. Wunderbar. Ich trug es während meiner Flitterwochen. Konfektionsgröße 38 (!).

Ist schon lange her. Weder in hundert Jahren noch mit ausgeklügelten Diätkuren würde mir das Ding jemals wieder passen. Aber wie sollte ich mich von diesen herrlichen Erinnerungen trennen?

„Ganz ohne Pathos, vor allem ohne Gefühle, völlig pragmatisch, einfach so!“, meinte meine Vernunft. So ordnete ich die Stöße mit Wäsche nach folgenden Kriterien:

Erster Stoß: Wäsche, die wirklich hässlich war und die ich echt nicht mehr brauchte. Dazu gehörten Querstreifenpullis aus Polyester-Baumwollgemisch, die herrlich knisterten, wenn man sie auszog, Wäsche mit einem Polyäthylen-Anteil von mehr als sechzig Prozent, Wollstrumpfhosen ohne Gummi und die gesamte Schwangerschaftsunterwäsche.

Zweiter Stoß: Wäsche, die zwar hässlich war, in fünf bis zehn Jahren aber wieder supermodern werden würde. Auf diesen Stoß stapelte ich Schals, bunte Sommerhemden, Rollkragenpullover, bodenlange Seidenröcke und Streifenblusen mit ausladenden Krägen und geweiteten Ärmeln.

Dritter Stoß: Wäsche, die ich zwar liebte, aber in die ich nie, nie, nein niemals wieder passen würde, alles Größe 36 bis 38. Hier hatte ich mir drei besonders große Bananenschachteln geholt, denn in ihnen würde in ein paar Minuten zwei Drittel der Wäsche aus den Kästen liegen.

Bei den Jeansjacken und -röcken war ich mir nicht sicher, sie landeten auf Stoß Nummer zwei. Die sexy schwarze Knautsch-Lederhose fiel in Kategorie drei, also weg damit. Meine Wachauer Tracht befand sich ebenfalls auf dem dritten Stoß. Das Dirndl war zwar elegant, aber untragbar.

Dann hielt ich es plötzlich in meinen Händen – mein rotes Leinenkleid, Größe 38. Diese rote Leinenpracht würde zwar in fünf bis zehn Jahren wieder supermodern, ich aber nicht mehr in der Lage sein, es nach vier Schwangerschaften in gewohnter

Leichtigkeit zu tragen. Also Kategorie drei, ich musste mich davon trennen.

Ich steckte alles in die Umzugsschachteln. Diese wunderbaren Zeiten waren eben vorbei. Ein anderer Lebensabschnitt war angebrochen. Es galt in ein neues Zeitalter umzuziehen, nicht nur gedanklich, sondern auch materiell, also weg damit. Fertig. Immerhin ging es um einen guten Zweck.

Mit den Wäschekartons fuhr ich zum Flohmarkt und kippte schweren Herzens die Kleider, Pullis und Hosen, und damit auch meine herrlichen Erinnerungen auf den Verkaufstisch.

Gierig wie hungrige Löwinnen strömten interessierte Damen zu den Wäschebergen und wühlten darin herum.

Mein Herz zerriss es förmlich, als man mein Dirndl um fünfzehn Euro und meine sexy Lederhose um nur zwölf Euro erstand.

„Was verlangen Sie für das rote Dingsda Bumsti da hinten?", brüllte eine junge Frau, sie hatte mein rotes Leinenkleid aus den Flitterwochen in der Hand.

Die beherzte Verkäuferin antwortete zögernd: „Dreißig Euro?"

„Was?! Dreißig Euro? Der Fetzten ist vielleicht zehn wert!" Dann strich sie mit ihren schmutzigen Fingern über meine wunderbaren roten Erinnerungen. Über das Picknick, das mein Mann im Wald mit kleinen Tannenzapfen und einem eigens für mich gebauten Bett aus Moos vorbereitet hatte. Sie strich ohne zu denken über das Feuer, über das wir am Strand Hände haltend sprangen, und uns dabei ewige Liebe schworen. Sie griff patschert und nichtsahnend in all unsere damaligen romantischen Lebensträume, die wir teilweise bereits umgesetzt hatten, und in einige Wünsche, die wir uns noch erfüllen wollten.

„Gut, dann eben zehn Euro!", meinte die Verkäuferin genervt.

Ich stand geschockt neben dem Treiben und konnte die Szenerie nicht fassen. Zehn Euro? Für Flitterwochen mit dem liebsten Mann der Welt, den herrlichsten Erinnerungen und der besten Zeit, die ich hatte?

„Hundert Euro!", schrie ich über die keifende Meute, und kaufte mein rotes Leinenkleid einfach wieder zurück. Die Verkäuferin gab es mir, ich hätte es wahrscheinlich auch um tausend Euro wieder zurückgekauft.

Mein Kleid und das in den Händen irgendwelcher Löwinnen, die von der Liebe und vom Leben keine Ahnung hatten? Niemals!

Alle Kleider wurden an diesem Flohmarkt verkauft, nur eines nicht: das rote Leinenkleid meiner Flitterwochen.

Es hängt nun wieder in meinem Kasten und erfreut mich jeden Tag. Ich werde es irgendwann einmal zu Weihnachten meinem Mann schenken. Da haben wir dann beide etwas zu lachen!

EINE SCHÖNE LEBER

Ich führe eine Hassliebe mit meinem Ergometer, das ich vor Jahren zu Weihnachten von meinen Söhnen bekommen habe. Ein Gemeinschaftsgeschenk sozusagen für ein ganz, ganz langes – damit meinten sie arbeitsreiches – und gesundes Leben für mich, das Muttertier der Familie.

Als ob ein langes Leben von einem Ergometer abhinge! Das ist ja lächerlich. Dieser ganze mediale Körperkult geht mir ohnehin schon mächtig auf die Nerven.

Überall, wo du hinschaust, siehst du gesunde, perfekte, dünne und gestylte Menschen, die mit Hilfe neuer Fotofilter immer jünger aussehen, zumindest auf allen Social-Media-Kanälen. Meist steckt da gar kein Ergometer, geschweige denn eine gesunde Ernährung, dahinter, sondern Tools, die dir auf den Fotos einen Schmollmund, große Rehaugen und füllige Oberweiten zaubern, so schön wie die von Pamela Anderson.

Dieser Zwang, ständig gefallen zu müssen, hat echt schon pathologische Züge angenommen. Und was nützt dir das? Ein paar Likes mehr?

Mir genügt da nur ein Like, nämlich das fröhliche Lachen meines geliebten Mannes, wenn ich fluchend vor dem Kasten stehe und eingestehen muss, dass mir nach dem langen Winter einfach nichts mehr passt. Nicht einmal die Stretch-Jeans Größe 46. Dann meint er, ich solle *ihn* doch wieder mal besuchen, meinen guten alten Freund.

Ganz frech und unbekümmert steht es da, mein Ergometer – ich habe ihm den Namen Fritz gegeben – in der Ecke des Wohnzimmers und zeigt mir durch seine Anwesenheit, doch mehr für meine Gesundheit zu tun. Irgendwie hat Fritz ja recht. Er motiviert mich ständig mit Lebensweisheiten wie aus einer Brigitte-Zeitschrift, also mit „No-na-ned"-Zitaten:

„Wer kämpft, kann zwar verlieren, wer aber nicht kämpft, hat schon verloren!"

Oder noch sinniger:

„Die Kunst ist, einmal mehr aufzustehen als man umgeworfen wird."

Das ist genauso dämlich wie der flapsige Spruch, der als überdimensionales Zitat an der Wand in der Praxis meines Physiotherapeuten steht:

„Hinfallen – Aufstehen – Krönchen richten – Weitergehen!"

Darunter ist sein Name vermerkt, ein Anblick, der mich jede Woche um einhundertzwanzig Euro ärmer macht.

LOL.

Laut Fritzens elektronischen Anweisungen baut der Körper bei richtigem Gebrauch des Gerätes Fett ab und Muskelgewebe auf. Damit soll ein mehrfacher Zweck erfüllt werden: neben der Gewichtsreduktion die Stärkung und Straffung der Muskulatur und damit des gesamten Bewegungsapparates. Weil ich aber zur Kategorie „super unsportlich" gehöre, stresst mich Fritzens Präsenz ungemein. Tagtäglich. Das kann der Psyche auf Dauer nicht guttun, also habe ich das Gerät einfach unter die Dachbodenstiege geschoben, damit ich Fritz nicht mehr sehen muss. Aus den Augen, aus dem Sinn. Ganz einfach.

Nur einmal, und auch nur weil mir ungemein fad war und mir beim Schreiben partout nichts einfallen wollte, wurde ich schwach und betrog meinen Mann mit Fritz.

Es fühlte sich gar nicht einmal so schlecht an. Auf Fritz zu sitzen, machte wirklich Spaß, er war weich und angenehm, sein Gestänge hart und funktional. Er konnte mich neben den monotonen Bewegungen sogar noch musikalisch unterhalten. Wow! Der erste männliche Multitasker!

Nur leider schaute ich dabei in sein Gesicht, also auf sein Display, das mich ermunterte, dort meine intimsten Werte einzugeben. Ich tat es unschuldig und naiv, und tippte neben dreißig mir völlig fremdartig klingenden Parametern auch zitternd mein Gewicht ein. Eine Doppelzahl, die ich Ihnen, liebe Leserinnen und Leser, natürlich nicht verrate, nur so viel: Es war eine Acht dabei.

Eine Zahl, die ich hasse, nicht nur weil sie hoch war – und immer noch ist –, sondern auch deshalb, weil sie, wenn man sie querliegend liest, das Zeichen für Unendlichkeit symbolisiert. Und unendlich langweilig und langwierig waren meine bisherigen Bemühungen, gesund zu leben und abzunehmen. Über diese enervierende Zeit wusste natürlich Fritzens künstliches Gehirn nichts. Rücksichtslos maß er mittels Gesichtserkennung mein Äußeres und errechnete aus den eingegebenen Daten meinen medizinischen Status. Er kam zum schrecklichen Ergebnis, dass ich nach Auswertung des Datenmaterials bereits seit sieben Jahren tot sein müsste.

„Dann bin ich eben ein Wunder!", lachte ich mein Gerät aus.

Stakkatoartig meinte Fritz: „Wunder gibt's nicht! Überlassen Sie den Sattel einer anderen Trainingsperson und setzen Sie sich mit Ihrem Bestatter in Verbindung!"

Hab ich natürlich nicht gemacht. Ich schob Fritz jedoch wieder ins Wohnzimmer. Als intelligente Frau meines Formats muss ich mich der Realität stellen! Seitdem trainiere ich auf Fritz, sooft ich kann. Also ein bis zwei Mal im Quartal.

Nur am Ende eines jeden Jahres nehme ich mir noch intensiver vor, wieder etwas mehr für mich und meine Gesundheit zu tun – es lebe der Selbstbetrug! Was mir außerordentlich schwer fällt, weil die Weihnachtszeit dafür ungefähr genauso geeignet ist, wie einen ausgehungerten Labrador vor eine Schüssel voller Futter zu stellen und ihm zu befehlen, er möge nichts davon fressen. Das ist unmöglich.

Der Advent dauert einfach zu lange, weil das Weihnachtsfest bekanntlich schon beim Sommerschlussverkauf beginnt und weit ins neue Jahr hineinreicht.

Du stolperst bereits Anfang September über Halloweenkürbisse, Weihnachtskerzen und mannsgroße Lebkuchenhäuser. Ab Mitte Oktober kannst du dich anlässlich des Weltspartags mit Bankberatern, die sinnigerweise als Sparefrohs verkleidet sind, vor jeder zweiten Bankfiliale mit Weihnachtspunsch betrinken – bis du im Koma liegst.

Zu Allerheiligen-Allerseelen liebe ich dann meine selbstgebackenen Germteigstriezel, und zum Martinsfest fliegen die Ganserl auf den Tisch. Eines bei der Oma, eines bei der Ernitant' und eines mache ich mir klammheimlich – also nur die Brüstchen –, weil ich mit niemandem aus meiner Familie teilen will.

„Die ganze Schinderei am Ergometer könntest du dir sparen, wenn du einfach weniger von den Weihnachtsschmankerln essen würdest!", ärgert sich mein Freund Eric über mein maßloses Verhalten.

Eric ist von Beruf Bestatter und hat berufsbedingt ein schmerzendes Bandscheibenproblem. Seit Jahren warnt er mich deswegen, doch mehr auf mein Gewicht zu achten. Er wünscht mir ein langes und beschwerdefreies Leben, damit – wenn möglich – mein Ableben erst dann stattfindet, wenn er schon unter der Erde liegt. Warum?

Weil in meinem derzeitigen Zustand vier Feuerwehrmänner nicht ausreichen würden, meinen Sarg zu tragen. Lieber sterbe er vorher, als da als Bestatter mittragen zu müssen. Und zum Verbrennen, ganz ehrlich, wäre ich ihm einfach noch zu schade.

Er isst sie trotzdem gerne und leidenschaftlich – meine Bäckereien, die ich tagtäglich in der Adventzeit fabriziere. Meine Aniskrapferl, meine Zimtsternchen, die Linzer-Augen, die Maroni-Herzen, die Nussplätzchen und dann erst die Zitronenmakronen! Während Eric an meinen Bäckereien nascht, sitzt mein Ehemann angefressen vor dem Fernseher. Ich tausche in dieser Zeit seine Zärtlichkeiten brutal gegen anderes, weit süßeres Sexspielzeug. Nein, nicht Eric! Sondern: Schneebesen, Kochlöffel und Teigwender.

Weil mir das Backen so viel Freude bereitet, backe ich kiloweise für die Familie, für Freunde, für Bekannte, fürs Büro, für *Licht ins Dunkel*, für die *CliniClowns* und – weil's medial so gut verwertbar ist – auch noch für den Weltfrieden.

Jetzt frag ich Sie ganz ehrlich: Wie soll sich da bitte sehr bis Weihnachten eine gute Figur ausgehen? Lange vor dem 6. Dezember schaue ich aus wie der heilige Nikolaus. Rot und rund wie eine Kugel.

Jedes Jahr in der Adventzeit und lange vor dem Silvesterabend, bei dem es bei uns übrigens traditionell ein nahrhaftes steirisches Krenfleisch gibt, grunzt mir deshalb ein kleines fettes Plastikschwein aus dem Kühlschrank entgegen, ein Gruß meiner charmanten Söhne. Es soll mich an meine guten Vorsätze erinnern.

Die haben nur leider die unangenehme Eigenschaft, dass sie leichtfertig gebrochen werden. So schnell kann man nicht bis drei zählen, schon habe ich meinen Söhnen, meinen Schwiegertöchtern und sogar meinen kleinen Enkelsöhnen die Vanillekipferl heimlich weggegessen. Da kenne ich kein Pardon!

Danach steige ich im wahrsten Sinne des Wortes angefressen auf das Ergometer und fahre etwa drei Kilometer in Richtung Gesundheit. Mehr schaffe ich nicht.

Ich habe ja wirklich vor, mich in der kulinarisch herausfordernden Zeit zurückzuhalten und zu mäßigen. Zum einen will ich Erics Bitte um mehr Leichtigkeit im Leben und vor allem im Tod entsprechen, zum anderen will ich es meinem Arzt beweisen. Er ist Internist und gehört zur Männerkategorie „supercharmant". Gut, dass ich den nur einmal im Jahr sehen muss.

Wissen Sie, was der erst neulich zu mir sagte? „Also Gnädigste, da liegt ja etwas außergewöhnlich Schönes vor mir!"

„Meinen Sie mich?", fragte ich ganz unschuldig und drehte mich nach allen Seiten. Ach, wie recht dieser Mensch hatte, mein Mann sagt ja auch immer wieder: „Du bist wie die französische Schauspielerin Catherine Deneuve. Die wird im Alter auch immer schöner!"

Nun machte mir dieser Arzt ein derart charmantes Kompliment, da war ich wirklich gerührt. So etwas kriegst du ja nicht alle

Tage von einem fremden Mann gesagt, noch dazu von einem so jungen und feschen Internisten.

„Echt?" Ich blickte beschämt in das Augenpaar über mir und dachte einigermaßen frustriert: „Schade, das hätten Sie mir vor drei Jahrzehnten sagen sollen, da wäre mir einiges an familiären Zores erspart geblieben!"

Er untersuchte mich unterdessen weiter. Vor Freude fiel ihm dabei fast der Ultraschallkopf aus der Hand.

„Aber nein, gnädige Frau! Mit ‚außergewöhnlich schön' meinte ich nicht nur Sie, ich meinte ...", er stockte kurz, um dann verliebt in mein Gesicht zu flüstern, „ich meinte Ihre Leber! Bemerkenswert! In Ihrem Alter und bei einem derartigen Lebenswandel ist sie so jung und vital! So unverbraucht, geradezu jungfräulich! Man glaubt ja gar nicht, dass die Ihnen gehört!"

„Wie bitte?" Mich riss es vom Untersuchungsbett hoch.

„Darf ich ganz ehrlich zu Ihnen sein? Ihre Leber schaut weit besser aus als Sie! Während Ihr Organ wie eine Abbildung aus einem medizinischen Lehrbuch ist, also wie Mitte dreißig aussieht, sind Sie etwas ..., also rein anatomisch gesehen ..., sagen wir es so, ... eben reifer geworden. Sie sollten sich ein Beispiel an ihr nehmen!" Bei dem Wort „reifer" hatten seine Hände in der Luft ein Michelin-Männchen nachgezeichnet.

„Eine Frechheit!", dachte ich. „Soweit kommt's noch, dass ich mich mit meiner eigenen Leber vergleichen lassen muss! So ein blödes, arrogantes A..., A...!"

Am liebsten hätte ich ihn für diese dumme Aussage geohrfeigt.

Aus mir herausgequollen ist dann aber ein: „A.... A, ... Ach, danke für den Tipp!"

Sehen Sie, genau deswegen bin ich mit meinem Mann so glücklich, ihm ist mein Gewicht herzlich egal. Wahrscheinlich aus dem gleichen Grund, weshalb sich Eric vor meinem plötzlichen Dahinscheiden fürchtet. Odysseus weiß, er hat mich durchs Leben getragen. Im Tod machen es dann andere: vier bis sechs Feuerwehrmänner und Eric möglicherweise dazu.

So tue ich mir wirklich schwer mit meinen Vorsätzen, denn jedes Kilo, das ich nicht mehr unter meinen Kleidern verstecke, vermisst mein Mann geradezu, und meint dann flehentlich, von einer schönen Frau könne es einfach nicht genug geben.

Bis zu jenem Zeitpunkt, an dem es für mich wirklich eng wurde – sorry, ehrlicherweise müsste hier *über*gewichtig stehen.

Ich war wieder bei einer routinemäßigen Vorsorgeuntersuchung angemeldet und las im Warteraum meines praktischen Arztes die üblichen Zeitungsberichte über Adipositas und Bluthochdruck. Die Berichte trugen nicht zu einem optimistischen Zukunftsbild einer Frau in den besten Jahren bei. Keine rosigen Aussichten. Neben juckenden Vaginalproblemen und unterschiedlichen Formen von Inkontinenz war von vier besonders gefährlichen Lebenskillern die Rede: Rauchen, Alkohol, Übergewicht und Bewegungsmangel.

Hatte mein Arzt doch recht gehabt? Selbst nach Fritzens Expertise müsste ich bereits seit einigen Jahren tot sein. Mir wurde mulmig, denn alle vier Killer kenne ich persönlich. Mindestens zwei dieser Mörder musste ich in Zukunft aus meinem Leben streichen, konnte mich aber beim besten Willen nicht entscheiden.

Wieder Zuhause angekommen, sollte mir ein Leberkässemmerl beim Denken behilflich sein. Ich öffnete die Kühlschranktür und wurde von meinem kleinen fetten Schwein angegrunzt. Ich hatte verstanden: also abnehmen und mehr Sport betreiben.

So strampelte ich vollkommen verblödet jeden Tag meine fünfzehn Kilometer auf Fritz herunter und kam mir wie eine Nacktschnecke vor, die sich nur von Karotten und Salaten ernährte.

Nach einiger Zeit wurden nicht nur Fritzens Weisheitssprüche immer besser – *nur wer sich bewegt, kann die Erde bewegen* –, sogar ich wurde in den Pedalen stetig aktiver und schneller. Die Kilos fielen von mir herab wie die Blätter im Spätherbst. Ein herrliches Gefühl.

Wie üblich kam mein Mann spätabends vom Büro nach Hause, warf seine Sachen auf die Vorzimmerbank und ließ sich müde mit einem Bier in der Hand auf die Wohnzimmercouch fallen. Der richtige Zeitpunkt, dachte ich, ihn mit einer wunderbaren Nachricht zu erfreuen. Aufgeregt wie ein Schulkind drehte ich mich einmal nach links, dann wieder nach rechts und fragte ihn: „Und? Wie gefalle ich dir?"

Es lag wohl an seiner Müdigkeit, wohl auch daran, dass Männer beim Kommunizieren außerordentlich hilflos sind. Als binär denkende Individuen, verkürzt umschrieben mit „0/1", „schön/schiach", „no/na" und „schwarz/weiß" Denkmustern, sagen sie einfach nie das, was Frauen gerne hören wollen.

„Passt eh!", gähnte er mich an.

Genau diese zwei Wörter sagte er auch zu sich, wenn er frühmorgens breitbeinig vor dem Badezimmerspiegel stand und sich selbstgenügsam an seinen Bauch griff. Passt eh?!

Ich hatte mittlerweile – fast – eine Figur wie Pamela Anderson von *Baywatch*. Typisch Mann! Ihm waren meine Diäten und die stundenlangen Fahrradtouren auf dem Ergometer gar nicht aufgefallen.

„Warte! Ich habe eine Überraschung für dich!" Dann lief ich ins Schlafzimmer, um ihm meinen Gewichtsverlust – immerhin fünf Kilo! – durch ein paar sexy Krampus-Dessous erkennbarer zu machen. Nach ein paar Minuten keuchte ich mit stilvoller Krampuskette und Peitsche zurück ins Wohnzimmer, die Haare geöffnet, die Lippen feuerrot nachgestrichen.

Ich räkelte mich vor ihm, wie sich eben Krampusse räkeln, und hauchte ihm mit russischem Akzent ins Ohr: „Sag, warst du auch brav zu Olga?!"

Diese Aufforderung klang zwar saublöd, aber Männer sollen bekanntlich auf so etwas stehen.

Die Antwort war vernichtend eindeutig: „Krch, krch, kr ...!" Offensichtlich war er „zu Olga brav gewesen" und bereits tief eingeschlafen.

So saß ich kurze Zeit später mit feuerroten Lippen und geöffnetem Haar in der Küche und feierte trotzdem meine ersten Kilos.

Das Übergewicht habe ich verloren und den Bewegungsmangel beendet. Irgendwann werde ich mich noch vom blauen Dunst verabschieden. Sicher aber nicht von meinem geliebten Prosecco.

Den trinke ich nämlich jetzt so lange, bis meine Leber genauso aussieht wie ich.

Zum Wohl!

LITERARISCHER NACHTRAG ZU „EINE SCHÖNE LEBER"

VON (UN)EHRLICHEN SCHRIFTSTELLERN UND „EHRLICHEN" KABARETTISTEN

Ich saß in einem Weihnachtskabarett und ärgerte mich. Das Lachen war mir im Hals stecken geblieben, als auf der Bühne ein Witz zum Besten gegeben wurde, der aus meiner Feder stammte. Eine Unverfrorenheit, sich geistiges Eigentum anzueignen – ohne zu fragen, geschweige denn zu zahlen!

Die Geschichte war die eben von Ihnen gelesene: „Eine schöne Leber".

Weil dieser Witz so gut war, hatte ihn der Kabarettist gleich zu Beginn seines Programmes verwendet, was zu Begeisterungsstürmen führte, mich aber zweieinhalb Stunden lang in meinem Ärger schmoren ließ. Neben mir kicherte eine Dame: „Gott, wie geistreich!"

Großes Gelächter und frenetischer Applaus, der eigentlich mir gehören sollte. Nur mir! Mir ganz alleine und obendrein auch noch die Gage.

Wütend ging ich nach der Vorstellung in die Garderobe und stellte diesen Herrn, diese diebische Elster, dieses personifizierte männliche Plagiat zur Rede. Es war Florian Scheuba. Beleidigt – fast schon echauffiert – meinte er, er habe diese Pointe sicher nicht von mir „gestohlen". Überhaupt solle ich mich davor hüten, als mehr oder weniger unbedeutende Autorin – Frechheit! – seine kreative Schaffenskraft anzuzweifeln. Seine Idee wäre nicht „geklaut“ und überhaupt: was für ein hässliches Wort! Eine Idee oder ein fremder Gedanke würden prinzipiell nur von ihm aufgegriffen, maximal verfeinert und behutsam neuinterpretiert. Von Stehlen konnte nicht die Rede sein! So etwas würde er nie machen, es gehöre zum guten Anstand, zumindest zu fragen. Außerdem hätte er die Pointe zu diesem Witz von seinem besten Freund Alfred Dorfer bekommen. Wie er von Alfred in Erfahrung bringen konnte, hätte dieser den Sketch wiederum von Viktor Gernot „ausgeborgt“.

Seine Nase wurde bei seinen Erklärungen immer länger, die Beine immer kürzer. Also geklaut! So ein falscher Fünfziger!

Ich rief Viktor Gernot an: „Sag, von wem hast du den Gag mit der schönen Leber?“

Er antwortete: „Logisch, von Nia!“

Mein Zorn stieg ins Unermessliche, also musste ich Michael Niavarani anrufen.

„Schöne Leber? Ja, richtig! Jetzt erinnere ich mich. Den Gag habe ich von der Monika Gruber. Die hat ihn mir gelassen, als ich sie musst‘ verlassen“, lachte er selbstverliebt grinsend. „Schau an, das reimt sich sogar!“

Wie unverschämt! Ich platzte geradezu vor Wut über meine gestohlene Story und fragte bei der Königin der Wortgewalt – bei Monika Gruber – nach. Es ließ mir keine Ruhe, ich musste wissen, wer so unverfroren war und mir meine Bühnenschmähs geklaut hatte. Die Antwort der „Gruberin“ kam schriftlich: Plagiatsvorwurf? Das sei ein Witz! Der Gag mit der schönen Leber stamme vom verehrten Karl Valentin, was jeder Autorin und jedem Autor eigentlich bekannt sein sollte!

Ich verstand die Welt nicht mehr, sogar im Olymp des Humors wurde abgekupfert und auf falsche Fährten gelockt. Frustriert gab ich auf. Naja, zumindest hatte einer dieser Witzbolde mein Buch gelesen!

Wenn Sie mir diese Geschichte jetzt nicht glauben, dann gebe ich Ihnen völlig recht! Sie ist sowas von gelogen und teilweise auch abgeschrieben!

Die Idee zur „schönen Leber“ stammt wirklich von mir und konnte bisher von Kollegen und Kolleginnen gar nicht verwendet werden, weil das Buch erst jetzt erschienen ist. Die Idee mit dem „Witze-Diebstahl“, die durchaus einen Anspruch auf Realität besitzt, stammt vom großen Humoristen Hugo Wiener und ist aus dem Buch „Die lieben Verwandten und andere Feinde“.

Wiener fühlte sich als Opfer eines „Witze-Diebstahls“. Die Suche nach dem geistigen Dieb trieb ihn über den gesamten Globus und fast in seinen Wahnsinn. Seine Eitelkeit kostete ihm ein Vermögen. Schlussendlich kam er zur bitteren Erkenntnis, dass das Original „seiner“ Geschichte eigentlich aus der Feder des genialen Johann Nestroy stammte.

Fazit:

Jeder schreibt von jedem ab, aber ich gebe es wenigstens zu. Weil ich eine ehrliche Schriftstellerin bin – und zwar zu 99.98 Prozent!

DIE POLIZEIKONTROLLE

Meine Söhne, allesamt kritische Agnostiker, glauben an nichts, schon gar nicht an Wunder. Das ist insofern bedauerlich, weil viele Dinge, die in meiner Familie geschehen, eben genau auf solche zurückzuführen sind. Wenn ich in Geschichten über das Sonderbare, mögliche Übersinnliche erzähle, lachen die ersten beiden Söhne genüsslich und setzen ihre bösen und zynischen Kommentare wie Hundehäufchen in meiner Wohnung ab. Die anderen bleiben ruhig, obwohl ich spüre, dass sie sich Sorgen um meinen geistigen Zustand machen. Meine Erscheinungen oder tatsächlich gespürten göttlichen Interventionen interpretieren sie eher als senilen Alterswahn, gepaart mit übermäßigem Prosecco-Konsum.

Aber es gibt sie wirklich, diese Wunder! Was das mit der österreichischen Beamtenschaft, im Besonderen mit der Polizei zu tun hat, erzähle ich Ihnen in folgendem vorweihnachtlichen Krippenspiel.

Gleich zu Beginn und zum besseren Verständnis: Polizisten zählen nicht zu meinen Freunden.

Ich weiß nicht, wer diese dumme Redensart von wegen „Freund und Helfer" aufgebracht hat, mir hat noch keiner geholfen, ganz im Gegenteil. Ich zahle jedes Mal. Mein Auto gleicht im Straßenverkehr einer hell leuchtenden Fackel in der Nacht, die diese „Nachtfalter-Gestalten" in Massen anzieht. Egal, wie ich mich verhalte, ich werde abgestraft. Einmal fahre ich zu langsam, dann wieder zu schnell, mal muss ich blasen oder mich seelisch vor den Hütern des Staates ausziehen. Ich habe manches Mal den Eindruck, dass die Höhe der Strafen etwas mit dem Alter und der

Attraktivität zu tun hat. Meine beste Freundin meint darüber pragmatisch: „Wenn du bei einem Kieberer zahlen musst, dann weißt du, dass du alt bist!"

Nach ihrer Einschätzung muss ich über hundert sein, so oft klebt ein Strafzettel an der Windschutzscheibe oder bedrängen mich Beamte auf der Autobahn oder im Stadtverkehr.

Ich kann mich noch gut an eine Begegnung erinnern, als ich stolz mit neuem Auto in der Stadt unterwegs war. Ich hatte null Promille Alkohol im Blut, eine neue Führerscheincard und alle Gegenstände im Auto, die ein gelangweiltes Beamtenherz monieren konnte – Pannendreieck, Notfallapotheke und Feuerlöscher.

Ich stand an einer Kreuzung und wartete, bis die Ampel Grün anzeigte. Zwei Polizisten salutierten plötzlich neben meinem Fenster, um mich dann trotzdem zu bestrafen. Warum? Nicht wegen überhöhter Geschwindigkeit, nicht wegen Trunkenheit am Steuer, sondern wegen meines Äußeren und meiner Kinder, die im Wagen umherbrüllten und Terror machten. Bäng!

Man nahm mir den Führerschein ab. Ich hatte zwar nichts verbrochen, machte aber auf sie einen völlig überforderten und übermüdeten Eindruck. Da half nichts, kein Bitten und kein Betteln. Sie sahen mich, dann sahen sie in meine hasserfüllten Augen, in denen das Wort *Antifa* deutlich zu lesen war – derselbe Blick begleitete mich seit den Demonstrationen in der Hainburger Au. Das reichte für eine Strafe.

Als meine Kinder in jenes Alter kamen, um mit meinen „Freunden" Bekanntschaft zu machen, bekamen sie neben den dreitausend Kilometern praktischer Fahrkenntnisse auch dreitausend Tipps, um den Straßen-Sheriffs zu entkommen.

Diese Angstneurose vor Polizisten endete auch nicht, als ich wieder schwanger wurde, und eigentlich ganz andere Gedanken haben sollte. Wir überlegten hin und her, welcher Name wohl passen würde, um einen Polizeibeamten nicht zu provozieren.

Mein Freund Berti kam auf eine geniale Idee: „Sag doch *Kein* zu ihm!"

„Wie kommst du auf *Kein*?“ Ich kannte die Namen *Finn*, *Fenn* oder *Ken*, aber *Kein* war mir noch nie untergekommen.

„Der Name ist aus dem Alten Testament. Du kennst doch sicher die Geschichte von den Brüdern *Kain und Abel*!“

„Aha?!“ Jetzt machte ich mir ernsthaft Sorgen um seinen geistigen Zustand.

„Du nennst ihn einfach *Kein*. Wenn dein Sohn groß ist und man bei einem Verkehrsunfall nach dem Schuldigen fragt, kann dein Anwalt ohne Zögern sagen: Es war *Kein* Grabner!“

„Du spinnst!“, lachte ich. „*Kain* schreibt man mit *ai* und nicht mit *ei*!“

„Macht doch nichts! Das weiß doch kein Mensch, und schon gar kein Polizist!“

Egal, ich ließ den Gedanken fallen. Mir würde schon ein passender Name für mein Kind einfallen.

Dann kam vor Jahren eben besagtes Namenswunder in Form eines Polizeibeamten daher, das mein Leben veränderte und mir eine neue Einstellung ermöglichte, und das ohne Hass und Zwietracht:

„Hätten Sie bei der Verkehrskontrolle nur *Lecken Sie mich am Arsch*! gesagt, hätte das als Aufforderung ausgelegt werden können, der man nicht nachkommen muss. Sie haben aber *Sie degeneriertes Arschloch!* gesagt, damit haben Sie den Straftatbestand einer Beamtenbeleidigung erfüllt. So verurteile ich Sie zu zweitausend Euro Strafe!“

Der Richter schaute mir eindringlich in die Augen, mir blieb bei dieser verhältnismäßig hohen Strafe der Mund offen.

„Wenn ich mich bei dem Beamten förmlich entschuldige, geht es dann nicht ein bisschen billiger?“, fragte ich ohne Aufforderung den Richter bei der Urteilsverkündung.

„Nein, Frau Grabner! Sie sind dem Gericht für Ihr Mundwerk bereits einschlägig bekannt! Es soll Ihnen eine Lehre sein, sich in Zukunft etwas weniger vulgär auszudrücken!“ Wütend schloss er den Akt und stand auf.

Ich war verurteilt, weil ich meine vorlaute Klappe nicht halten konnte.

Im Nachhinein betrachtet, tat mir das Ganze ehrlich leid.

Nur Constantin war angeschnallt, die anderen Kinder tobten im Auto herum, während ich eine hitzige Debatte mit meinem Mann über die zu ladenden Gäste am Heiligen Abend führte. Mit dem Handy, versteht sich.

Da konnte ich natürlich nicht wirklich auf den Verkehr achten und schon gar nicht, als mir ein zorniger Polizist bei der Ampel auf die Scheibe klopfte.

„Die Kinder sind nicht angegurtet und Sie telefonieren mit dem Handy, alles strengstens verboten! Noch dazu haben wir Sie dreimal mittels Blaulichts und Sirene aufgefordert, Ihre Geschwindigkeit zu reduzieren. Sie reagierten aber nicht!"

„Wie soll ich auf Sie achten, wenn ich mit meinem Mann telefoniere?"

Der Mensch ging mir echt auf die Nerven.

„Sie können doch nicht telefonieren, auf Ihre Kinder schauen und sich auf den Verkehr konzentrieren?"

Jetzt war ich froh, dass er das geöffnete Schminktäschchen, mein aufgeschlagenes Notizbuch und die bereits leeren McDonald Säckchen unter dem Beifahrersitz nicht sehen konnte. Das nennt sich weibliche Multitasking-Fähigkeit, wozu dieses Individuum offensichtlich nicht imstande war.

„Guter Mann, Sie sehen selbst, meine Kinder sind wahnsinnig lästig, weil sie hungrig sind, und der Hund hat mir bereits in den Kofferraum geschissen. Wir kommen aus einem elendslangen Stau und wollen einfach nur schnell nach Hause", hoffte ich auf sein Verständnis.

Der unbeugsame Diener des Staates zeigte aber keinen Funken Empathie, kontrollierte während meines Redeschwalls gelangweilt die Profiltiefe der Reifen und stellte nüchtern den nächsten Strafzettel aus.

„Was sagt Ihnen § 102 Absatz 8a Kraftfahrgesetz über die Pflichten eines Autolenkers?"

„Wahnsinnig viel!“

Was wollte der schwachsinnige Pseudojurist eigentlich von mir? Ich war froh, wenn ich mir die Namen der Professoren aus der Schule meiner Söhne merken konnte.

„ ... und § 4 Absatz 4 der Kraftfahrzeugdurchführungsverordnung?“

„Ist das jetzt die Millionenshow?“, ätzte ich mit einer Gegenfrage.

„§ 4 Absatz 4 der ...“

„Ja, ja, ich weiß, ... der Kraftfahrzeugdurchführungsverordnung. Geht das nicht ein bissi schneller?“

„Fehlen eines entsprechenden Reifenprofils!“, stammelte der Beamte endlich heraus.

„Moment, junger Mann! Sie müssen sich irren, die Reifen habe ich erst vor dem Sommer gekauft!“, herrschte ich ihn an.

„Sind auch Sommerreifen!“

„Na und? Mit denen kann man ja auch fahren, oder nicht!?“

„Nicht im Winter, denn gemäß § 4 Absatz 4 ...!“

Jetzt war ich mir sicher, er hatte es auf mich abgesehen.

„So ein Trottel!“, dachte ich. „Wenn der auch noch die Autoapotheke prüft, dann spring ich ihm ins Gesicht.“

„Wo haben Sie eigentlich Ihr Pannendreieck und Ihre Autoapotheke?“

Uh, verdammt! Die hatten wir erst vor ein paar Wochen gebraucht, um den blutigen Finger von Ferdinand zu versorgen, der versucht hatte, seine Weihnachtskarten mittels Linolschnitts zu drucken.

„Mein Gott, muss man denn überhaupt eine Apotheke mit sich führen, die stehen doch in Wien ohnehin an jeder Ecke herum“, scherzte ich noch unverfroren.

„Ist schon lange her, dass Sie den Führerschein gemacht haben. Zeigen Sie mir einmal Ihre Papiere, aber dalli dalli!“

Das Blödeln war mir nun vergangen, mit diesem Mann war sichtlich nicht zu spaßen. Zitternd gab ich ihm den kleinen vergilbten rosa Schein aus meiner Handtasche, der von Bananenresten und Zuckergetränken kaum zu öffnen war.

„Sind das Sie auf dem Foto?“

„Ja ich, hübsch, gell?“

„Ja, aber das Bild hat gar keine Ähnlichkeit mehr mit Ihnen. Sie müssen sich ein neues Foto machen lassen!“

„Eine Frechheit! Ich brauch mir nur die Haare aufmachen und mich ein wenig nachschminken, dann schau ich noch genauso aus wie auf diesem Foto! Warten Sie ...“

Während ich mir die Haare öffnete, meinte er nur lächelnd, dass dazu noch viel mehr von Nöten sei.

Eigentlich bin ich ein vernunftgesteuertes Wesen, nichts kann mich so leicht aus der Bahn werfen oder zu einem zügellosen Verhalten verführen.

Doch, wie die Großen der Geschichte, Achilles an seiner Ferse und Siegfried an seiner Schulter ihre verletzlichste Stelle hatten, so ist mein unzweifelhaft schönes Gesicht – Ausdruck meiner reinen Seele – ein Thema, das absolut keine Kritik zulässt und es auch nicht notwendig hat. Schon gar nicht von einem dahergelaufenen Beamten.

Da stieg er auch schon wieder in mir hoch, mein Jähzorn. Es genügte nur ein blödes Wort, um eine Katastrophe auszulösen.

Wie ein Trabrennpferd, kurz bevor das Tor zum ultimativen Lauf aufgestoßen wird, kämpfte ich gegen ihn an. Ferdinand biss sich auf die Lippen. Im Wagen wurde es totenstill.

„Mama, sag’s nicht!“

Das Pferd in mir musste aber. Das Tor wurde aufgestoßen und aus mir quoll es heraus: „Wissen Sie, zehn Kilo weniger, ein nettes Kleid, gut geschminkt und ich schau aus wie früher, aber Sie?! Sie bleiben immer noch ein, ein ...“

„Mama, nein! Tu‘s nicht!“

Der Polizist lächelte mir frech und erwartungsvoll ins Gesicht: „Na, was denn?“

„MAAMMAA, NNEEIINN!!“

„... ein, ein ... ein degeneriertes Arschloch!“

So, nun war es heraußen, er gab auf.

Und ich hatte einen Monat später die Strafe von zweitausend Euro ausgefasst.

Beim Verlassen der Gerichtsverhandlung, bei der auch der Polizist als Zeuge geladen war, konnte ich aber nicht umhin, ihm die Hand zu reichen, die er gehässig in der Hoffnung, ich würde mich jetzt bei ihm entschuldigen, annahm und flüsterte ihm ins Ohr: „Degeneriert nehme ich zurück, aber ein Arschloch sind Sie trotzdem!"

Ich wollte erhobenen Hauptes den Saal verlassen, er aber hielt meine Hand, drückte fest zu und gab mir zu verstehen, dass er sich mein Gesicht in alle Ewigkeit merken würde.

„Wie schön!", lachte ich ihn aus. „Gewöhnen Sie sich an mein süßes Goscherl!"

Er würde mich auf dem Klappentext meines nächsten Buches bewundern können, das er sich aufgrund seines niedrigen Intelligenzquotienten nicht besorgen müsste, weil er es sowieso nichts verstehen würde. „Sie geistiges Armutschgerl!"

„Und Sie? Sie sind ein schiaches, blades Weibsbild!"

Wir ließen voneinander ab, Odysseus hatte mich vorsichtshalber aus dem Saal gezogen.

Der unangenehme Vorfall wurmte mich aber innerlich weiter. Weniger die zweitausend Euro, als die Tatsache, dass mich ein Vertreter des männlichen Geschlechts als alt, hässlich und zu dick betrachtete, also *ein blades Weibsbild* zu sein, das bohrte in meiner Seele.

Mir war der Appetit vergangen. Ich verweigerte meine obligaten Schulfrustsemmeln, verlor gänzlich die Lust am Kochen und verzichtete sogar auf meinen geliebten Prosecco. In kürzester Zeit hatte ich zehn Kilo abgenommen, was mich um mindestens zehn Jahre verjüngte.

Fast schon hatte ich den dümmlichen Polizisten vergessen, als dieser völlig unerwartet neben meiner Autotür stand. Ich war bei einem Geburtstagsfest eingeladen gewesen und hatte mit meiner Freundin ein paar Gläschen Prosecco getrunken. Wie es der Teufel wollte, war ich in ein Planquadrat geraten. Na wunderbar!

„Sie schon wieder?"

„Was haben Sie eigentlich gegen mich, ständig nerven Sie mich!"

„Nichts, was soll ich gegen Sie haben? Das Übliche, Verkehrskontrolle. Führerschein und Papiere, bitte!"

Ich gab ihm meinen Ausweis, auf den ich besonders stolz war, ein neuer Führerschein in Scheckkartenformat. Er schaute auf das Bild, dann auf mich und nickte wohlwollend.

„Schau an, was ein paar Kilos bei einer Frau ausmachen!", verglich er mich süffisant lächelnd mit dem Foto.

„Ich lasse mich von Ihnen nicht mehr provozieren, dafür fehlt Ihnen jegliche Intelligenz!"

„Das werden wir schon sehen, Gnädigste! Und jetzt zeigen Sie mir mal etwas Nettes von Ihnen und blasen mir was!"

„Sie obszönes Schwein, Sie! Wofür halten Sie mich denn?!"

Dieses Mal hatte sich der Wert unserer Begegnung auf zweitausendfünfhundert Euro erhöht. Zweitausend Euro für die Beamtenbeleidigung und fünfhundert Euro, nicht wie Sie vielleicht denken wegen des Delikts *Alkohol am Steuer* – das war sich knapp ausgegangen –, sondern für mein uneinsichtiges und unbeugsam vulgäres Verhalten.

Natürlich ließ ich das nicht auf mir sitzen und überschüttete seine Dienststelle mit schriftlichen Beschwerden. Wozu gibt es Anwälte?

Nach zwei Wochen stahl mir der übereifrige Beamte wieder vierzig Euro wegen Falschparkens, ein paar Tage später einhundertfünfzig Euro wegen überhöhter Geschwindigkeit und einhundertachtzig Euro, weil ich mich in einer Rettungsgasse verirrt und dem blaublinkenden Licht eines Ambulanzwagens gefolgt war.

Mit meinem Verlag war ich zu diesem Zeitpunkt übereingekommen, die Hälfte meiner zukünftigen Bucherlöse direkt an das Polizeikommissariat zur Überweisung zu bringen. Mittlerweile blickte eine magersüchtige Autorin dem Leser vom Klappentext entgegen.

Da mir in guten wie in schlechten Zeiten mein geliebter Ehemann im wahrsten Sinne des Wortes zur Seite steht, war ich auch bald wieder schwanger. Er hatte es in der Hoffnung getan, ich würde diesen schrecklichen Beamten durch das baldige Mutterglück vergessen.

Es funktionierte.

Es war Heiliger Abend und ich verbrachte die letzten Tage vor meiner Niederkunft in diversen Bau- und Möbelhäusern, schleppte kistenweise Babywäsche, Windeln und Spielzeug aus dem Auto, um meinem kleinen, lieben Schatz eine heimelige Umgebung auch außerhalb des Bauches zu ermöglichen.

Natürlich ging mir wieder einmal alles viel zu langsam. Ampeln, Staus und Baustellen machten ein schnelles Fortkommen unmöglich, was ich lautstark und im ärgsten Wiener Fiaker-Jargon den anderen Autofahrern bei – selbstverständlich – geöffnetem Fenster auch kundtat. Unterstützt durch Lichthupe machte ich das Vollar...loch vor mir darauf aufmerksam, schneller auf die Ampelsignale zu reagieren, was es mit einem aus dem Nichts auftauchenden Schild *Zivilstreife* auch tat.

Wie ein Geist, übergroß und bedrohlich, stand *ER* vor mir.

„Oh mein Gott! Nicht Sie schon wieder!"

„Oh doch, leibhaftig und jetzt reicht's mir mit Ihnen! Steigen'S aus, aber schnell!"

„Ich kann nicht mehr!", flüsterte ich ihm zu.

„Sofort, dalli dalli!", donnerte er mich an.

„Nein, ich kann nicht mehr, Sie Vollei! Mir ist soeben die Fruchtblase geplatzt!"

„Was? Sie kriegen ein Kind? Und das in Ihrem Alter!"

„Ja! Und nun tun Sie endlich etwas! Sonst krieg ich's noch im Auto!", jammerte ich verzweifelt.

Man glaubt es kaum, aber in Extremsituationen ist auf die österreichische Beamtenschaft Verlass! Er hob mich vorsichtig aus dem Wagen, während die anderen Kollegen die Straßen absicherten, und legte mich mit einer Decke auf den schneebedeckten Boden.

Als er mit stabiler Seitenlage, Herzmassage und Mund zu Mund-Beatmung anfangen wollte, musste ich ihn stöhnend darauf aufmerksam machen, dass ich eine Gebärende und keine Sterbende war.

Noch im Notarztwagen hielt er meine Hand an seine Brust und half mir die Wehen zu veratmen, während wir durch die – wie ein Wunder – funktionierende Rettungsgasse das nächste Krankenhaus anfuhren. Gott hatte mir tatsächlich einen heiligen Josef an die Seite gestellt!

Ich wehte und er erzählte. Aufgezogen wie eine Spieluhr stammelte er schwitzend, wir sollten uns endlich versöhnen, er hätte diesen Streit mit mir schon seit langem satt. Er wolle in Anbetracht des neuen Lebens, das ungestüm aus mir herauswollte, auch mit mir einen Neuanfang wagen.

Ich konnte nichts mehr reden. Ich atmete ein, ich atmete aus, ich atmete ein, nickte und gab ihm meine Hand darauf.

Als Klein Manuel endlich in meinen Händen lag, stand der Polizist immer noch wie ein Bodyguard neben mir. Auf die Frage der Krankenschwester, wie denn das Kind heißen sollte, antwortete ich, Immanuel. Den zweiten Namen sollte er aber von dem Menschen bekommen, dessen Liebenswürdigkeit und Hilfsbereitschaft größte Anerkennung verdiene, meinem nun über alles geliebten Polizisten, meinem heiligen Josef, der mich wie in einem Weihnachtsmärchen so wunderbar begleitet und mir geholfen hatte.

„Wie heißen Sie eigentlich, guter Mann?“, strahlte ich ihn an.

„Slatko!“

„Wie bitte?“

„Slatko Babic und ich bin Muslim.“

„Vollkommen egal, unser Kind heißt Immanuel Slatko!“

Die Krankenschwester war genauso verdutzt wie der Pfarrer, der nach zwei Monaten eine interreligiöse Tauffeier in Beisein einiger Imame und einer riesigen Familie, die extra aus Albanien angereist kam, abhalten musste.

Wir führen seitdem eine wunderbare multikulturelle und multireligiöse Beziehung.

Aufgrund dieses Weihnachtswunders trägt mein jüngster Sohn nun einen ziemlich ausgefallenen Namen, der zugegebenermaßen auch seine Vorteile hat.

Lass ich den Namen SLATKO so ganz nebenbei bei einer Verkehrskontrolle in einem Gespräch fallen, dann wird sofort vor mir salutiert. Ich, das „linke Luder mit den Antifa-Augen“ darf dann ohne Kontrolle der Papiere und des Fahrzeugs weiterfahren.

Immer freundlich, immer nett, ein typisch österreichisches Wunder eben. Mein Freund Babic hat nämlich Karriere gemacht und wird bald zum Niederösterreichischen Polizeipräsidenten aufsteigen.

EIN ADVENTKALENDER DER BESONDEREN ART

Schon seit Längerem ärgerte es mich – dieses Stöhnen.

Angefangen hatte es bei nicht wirklich langen Joggingtouren, dann beim langsamen Walken und später beim Stiegen Steigen.

Ich stöhnte bereits, als ich mich bückte, um einen Topf aus dem Schrank zu holen oder mir die Schuhbänder zu binden. Aus purer Eitelkeit unterdrückte ich dieses Ächzen vor meinem Mann und hielt einfach die Luft an, wenn er in der Nähe war. Bis ich mich einmal, blau vor Sauerstoffmangel, auf das Sofa fallen lassen musste, um wieder tief Luft zu holen.

Sensible Menschen hätten mich getröstet, mir die Hand gehalten und meine Kurzatmigkeit auf Long Covid geschoben. Sensible Menschen hätten mir geraten, doch endlich die verordnete Rehabilitation anzutreten, weil mein linkes Knie bereits massive Degenerationserscheinungen aufwies.

Nicht so mein Mann. Er hielt meine Hand, schaute mir tief in die Augen und meinte: „Sag, Häschen, magst du es nicht einmal mit Fasten probieren?"

Bäng! Diese Ohrfeige hatte gesessen. Fasten?! Das konnte doch nichts anderes bedeuten als: DU BIST ZU FETT!

Das einzig Niedliche an seiner Aussage war die Verkleinerungsform von Hase, alle anderen Worte stachen wie spitze Nadeln in mein Herz.

Es kam nämlich genau das, was ich acht Jahre lang tagtäglich in einer katholischen Privatschule über mich ergehen lassen musste. Eine fast schon sektiererische Standpauke darüber, dass ein gesunder Geist eben auch in einem gesunden Körper leben wolle, dass Fasten sicher sehr erfrischend sein könne, und weiteres Blablabla, das ich nicht mehr hörte, weil ich mir beide Sofapölster auf die Ohren gedrückt hatte.

Fasten? Das ging nicht! Schon gar nicht in der bevorstehenden Adventzeit!

Schon im Gymnasiu war meine religiöse Orientierung in Bezug auf das Fasten eine ganz andere. Während in der Klosterschule an Freitagen und in der vorösterlichen Bußzeit, wie sich die Fastenzeit mittlerweile offiziell nennt, ein strenges Fleischverbot herrschte, verkaufte ich am Pausenhof unter der Hand neben Zigaretten auch Wurstsemmeln und Schmalzbrote. Zu weit überhöhten Schwarzmarktpreisen – das versteht sich ja von selbst –, weil in dieser kargen Zeit die Nachfrage natürlich groß und die Gier nach tierischem Eiweiß unermesslich war. Meine Schulhofgeschäfte blühten zwar und führten stets zu einer vollen Geldbörse, was jedoch an meiner ablehnenden Haltung gegenüber der klerikal aufgezwungenen Fasterei nichts änderte. Ganz im Gegenteil, mein Unverständnis wuchs, und ich konnte an mir sogar Anzeichen einer aufkeimenden Depression erkennen.

Dr. Siegfried Meryn, mittlerweile Österreichs Aushängeschild in Sachen Gesundheit, öffnete mir dann in meiner Uni-Zeit die Augen. „Weil Geist, Seele und Körper in einem dauernden Dialog stehen, bringt ein unzufriedener Körper auch Geist und Seele durcheinander“, referierte der Mediziner.

Ein glücklicher Körper hingegen erzeuge zwischen den anderen beiden Komponenten Gleichklang und Harmonie. So jedenfalls interpretierte ich eine seiner Vorlesungen an der Universität Wien und startete zusammen mit einigen anderen Studenten umgehend einen Selbstversuch. Wir wollten die Blutzuckerregulation unserer Körper testen und tranken uns in der nächsten Vorlesung mindestens 1,5 Promille an. Der Test gelang. Wir stellten fest, dass die Leber als Glykogenspeicher wahre Meisterleistungen vollbringen konnte, ganz nach dem Motto: „Wer weiß, wann es wieder etwas zu trinken gibt!“ Das machte nicht nur unsere Leber, sondern den ganzen Körper glücklich. Geist und Seele folgten – wie prognostiziert,– sofort hinterher. Lautstark bejubelten wir unser geglücktes Experiment, stellten allerdings ebenso fest, dass der harmonische Dialog, der gerade zwischen unseren Körpern, Geistern und Seelen herrschte, nicht zwingend auf die anderen Körper im Raum übertragbar war. Das Wachpersonal schmiss uns jedenfalls aus dem Hörsaal und setzte uns vor die Uni.

Nun stand nicht Siegfried Meryn, sondern mein geliebter Odysseus schulmeisternd vor mir und quasselte etwas über eine einmonatige Herausforderung, die ich meinem Körper zuliebe doch annehmen sollte. Er meinte damit: „Kein Alkohol während der gesamten Adventzeit!“

„Du liebst doch deinen Körper, oder?“, beendete er seine Rede.

„Auf Prosecco verzichten? Unmöglich!“, motzte ich ihn an. „Ich habe mit dem Rauchen aufgehört und gehe regelmäßig walken. Eigentlich sollte mein Körper dankbar dafür sein! Aber nein! Er ist wie ein trotziges Kleinkind, er will immer mehr und mehr von mir haben. Gestern das Rauchen, heute der Alkohol, morgen eine neue Hüfte und übermorgen? Wie soll das weitergehen? Ich kann ihm doch nicht alles durchgehen lassen!“

„Doch, kannst du. Und ich werde es mit dir tun!“, strahlte er.

„Jö!“ Ich sprang auf und machte Anstalten, die Bluse auszuziehen.

„Nicht das! Ich meinte fasten!“

Als alter Traditionalist legte Odysseus den Beginn unserer Fastenzeit auf den 25. November fest und begründete dies mit dem in alten Kirchenbüchern zu findenden Satz: „Kathrein stellt das Saufen ein!“ – oder so ähnlich. Da an diesem Tag der heiligen Katharina von Alexandrien gedacht wird und ich auf diesen Namen getauft bin, ging ich auf seinen Vorschlag ein. Diese Heilige, das muss ich zugeben, hatte mit mir große Ähnlichkeit. Sie war nicht nur redegewandt, sondern ging in die Kirchengeschichte als standhafte und prinzipientreue Frau ein. Dreißig Tage kein Alkohol bis Weihnachten? Ein Klacks! Ich würde meinem Gesundheitsapostel beweisen, wozu sein dickes Häschen im Stande war.

Während sich unsere Freunde für die Tage bis Weihnachten an den ausgefallensten Kalendarien erfreuten, wie zum Beispiel an vierundzwanzig Tagen genüsslich vierundzwanzig verschiedene Biersorten zu trinken oder vierundzwanzig verschiedene Eierliköre aus EU-Ländern zu kosten, planten wir genau das Gegenteil: Hungern und Dursten.

Denn, so das Argument meines Ehemannes und neuen Ernährungsexperten, auf diese Weise würde eine funktionierende Leber die ihr zugeführten Kalorien unmittelbar und schnell verstoffwechseln. Ich würde ohne Alkohol sofort abnehmen. Ich starrte ihn ungläubig an. Er übersetzte es mir in einfacher Sprache: „Kein Alkohol, kein Fett, kein Stöhnen!"

Logisch.

Fasten ist wahrlich eine schwierige Herausforderung. Für mich vor allem in zweierlei Hinsicht: Es fällt mir nicht schwer, auf Wein, Punsch, Glühwein oder Bier zu verzichten, doch bei einem Gläschen Prosecco kann ich nur schwer „Nein" sagen.

Außerdem ist es in unserer Weingegend argumentativ ungemein aufwendig, Menschen, die vom und für den Alkohol leben, davon zu überzeugen, eine Flasche nur zu betrachten und nicht davon zu kosten. Man hätte für fanatische Impfgegner mehr Verständnis aufgebracht.

In der Gegend, in der ich lebe, wird es als dreiste Unhöflichkeit, ja geradezu als Affront empfunden, ein angebotenes Glas Wein abzulehnen.

Ich erarbeitete mir daher eine Liste an Ausreden, die ich im Notfall anwenden konnte, die glaubhaft waren und an denen niemand zu rütteln wagte.

Meine Ausreden mussten es einfach „in sich" haben. Das Argument „Ich habe am Vorabend doch sehr über die Schnur gehauen" genügte da sicher nicht. Dies würde genau das Gegenteil bewirken. Man würde erst recht ein Glas einschenken. Zum einen war ich *Part of the Game* und zum anderen müsste ich ja nicht mehr viel trinken, um wieder auf die gewohnten 0,9 Promille Restalkoholspiegel des Vortages zu kommen.

Die Wahrheit, dass ich in meinem Alter auf meine Gesundheit schauen und ein paar Tage mit Fasten verbringen wollte, um achtsamer mit mir und der Welt umzugehen, hätten meine lieben Nachbarn und Freunde als esoterischen Schwachsinn abgetan.

Aus diesem Grund mussten meine Ausreden absolut überzeugend und schlagkräftig sein.

Meine Liste konnte sich sehen lassen. Niemand – absolut keiner – würde ein Glas einschenken und mich verführen, wenn ich mit Krankheiten (entweder ansteckend oder erbarmungswürdig) oder der Polizei aufhorchen ließe. Erst dann würde die Dorfgemeinschaft Einsicht zeigen.

Auf meiner Liste standen folgende sieben Ausreden:

- „Ich habe seit einigen Tagen wieder meinen Führerschein zurück."
- „Ich muss in zehn Minuten mein Enkelkind vom Kindergarten holen."
- „Ich habe morgen gleich in der Früh eine Blutuntersuchung und muss nüchtern sein!"
- „Ich muss zu einer Darmspiegelung!"
- „Ich habe Corona."
- „Ich nehme seit einigen Tagen ein Antibiotikum."
- „Ich habe eine Histamin-Allergie!"

Vor einigen Jahren hätte ich noch sagen können, dass ich schwanger wäre. Dies hätte man mir mit meiner weiblichen Fülle sicherlich geglaubt. Nun, in meinem fortgeschrittenen Alter, war eine Gestation denkunmöglich und daher argumentativ nicht verwertbar.

Nachdem ich mich vom Schreck einigermaßen erholt hatte, den Wahrheiten wie „DU BIST ZU FETT“ in boshafter Weise hinterlassen, ging ich tatsächlich ans Werk. Ich wollte fasten, weniger essen, und in den Tagen bis Weihnachten gänzlich auf Alkohol verzichten.

„Aber nur unter der Bedingung, dass du mir in ein paar Monaten mit keinem Diabetes Typ 2 daherkommst, und wenn, dann erst nach meinem achtzigsten Geburtstag!“, maulte ich meinen Körper an, als ich nackt vor dem Badezimmerspiegel stand. Mein Geist und meine Seele stimmten in freudiger Erregung zu.

Die ersten zwei Tage waren ein Kinderspiel. Am dritten wurde es schwieriger.

An meinem Haus brauste ein Notarztwagen vorbei. Herr Weber, ein an galoppierender Demenz erkrankter Nachbar, war gestürzt und hatte sich den Oberschenkelhals gebrochen. Nicht nur aus Nachbarschaftshilfe, sondern aus Freundschaft und ehrlichem Mitgefühl saß ich am Abend des Unfalls mit der Ehefrau gemeinsam am Küchentisch und hielt ihr tröstend die Hände. Es wäre nun wirklich die Zeit gekommen, ein Altenheim in Betracht zu ziehen, seufzte sie. Dann schlurfte die gebrechliche Frau zum Einbauschrank ihrer Küche und stellte zwei Schnapsgläser auf den Küchentisch.

„Frau Weber, vielen Dank, aber ich darf derzeit nichts trinken!“

Aufgrund ihrer Schwerhörigkeit hatte sie mich nicht recht verstanden.

„Warum soll ich in Traurigkeit versinken? Aber nein! Mir geht’s gut. Nach dem ganzen Stress heute braucht mein Magen nur etwas Süßes!“

Sie schenkte herrlich duftenden selbstgemachten Eierlikör ein und schob mir das volle Glas über den Tisch. Ich wurde eindringlich lauter: „Liebe Frau Erna, ich tu fasten!“

Sie hielt die Hand an ihr Hörgerät: „Aber Kinderl, das ist ja nur Eierlikör. Der ist gut beim Rasten!“

Es war sinnlos. Wir prosteten uns zu, und während sie trank, schüttete ich unbemerkt den Eierlikör in den Blumenstock, der in der Ecke unter einem riesigen Kruzifix stand. Geschafft.

Einige Tage später stand einer meiner besten Freunde an meiner Tür. „Überraschung!"

In der Hand hielt er eine Flasche Champagner. Oh Gott, verdammt, und noch dazu ein derartig guter! Damit meinte ich beide, meinen Freund und die Marke des Champagners. Er stürzte zum Kasten und holte zwei langstielige Sektflöten heraus.

„Andreas, ich muss dir etwas sagen ...!"

Er lachte: „Sag nicht, dass du schwanger bist! Das Bäuchlein hättest du ja dazu!"

„Du sprühst ja heute wieder vor Charme. Es ist nur wegen ...!"

Weiter kam ich nicht, er hatte den Champagner bereits in die Gläser gegossen und setzte seinen treuherzigsten Dackelblick auf: „Meine Liebe, ich wollte dich nicht beunruhigen, aber vor einigen Wochen wurde bei mir ein malignes Melanom festgestellt. Mir war ganz anders zumute, weil mein Vater ja auch an Hautkrebs gestorben ist, wie du weißt. Man hat es mir großflächig herausgeschnitten, und dann stellte sich nach einer histologischen Untersuchung heraus, dass es ein Blutschwamm, also völlig harmlos war. Wir stoßen heute auf mein zweites, mein neues Leben an! Prost!"

So, meine lieben Leserinnen und Leser, was hätten Sie in diesem Fall getan? Werfen Sie mir bitte keine Disziplinlosigkeit vor!

Den Freund anlügen? Ihm sagen, man hätte Corona, stünde vor einer Darmspiegelung oder einer Blutuntersuchung? In Anbetracht seines verloren geglaubten und wiedergewonnenen Lebens eine derart dumme Ausrede verwenden? Er kannte mich viel zu gut und hätte mir die Lügen nie geglaubt.

Nein, liebe Lesefreunde! Ich tat das einzig Richtige. Ich sprang ihm um den Hals, herzte ihn und stieß freudig mit ihm auf sein neues Leben an. Damit brach ich mein Fastengelübde zum ersten Mal! Und das ohne einen Funken schlechten Gewissens.

Zwei Tage später wurde das erste Adventfenster feierlich geöffnet. Unser Dorf sieht in der Adventzeit besonders schön aus. Vom alten Holzschuppen bis zur Kapelle am Dorfplatz werden nämlich vierundzwanzig großformatige Fenster mit Girlanden und Lichterketten weihnachtlich geschmückt. Jeden Tag trifft man sich dann abends in größeren und kleineren Gruppen bei einem anderen Fenster, plaudert und singt bei Glühwein und Punsch ... und trinkt natürlich für einen guten Zweck, wofür eine große Spendenbox gut sichtbar bereitsteht. Ein schöner und sinnvoller Brauch, dem wir uns jedes Jahr gerne anschließen.

Vom ersten Fenster bis zur Krampusfeier am 5. Dezember ging alles gut. Meine Liste funktionierte. Einmal gaukelte ich eine Blutuntersuchung vor, einmal musste ich wegen einer Darmspiegelung nüchtern bleiben, ein anderes Mal hatte ich schreckliche Kopfschmerzen, und dann trug ich wieder Maske, weil ich von einer Infektion, möglicherweise sogar von Corona, heimgesucht wurde. Meinen Ausreden wurde nicht widersprochen. Odysseus und ich schritten stolzen Schrittes nach Hause, wieder ein Tag ohne Alkohol geschafft. Den kleinen Ausrutscher mit meinem besten Freund hatte ich ihm selbstverständlich nicht erzählt.

Ab dem Nikolaustag konnte ich aber machen, was ich wollte, ich war zum Fastenbrechen verurteilt. Das Leben hatte anderes mit mir vor.

Ich war gerade mit dem Schmücken unseres Adventfensters fertig – unser Haus huldigt jedes Jahr dem heiligen Nikolaus mit dutzenden roten Säckchen, die mit Lebkuchen, Äpfeln und Nüssen gefüllt sind –, da überraschte mich der Anruf unseres Sohnes: „Liebe Mama und lieber Papa! Ihr habt seit heute einen akademisch gereiften Sohn!“

Sprachlos vor Glück rannte ich stöhnend, weil ich bis dahin noch kein Dekagramm abgenommen hatte, die Treppen zur Dachbodenstiege empor und fiel meinem Mann, der sich gerade als Nikolaus verkleidet hatte, in die Arme!

„Ein Wunder! Ein Wunder! Dass wir das noch erleben dürfen!", sprudelte es aus mir heraus.

„Was für ein Wunder?"

„Unser Sohn ist endlich mit dem Studium fertig!"

Meinem Nikolaus schwankten die Knie, er musste sich kurz setzen. Vor Freude liefen ihm die Tränen über seinen langen weißen Bart! Es waren zugleich Tränen der Erleichterung! Was für uns „akademische Reife" hieß, war klar: kein Zittern mehr bei Prüfungen, keine Aufforderungen, doch mehr zu lernen, was immer in einen Streit eskalierte, vor allem aber keine Studiengebühren, keine Versicherungen, keine monatlichen Zuschüsse für Wohnen, Wärme und Nahrung! Wir freuten uns, dass unser Kind als zertifiziert intelligentes Wesen durch sein Leben gehen konnte. Wir freuten uns aber noch mehr, dass uns einer weniger auf der Tasche lag. Hurra, das war wirklich ein Grund zum Feiern!

Ich rannte – wieder stöhnend – in den Keller und holte eine Flasche unseres besten Champagners, den wir uns eigentlich für die Geburt eines weiteren Enkelkindes aufgehoben hatten. Egal, wer dachte in diesem Moment an ein Enkelkind, wenn gerade ein neuer Akademiker das Licht der Welt erblickt hatte?

Wir beide feierten zuerst alleine auf der Dachbodenstiege, danach, als Nikolo und Krampus verkleidet, bei unserem Adventfenster mit der gesamten Nachbarschaft, und zwar ausgiebig. Die nächsten Tage feierten wir mit der Verwandtschaft, mit Freunden und Bekannten und abends wieder im Dorf. Nicht nur die Spendenbox, auch unsere Leber füllte sich. Das freute beide: Box und Leber.

Der 12. Dezember war ein ganz besonderer Tag für uns und unseren lieben Freund Bertram. Leider.

Wir trafen den Jungwinzer während unseres – aufgrund des Vortags – sehr notwendigen Ausnüchterungsspazierganges durch die Kellergasse vor seinem Weinkeller. Er lud uns ein, seinen eben abgefüllten Jungwein zu kosten. Da war ein „Nein" nicht möglich. Es wäre leichter gewesen, die Einladung zur diamantenen Hochzeit der Großeltern auszuschlagen, als die Verkostung eines Jungweines zu verwehren. Also tranken wir.

Unsere gemeinsame diamantene Hochzeit würden wir beide nur bei entsprechend geglückter Lebertransplantation erleben, da war ich mir sicher.

Am 16. Dezember wurde auf meinen Geburtstag angestoßen. Eigentlich vorgefeiert, mit denjenigen, die am 17. keine Zeit hatten.

Vom 18. bis 20. Dezember fand der Brauch des „Weihnachten-Wünschens“ statt.

Ich überlegte mir allen Ernstes, ob das Wort *brechen* nicht doch irgendwie mit *brauchen* zusammenhing. Denn je mehr Brauchtum ich zuließ, desto schmerzlicher wurde mir mein eigener Fastenbruch bewusst.

Vertreter der Musikkapelle, der Freiwilligen Feuerwehr und des Dorferneuerungsvereines gingen von Haus zu Haus und wünschten ein schönes Fest. Klar, dass ich mein Glas auf das Fest der Liebe und des Friedens erhob und mit meinen Freunden anstieß.

Odysseus und ich lebten mittlerweile mit dem herrlich schwummrigen Gefühl, das ein Alkoholgehalt von 0,9 Promille im Blut auslöst. Wenn es wieder bei uns an der Haustür klingelte, tänzelten wir fröhlich in die Arme der nächsten Gratulanten und nahmen die Grüße mit einem – oder zwei oder mehreren – Stamperln Marillenschnaps entgegen.

Prost, und schon hatte die Leber wieder etwas zu arbeiten. Sie tat es bei meinem Gesundheitsapostel und bei mir – und das mit großem Eifer.

Vier Tage vor Weihnachten stand der Rauchfangkehrer vor der Tür und wünschte nicht nur ein gesegnetes Weihnachtsfest, sondern brachte auch Glück und Erfolg für das Neue Jahr.

„Sind wir schon im Neuen Jahr?“, begrüßte ihn Odysseus – er hatte bereits einige Gläschen Punsch getrunken, zwei mit dem Seniorenbund und eines mit dem Kameradschaftsbund –, während ich dem Rauchfangkehrer für unser Glück zwanzig Euro in die Tasche steckte.

„Aber nein!", meinte dieser lachend. „Ich komme heuer früher, weil ich über Weihnachten mit meiner Frau nach Dubai fliege!"

„Dubai?" Odysseus und ich schauten uns fragend an. „Was um Himmels willen machen Sie in Dubai?"

„Was man halt in Dubai so macht. Shoppen gehen!"

„Zu Weihnachten?!"

„Genau! Dann ist es dort nämlich am günstigsten!", meinte der Schnäppchenjäger, drückte die zwanzig Euro tiefer in die Tasche und ging.

Auf diesen Schock hin mussten wir beide etwas trinken.

So ging unser Fastenbrechen fröhlich weiter bis zum Heiligen Abend. Danach fing das zügellose Schlemmen und Trinken erst so richtig an. Meine armen Organe! In dieser Zeit musste nicht nur Leber, sondern auch Galle, Bauchspeicheldrüse und Gedärm arbeiten wie ein Kernkraftwerk. Unsere Körper ließen uns nicht im Stich. Das war eigentlich das größte Weihnachtsgeschenk.

Fazit: Der Wert des Fastens liegt nicht in den paar Kilos, die man weniger auf die Waage bringt. Das Fasten hat zum Ziel, dass man durch Mangel und Verzicht, beziehungsweise durch das Nicht-Durchstehen derselbigen, mehr über sich selbst erfährt.

Insofern hatte unsere Fastenaktion für uns doch einen Mehrgewinn gebracht, weil wir zur heilenden Erkenntnis gelangten, dass es unmöglich ist, gemeinsam und in unserem heimatlichen Umfeld zu fasten. In der Adventzeit auf Alkohol zu verzichten, war einfach nicht zu schaffen, weil man von wunderbaren Weinrieden, Weinkellern und liebevollen Winzern umgeben ist.

Das ist wie in der Hundeerziehung. Du kannst keinen Labrador vor eine volle Hundeschüssel stellen und ihn auffordern, nichts zu fressen. Das erreicht nicht einmal der bekannte Hundetrainer Martin Rütter, weil Labradore eben gefräßige Hunde sind.

Mein Mann und ich sind mit unseren eigenen Hunden vergleichbar. Er, ein Veltliner Labrador und ich, ein Prosecco Labrador.

Aufgrund dieser heilsamen Selbstreflexion werden Odysseus und ich beim Fasten nun getrennte Wege einschlagen. Er wird sich einige Wochen in ein Kloster zurückziehen, um dort seinen Körper bei Suppen und Wasser zu entschlacken.

Ich legte mir eine völlig andere Strategie zurecht.

Im nächsten Jahr werde ich meinen Körper von einem feschen Tanzpartner durch einen Ballroom schleifen lassen. *Dancing Stars* ist das neue Zauberwort für Abnehmen und Fasten, quasi eine magische Black Box. Ich habe dieses Phänomen schon länger beobachtet, da muss echt etwas dran sein, bei diesen „Dancing Stars".

Du gehst als adipöses und vom Alkohol gezeichnetes Starlet in den magischen Kreis hinein und kommst als gertenschlanker oder magersüchtiger Star wieder heraus. Zumindest hat das bei der Karlich, der Jazz Gitti und beim Hannes Kartnig auch funktioniert.

Jetzt muss ich nur noch den ORF von mir überzeugen – und dann nehme ich wirklich ab!

ACHTUNG, GEFÄHRLICHE GROSSMÜTTER!

Wer kennt nicht das Großmutter-Duo „Mitzerl“ und „Lilibet“ aus dem satirischen Weihnachtsfilm *Single Bells*? Jedes Jahr zu Weihnachten läuft der Streifen im österreichischen Fernsehen, und alle Jahre wieder kann ich mich köstlich darüber amüsieren. Ich bin mir sicher, die beiden Filmemacher Ulrike und Xaver Schwarzenberger haben sich dafür meine beiden „Omamas“ als Vorlage genommen. Anders ist die Ähnlichkeit nicht zu erklären, außer es geht in anderen Familien genauso wild zu wie bei uns.

Ähnlich wie in diesem Film gleichen meine Mutter und meine Schwiegermutter dem Yin-und-Yang-Prinzip. Die eine ist Prosecco-verwöhnt und plaudert gerne über ihre elitären Freundinnen aus Italien und England. Meine Mutter, aus ländlichen Verhältnissen, kann wiederum „Lilibets“ Versace-Nähkästchenschwätzereien ganz und gar nicht vertragen und greift aus Trotz zu Wischfetzen und Besen, was mich wiederum in den Abgrund stürzt. Nach ihren Putzorgien finde ich nämlich in meinem Haus nichts mehr, so als hätte ich plötzlich eine galoppierende Demenz.

Während die eine mit Nerzmäntelchen und Eierlikör von der schönen weiten Welt erzählt, geht die andere genau daran zugrunde, weil sie ihrer Familie zuliebe auf diese verzichten musste. Zwischen diesen Yin-und-Yang-Polen werde ich regelmäßig wie eine Magnetkugel hin und her gestoßen.

Eine kleine Geschichte zum besseren Verständnis: Es ist schon einige Zeit her, da bekam ich an meinem vierzigsten Geburtstag von beiden je ein Paket geschenkt.

Das meiner Mutter war dermaßen groß, dass es von zwei stattlichen Herren in den Festsaal geschoben werden musste. Ich konnte es nicht fassen, meine Mutter erfüllte mir meinen sehnlichsten Wunsch!? Gleich würde ein schlanker, gut gebräunter Südamerikaner aus dem Karton springen und einen Striptease hinlegen.

Falsch! Nichts sprang. Nichts tanzte. Es rollte.

Es war eine Bügelmaschine. Nicht erotisch, aber praktisch. Typisch „Mitzerl"-Oma!

„Kränk dich nicht!", meinte damals die „Lilibet"-Schwiegermutter. „Schmollen macht alt."

Sie schob mir ihr Paket über den Tisch. Ich riss es erwartungsvoll auf, und siehe da, es war ein Beauty Case mit teuren Gesichtsmasken, Cremen und Schminkutensilien. Näselnd erhob sie ihre Stimme und wiederholte den sinnigen Spruch Coco Chanels, dass jede Frau um die vierzig vor einer großen Entscheidung stünde, entweder etwas für ihr Gesicht oder für ihr Gesäß zu tun. Beides gemeinsam ginge sich danach nicht mehr aus. Ich sollte klug sein – wie sie – und deswegen etwas für mein Gesicht und ein schönes Dekolletee tun, der Hintern sei in meinem Fall ohnedies bereits verloren.

Etwas verwirrt stellte ich die Gegenfrage: „Warum ein schönes Dekolletee?"

Ihre kurze Antwort: „Weil ein schönes Dekolletee vom Rest ablenkt!"

Bums. Das hatte gesessen.

Mein geliebter Ehemann bleibt sogar in der emotional hochsensiblen Zeit des Weihnachtsfestes, in der meine beiden Yin-und-Yangs zur Hochform auflaufen, stets ruhig und freundlich. Er ist das Gegenteil von mir, was wahrscheinlich der Grund dafür ist, warum ich ihn so sehr liebe. Während sich Nichten und Neffen und sogar die Enkelkinder um die Fernbedienung streiten, räumt er die Zimmer auf, schafft so ganz nebenbei die gebügelte Wäsche in die Kästen, nimmt gelassen und liebenswürdig Glückwunschtelefonate entgegen und denkt an die Kekse, die er für den Weihnachtstisch gebacken hat. Währenddessen stehe ich in der Küche und ärgere mich beim Filetieren des Karpfens. Ein Karpfen sei eben eine Altwiener Tradition und gehöre nach Meinung der Großtante zu einem gelungenen Weihnachtsfest unbedingt dazu.

Das Argument der betagten Dame ist stets das gleiche: Schon die Mutter – also meine Großmutter – und vor ihr ihre Mutter – also meine Urgroßmutter – hätten sich in der Fastenzeit das Letzte abgehungert, um auf diese fette Kost am Heiligen Abend nicht verzichten zu müssen. Bei jeglichem noch so kleinen Versuch, sie von einer Alternative zu überzeugen, fließen bei ihr sofort die Tränen. Dann zwingt sie mich mit dem Totschlagargument, es seien wahrscheinlich ohnehin ihre letzten Weihnachten auf dieser Erde – nach ihrem Tod könne ich ja kochen – was ich wolle, in die Knie.

Weil ich kein Unmensch bin, vor allem nicht am Heiligen Abend, gab es also bei uns jedes Jahr gebackenen Karpfen mit Mayonnaise-Salat und damit eine zufriedene Großtante und „Mitzerl"-Oma, während sich Schwiegermutter „Lilibet" der Linie zuliebe ohnehin nur die eigens mitgebrachten frischen Austern gönnte. Buah!

Nun hatte die Großtante ihre Drohung aber wahr gemacht und war verstorben. So stand der frisch gebackene Witwer am darauffolgenden Heiligen Abend sichtlich erfreut vor unserer Haustür, in den Händen eine große, fette Weidemastgans.

Wobei ich mir nicht sicher war, ob sich seine Freude auf seine wiedergewonnene Freiheit bezog, oder seinen Grund in der lang ersehnten kulinarischen Veränderung hatte, nämlich endlich die eines Gänsebratens.

Den Putzwahn meiner Mutter und die entbehrlichen Tipps von „Lilibet" für einen perfekten Haushalt musste ich trotzdem über mich ergehen lassen. Odysseus aber blieb wie immer die

Ruhe selbst. Er schmückte mit den Kindern den Christbaum, dekorierte die Krippe und stapelte gefühlt hunderte Pakete unter den grünen, herrlich duftenden Baum.

Dank seines unbestrittenen Organisationstalents hatte ich sogar etwas Zeit, mich gemütlich im Wohnzimmer aufs Sofa zu setzen und eine Tasse Tee zu trinken. Die Adventlieder aus dem CD-Player plätscherten vor sich hin, und aus der Küche vernahm ich das aufgeregte großmütterliche Geschnatter darüber, ob die Gans nun mit oder ohne Honig zu bestreichen wäre.

In diesem Moment der Ruhe vor dem Sturm waren mir „Mitzerl“ und „Lilibet“ herzlich egal. Ich dachte nur an meinen geliebten Mann und genoss die paar Minuten Entspannung, die er mir ermöglichte.

Odysseus ist wirklich ein gleichmütiger und besonnener Mensch. Die einzige unangenehme Eigenschaft, die mich als Ehefrau ein wenig nervt, ist sein exaltiertes Faible, besser gesagt, sein neurotisches Verhalten, Tee richtig zu trinken.

Seine Teekanne, ein prunkvolles Silberstück einer Erbtante, darf seit Jahren weder mit dem plumpen Gebräu getrockneter Früchte, noch mit anderen Flüssigkeiten in Berührung kommen. Einzig dunkler englischer Schwarztee duftet aus ihrem Inneren.

Mit Argusaugen beobachtet er stets die Reinigung und er machte mich schon in frühen Ehejahren mit der Sinnhaftigkeit einer Spülung mit reinstem Hochquellwasser vertraut. Kein Spülmittel, kein Zitronensaft und um Gottes willen kein Essig darf die alte Teepatina stören.

Gut, diese Kanne ist ihm wirklich wichtig, das habe ich im Laufe der Jahre verstanden, und in Anbetracht anderer durchaus liebenswerter Vorzüge haben meine Söhne und ich seinen heiligen Gral akzeptiert und würden alles tun, um ihn und seine Teekanne zu beschützen.

Nach geglückter Bescherung, tränenden Großmütteraugen, einem schon etwas angeheiterten Großonkel und zufriedenen Kindern, konnte einem weiteren ruhigen Verlauf des Heiligen Abends nichts mehr im Wege stehen.

Sollte man denken.

Hungrig ließ sich die Großfamilie am Esstisch nieder und erwartete gespannt die Gans, die uns endlich, nach Jahren der Selbstüberwindung gegenüber glitschigen Teichbewohnern, eine willkommene Gaumenfreude versprach. Knödel, Kraut und der wohlig duftende Braten standen am Tisch, alle griffen zum Besteck und jubelten.

Bis meine Mutter – das „Mitzerl" – stolz mit dem Bratensaft, der Krönung jeglicher Speise, bei der Tür erschien.

Unsere angeregten und lustvollen Plaudereien verstummten jäh, das erwartungsvoll erhobene Besteck fiel uns aus den Händen, sogar die Pendeluhr hörte zu ticken auf.

Tick. Tack. Tick. Tack. ...

Aus.

Unser Engelchen ließ seine Kakaoflasche fallen und starrte zitternd zur Tür, als hätte es den Leibhaftigen vor sich stehen.

Um dem Fest und dem Gänsebraten, vor allem aber sich selbst besondere Bedeutung zu verleihen, war meine Mutter auf die ungeheuerliche Idee gekommen, den fetten Bratensaft aus dem heiligen silbernen Gefäß zu servieren.

„Oh mein Gott! Papas Teekanne!", schrie einer meiner Söhne in die Totenstille.

„Jesus und Maria!", betete der Großonkel und fiel bewusstlos vom Stuhl.

„Lilibet" weinte still in sich hinein, nachdem sie ein volles Stamperl mit Eierlikör hinuntergestürzt hatte. Mein Mann erhob sich langsam und ging schweigend auf meine Mutter zu.

Die „Mitzerl"-Oma hob den Krug wie ein Schild vor ihr Gesicht und meinte mit zittriger Stimme, aus so einem Gefäß könnten die Kinder die teure Tischdecke nicht anpatzen und überhaupt, sie würde es nachher ohnehin mit Geschirrspülmittel und Essig putzen, es sei ja nur eine Kanne.

Das war meinem liebevollen und gleichmütigen Odysseus nun doch zu viel. Er stürzte sich auf sie und fing die Erstaunte zu würgen an, während er ihr alle schwiegermütterlichen Grausamkeiten vorwarf, die sich bei ihm in den letzten Jahrzehnten angestaut hatten.

„Drück zu Papa! Fester, fester!“, feuerten ihn die Kinder an. Engelchen klatschte im Takt.

„Wach auf Liebes! Wach auf!“, rüttelte mich Odysseus aus meinen Träumen. Ich erschrak und fuhr schweißgebadet vom Sofa hoch.

„Lebt sie noch?“

„Wer denn?“

„Meine Mutter!“

„Natürlich! Sie erfreut sich bester Gesundheit. Meine und deine Mutter haben sich wundersamerweise zu einer gemeinsamen Kompromisslösung durchgerungen!“

„Um Gottes willen! Dann gibt es ein Gansl?!“ Mir graute vor dem Déjà-vu. Das musste unbedingt verhindert werden

„Onkel Friedrich wollte dich dieses Jahr mit einer Gans überraschen, weil du Karpfen ja so hasst. Beide Omis werken bereits in seltener Einigkeit in der Küche! Ist dir das nicht recht?“

„Nein, ganz und gar nicht!“ Ich dachte an meinen Traum und die schreckliche Vorsehung.

„Am Heiligen Abend gab es und wird es bei uns immer Karpfen mit Mayonnaise-Salat geben!“, herrschte ich ihn an, rannte zu den Damen in die Küche und verkündete wild entschlossen meine Entscheidung: „Gebackener Karpfen mit Mayonnaise-Salat! Ich dulde keine weiteren Diskussionen!“

„Die weiß auch nicht, was sie will!“, flüsterte die Schwiegermutter meiner Mutter ins Ohr.

Verständnisvoll nickend antwortete daraufhin meine Mutter, dass bei ihr der Wechsel auch so begonnen hätte.

Mich störte die Tuschelei nicht, ich ging ins Wohnzimmer und versteckte vorsorglich die Teekanne meines geliebten und gleichmütigen Ehemannes. Für ihn und seine Ausgeglichenheit tu ich nämlich alles und lasse mich dafür von meinem „Mitzerl“ und meiner „Lilibet“ sogar als Wechselgestörte bezeichnen.

Mein Traum hat mir aber die Augen geöffnet: Selbst der größte Gleichmut findet einmal ein Ende. Irgendwann bringt meine Mann wirklich einmal eine der beiden um.

Da pass ich jetzt besonders gut auf, denn bei diesen Großmüttern kann man nicht vorsichtig genug sein!

DER LEOPOLD IN MIR

Es hat schon irgendwie seinen Grund, warum ich den Namen Katharina trage. Die Heiligen suchen sich ja bekanntlich die Kinder aus, in denen sie sich wiederfinden und wiedergeboren werden wollen. So bin ich auf den Namen der „berühmt-berüchtigten" Katharina von Alexandrien getauft, eine Tatsache, die Sie mir, liebe Leserinnen und Leser, hoffentlich nicht als Eitelkeit oder Arroganz auslegen. Ich habe mir den Namen ja nicht ausgesucht.

Meine Eltern erhofften sich bei der Geburt ihres vierten Kindes, dass endlich ein männlicher Nachwuchs das Licht der Welt erblicken würde. Nachdem ich als Fötus bereits wie wild im Bauch herumgestrampelt war, um aus der dunklen Enge auszubrechen, entschieden meine überglücklichen Eltern, dem ungestümen Wesen – also mir – den Namen Leopold zu geben. Ihr Wunsch ging aber nicht in Erfüllung. Ich war leider „wieder nur" ein Mädchen.

Weil man die weibliche Form des Namens Leopold, nämlich Leopoldine, in den 1960-ern einem Kind nicht antun wollte, setzte sich die Ottakringer Großmutter bei meinen Eltern durch, und so wurde ich auf den „guten Ruf" der heiligen Katharina und im zweiten Namen auf Leopoldine getauft. Seit meiner Geburt kämpfen deswegen zwei Wesen in mir, ich bin sozusagen eine bipolare Persönlichkeit. Ob daraus eine Störung abzuleiten ist, weiß ich nicht, das müssen Sie mein soziales Umfeld fragen.

Auf alle Fälle liebe ich beide gleich, fast so wie in der US-amerikanischen Zeichentrickserie *Pinky and the Brain*. Die männliche, dunkle Seite in mir heißt Leopold. Er ist ein respektloser Satiriker, ein maßloser Kritiker und ehemaliger Kettenraucher, der nie genug bekommen kann. Immer wieder wird er von Katharina, meinem anderen, dem helleren und freundlichen Teil in mir, in Zaum gehalten. Katharina ist die Vernünftigere und die Intelligentere. Leopold wiederum kann sich köstlich amüsieren, wenn seiner „ach so g'scheiten Kollegin" in meinem Kopf irgendetwas Peinliches oder Saublödes passiert. Darüber kann er sich über Wochen und Monate lustig machen. Beide lieben einander, wie in einer Beziehung. So geht es mir eigentlich sehr gut, solange sich die beiden nicht in die Haare kommen. Das tun sie immer wieder, im Besonderen, wenn es sich um „blede Leut' handelt". Da sind beide nicht mehr zu bremsen, und darüber muss ich Ihnen eine Geschichte erzählen.

Dieses Kapitel stelle ich ganz unter das Zeichen der Wichtigkeit von Allgemeinbildung. Wie bedeutsam dabei Lesen ist, darauf hat der deutsche Literaturkritiker und Autor Denis Scheck einmal in einem Interview hingewiesen: Menschen, die nicht lesen, seien ihm genauso suspekt wie Menschen, die sich nicht waschen.

Das hat sich die heilige Katharina aus Alexandrien um 300 nach Christus wahrscheinlich auch gedacht, als sie von ihrem heidnischen Vater, dem König Costus und seiner Frau Sabinella an einen reichen, aber unkultivierten Mann verschachert werden sollte. Meine Namenspatronin war zwar schön, aber nicht blöd. Sie beschloss, nicht ihren Eltern zu gehorchen, sondern fortan in christlicher Enthaltsamkeit zu leben und den Männern trotzig ihre intellektuelle Stirn zu bieten. Wer teilt denn schon gern das eheliche Bett mit einem Dümmling?

Sie setzte sich mit Schriftgelehrten und Philosophen auseinander, die sie mit ihrem Wissen und mit ihrer Eloquenz in Grund und Boden redete. Kaiser Maximianus war darüber so verärgert, dass er diese Philosophen und Schriftgelehrten auf dem Scheiterhaufen verbrennen ließ. Und weil man schon in der Antike vor intelligenten und schlagfertigen Frauen Angst hatte, wurde Katharina gleich danach gerädert und anschließend geköpft. Doppelt hält besser, haben sich die Blödmänner gedacht. Deswegen wird sie in Kirchen oder auf Bildern oft mit einem Rad und dem Schwert dargestellt.

Schon kurz nach ihrem Tod bereute man die Tat und erhob die Märtyrerin wie viele andere Frauen in den christlichen Adelsstand: Sie wurde heiliggesprochen. Aufgrund ihrer Bildung, ihrer Redekunst und ihrer unerschütterlichen Treue wird sie im Volksglauben unter anderem als Beschützerin der Mädchen, Ehefrauen (!) und als Patronin der Philosophen, Theologen, Lehrer, Studenten, Anwälte, Bibliothekare und aller weiblichen Pendants dazu – also allen *Innen, das versteht sich ja von selbst – verehrt.

Na bitte, so weit kann man es bringen, denkt sich mein innerer Leopold, wenn man „goschert" ist. Als mein Vorbild machte ich es der heiligen Katharina schon in Jugendjahren gleich, lernte brav Latein, Mathematik und Biologie, musste aber wegen meines frechen Aufbegehrens – dem Argument, dass dabei nicht Katharina, sondern ein anderes Wesen, nämlich Leopold, seinen Schabernack trieb, konnte man nichts abgewinnen – in Religion und Deutsch stets mit dem Gesicht zur Wand in der Ecke stehen. Die Erziehung in der Klosterschule stählte mich, nach acht Jahren trat aus den katholischen Mauern eine junge antiklerikale Feministin heraus. Die bin ich bis heute geblieben. Ich werde gerne als redselige und streitbare Lady bezeichnet, was mich mittlerweile ehrt. Ich kann meinen Mund einfach nicht halten, das haben der Pfarrer und einige Bürgermeister aus meiner Gemeinde leidvoll erfahren müssen, auch meine Leber und die Galle.

Meine Ehe hat trotzdem gehalten.

Seit einiger Zeit kommt es aber immer wieder vor, dass ich nach einem Wort suche und ich es selbst mit der größten kognitiven Anstrengung in meinem Kopf nicht finde. Diesen Prozess nenne man Altern, meint mein Mann beschwichtigend. Da hat mir nun die himmlische Katharina etwas voraus, denn durch ihren frühen Tod musste sie nicht mitansehen, wie sie körperlich und geistig verfiel. Ich schon. Und das ist grausamer, als unter dem Rad zu sterben, glauben Sie mir. Das alles bietet Stoff für neue Geschichten, bei denen sich mein Leopold wieder „zerreißen" kann.

Erst neulich ist mir das in einem Schreibwarengeschäft passiert. Ich hasse ja große unüberschaubare Einkaufsmärkte. Das ist ein Trauma, das mich seit der Schulzeit meiner Kinder verfolgt. Es wäre nämlich entspannender gewesen, als Fakir auf einem Nagelbett zu liegen, als mit vier pubertierenden Monstern einkaufen zu gehen.

Ich benötigte für eine Weihnachtslesung Lametta, stand in dem Verkaufsraum eines riesigen Papierwarenfachmarktes und fand bunte Papiersäckchen, farbige Kerzen, Girlanden, Engelshaar, rote, weiße und grüne Glasketten, Sternspritzer, aber kein Lametta. Natürlich weit und breit niemand vom Verkaufspersonal, den ich hätte fragen können. Ich wühlte mich durch Kaffeefilter, Hefteinlagen und Kerzenständer. Nichts. Bis ich über den schwarzen Besen einer „Fachkraft" stolperte. Ich rappelte mich hoch und fragte höflich in ein stumpf dreinblickendes Gesicht: „Verzeihen Sie, können Sie mir helfen? Ich suche Lametta!"

Das Gesicht schaute mich ausdruckslos an: „An wos woll'n Sie haben?"

„Lametta!", strahlte ich sie an. „Ich suche Lametta!"

„Wos soll des sein?"

Sie schleuderte mir ihre Frage wie einen nassen Fetzen mitten ins Gesicht.

Was Lametta ist? Die Frage konnte doch nicht wirklich ihr Ernst gewesen sein. Diese junge Frau konnte sich mit ihrem Smartphone in aller Herren Länder verbinden, die wildesten Fotos auf Instagram posten, sich die verrücktesten Speisen liefern lassen, lebte praktisch in ihrer virtuellen Welt, trieb sich auf Bitcoin Marktplätzen herum, und wusste nicht, was Lametta war? Und das, obwohl sie Angestellte in einem Papierwarengeschäft war und Weihnachten vor der Tür stand? Ich knickte fassungslos vor ihr ein und hielt mich am Bart eines Plüschnikolos fest.

Das junge Ding starrte mich immer noch mit ihren leblosen Augen an und wartete auf eine Erklärung meinerseits. Dieses offen zur Schau gestellte Nichtwissen amüsierte meinen inneren Leopold königlich, löste in mir aber eine plötzliche rhetorische Blockade aus. Wie sollte ich jemandem, dem ich als Kundin im Allgemeinen und Weihnachten im Speziellen völlig egal war, erklären, was Lametta ist? Einer Person, deren Intelligenzquotient mit einer Scheibe Toastbrot vergleichbar war?

Ich, Katharina, die scheinbar Intelligente und Nummer eins der Scrabble-Meisterschaften im Hause Grabner, stand da und fing zu stottern an, weil mir die Worte fehlten. Leopold lachte sich ins Fäustchen: „Gell, da bleibt dir die Spucke weg!"

„Äh, also ..., gut, also Lametta, das ist ... äh ...", versuchte ich einen Gedanken zu fassen. Danach herrschte betretene Stille.

Endlich erlangte die Katharina in mir wieder die Oberhand, sie löste die Blockade und aus mir rann es in der üblichen Leichtigkeit über die Zunge: „Lametta ist ein bunter, in hauchdünne Streifen geschnittener Christbaumschmuck!"

Der stumpfe Blick der Besenhalterin veränderte sich. Ihre Augen verformten sich zu engen Sehschlitzen, aus denen giftige Pfeile auf mich niederprasselten. Sie erhob mächtig ihre Stimme und fauchte: „... ein in hauchdünne Scheiben geschnittener Christbaumschmuck? Wollen'S mi rollen?! Alle haben an Stress im Weihnachtsgeschäft, aber ganz ehrlich? Veroarschen kann i mi selba a!"

Weil ich Angst vor ihr hatte – immerhin trug sie ein schlagkräftiges Instrument, nämlich einen Besen, bei sich –, lief ich unverrichteter Dinge aus dem Geschäft, vorbei an der Kasse und vorbei an einem Ständer, an dem kiloweise Lametta hing.

Zu Hause angekommen musste ich kurz verschnaufen. Ich trank eine Tasse Tee und stellte mir eine To-do-Liste zusammen, was ich noch zu erledigen hatte. Neben dem immer noch zu besorgenden Lametta und den Textvorbereitungen waren noch die Bücher zu bepreisen, die ich bei meinen Lesungen hin- und herschleppte, außerdem mussten die Leselampe und meine kleine Lautsprecheranlage eingepackt werden. Ach ja, und frische Batterien für das Headset brauchte ich auch noch.

Die unangenehmste aller Tätigkeiten rückte ich auf meiner Tätigkeitsliste an die erste Stelle. Unangenehme Dinge sind sofort zu erledigen, dann hat man es hinter sich gebracht, hörte ich meine Großmutter im Hinterkopf. Für diese Aufgabe beschwor ich meine Patronin Katharina ganz besonders um Hilfe, denn ein Lametta-Erlebnis am Tag würde mir wirklich reichen. Im Notfall müsste mein Leopold die Dinge in die Hand nehmen, was er dann auch tat.

Ich musste die AKM anrufen und über einige Zahlungen verhandeln. Sehr zeitaufwendig und sehr unangenehm, denn es ging um das liebe Geld.

Jeder/jede Veranstalter*in und jeder/jede Künstler*in kann das nachvollziehen.

Die österreichische Gebührenstelle namens AKM steht für Autoren, Komponisten und Musikschaffende und sollte eigentlich eine offizielle Stelle sein, die die Interessen von Künstlen wahrnimmt. Genau das Gegenteil ist aber manches Mal der Fall, zumindest bei mir, offensichtlich steht AKM für **A**utoren sind **K**ühe zum **M**elken.

Ich verstehe den Hintergrund und die Sinnhaftigkeit dieser Institution, Kunst muss etwas kosten. Klar. Künstler*innen leben nun mal von Tantiemen bei der Aufführung ihrer Stücke oder vom Vorlesen aus ihren Büchern. Das ist wichtig und auch gut so.

Nur einmal nicht, da verrechnete mir die Stelle für einen Abend, den ich für Freunde und für die Familie ausgerichtet hatte, eine Gebühr plus Pönale, weil ich die Veranstaltung nicht angemeldet hatte. Nach einer Stunde intensiven Diskutierens nahm der Mitarbeiter dann zur Kenntnis, dass es sich in meinem Fall um einen Irrtum handelte, weil ich meine eigenen Texte in der eigenen Familie vorgelesen hatte. Das wäre ja genauso, als müsste ich meinem Enkelsohn fünf Euro verrechnen, quasi ein Schoßgeld, wenn ich ihm eine Geschichte aus meinem Buch erzähle. Man kann es auch übertreiben.

Für musikalische Darbietungen bei meinen Lesungen muss ich aber verständlicherweise zahlen, und zwar gar nicht wenig.

So rieb sich der launige Leopold in mir bereits im Frühjahr die Hände und dachte bei der Erstellung der Weihnachtsprogramme: „Heuer bist du klüger und singst mit dem Publikum ein paar schöne alte Weihnachtslieder, die sind urheberrechtlich nicht geschützt, damit wird alles viel unkomplizierter und auch billiger!"

Eine naive Illusion, der ich unterlag, denn nun wurde es wirklich kompliziert. Ich meldete mein Programm mit fünf Weihnachtsliedern bei der Gebührenstelle per E-Mail an und wurde nach ein paar Minuten von einer jungen Frau zurückgerufen. Erbost gab sie mir zu verstehen, dass sie mein Ansinnen, nicht zahlen zu wollen, in keiner Weise billigen könne.

„Sie müssen trotzdem zahlen!", ärgerte sie sich über mich.

„Gute Frau, ich zahle keinen Cent an Urheberrechtsgebühren für das Lied *Fröhliche Weihnacht überall*!"

„Na, sicher schon. Die anderen zahlen auch dafür!"

„Die zahlen ja nur, weil sie nicht wissen, dass man dafür nicht zahlen muss! Außerdem ist *Fröhliche Weihnacht überall* eine Volksweise! Das kennt jedes Kind!" Gott, war ich gut! Ich wuchs bei meiner Argumentation merklich um ein paar Zentimeter in die Höhe.

„Also, ich kenn' das Lied nicht!", meinte sie trotzig.

Uje, an der anderen Seite der Leitung saß wieder ein Lametta-Stumpfgesicht.

„Warten Sie", meinte ich selbstsicher, dieses Mal wollte ich mir keine Blöße geben. „Ich singe es Ihnen vor: *Fröhliche Weihnacht überall, tönt es durch die Lüfte froher Schall* ... das kennen Sie nicht? Dieses Lied singt sogar Helene Fischer! Kein Autor, kein Name, kein Ort, kein Verlag, kein Urheberrecht, damit kein Geld! Logisch?", keifte ich sie unerschrocken an.

„Stimmt, das Lied kenn' ich wirklich aus dem Radio!"

„Sehen Sie, und bei den anderen Weihnachtsliedern verhält es sich genauso!"

Die Gebührenfrau widersprach. „Aber die Lieder müssen doch jemandem gehören?"

„Nein, müssen sie nicht! Das bringen Volksweisen eben mit sich: Jeder kann sie singen, niemandem gehören sie!", schrie Katharina, Leopold lachte.

Kurze Zeit herrschte Stille am Telefon, offensichtlich brauchte ihr Gehirn Zeit, das Gehörte zu verarbeiten.

„Das stimmt nicht!", meinte sie beleidigt und blies mit einem Gegenargument zum Angriff.

„*In einem unbekannten Land, dada-dada, vor gar nicht allzu langer Zeit, dada-dada …* Die Biene Maya kann auch jeder singen und zahlen muss man trotzdem dafür!"

„Ich weiß, an Gott!", meinte ich verächtlich. Dieses Mal musste ich ihr Recht geben.

„Sie wollen mich irgendwie zum Deppen machen, oder?! An Gott muss man doch keine Gebühren zahlen!", maulte sie.

Die ungebildete Person ging mir echt auf die Nerven. „Ich meinte nicht den GOTT, diesen da oben im Himmel, sondern Karel Gott! Der tschechische Schlagersänger, der vor ein paar Jahren verstorben ist!"

„Echt? Der ist gestorben? Das muss ich mir gleich notieren", meinte das Dummchen, um mich gleich weiter zu nerven. „Was ist jetzt mit dem Lied *O du fröhliche*?"

Ich sang auch dieses Lied ins Telefon. „Gute Frau, das ist ein Lied für den Heiligen Abend. Quasi das Geburtstagslied für Jesus!", erklärte ich ihr und versuchte, meinen Ärger in Zaum zu halten. Am liebsten hätte ich sie zu den Klängen von *Kling, Glöckchen, klingelingeling* erwürgt, allerdings wollte ich kein Risiko für weitere Gebühren eingehen.

„Und woher haben Sie jetzt dieses Lied?"

„Welches Lied?" Ich kam schon völlig durcheinander.

„*O du fröhliche*?"

„Aus dem Gotteslob!", schrie ich in den Hörer. Der Leopold und die heilige Katharina in mir zerkugelten sich vor Lachen.

Ich hörte, wie sie flink auf der Tastatur arbeitete, offensichtlich suchte sie in Google nach dem Wort *Gotteslob*, um dann schulmeisternd in den Hörer zu raunzen: „Na, dann gibt es ja doch einen Urheber!"

„Natürlich gibt's einen Urheber, das Christkind, *der* Grund für jedes dieser Lieder! Das ist aber kein Grund, dafür zu bezahlen!"

„Sie wollen mich ärgern, oder?", hörte ich sie an der anderen Seite der Leitung.

Wie konnte ein Mensch *Fröhliche Weihnacht überall* und *O du fröhliche* nicht kennen? Das musste ich erst einmal verkraften und ein paar Mal durchschnaufen.

Um mich endlich aus ihren Fängen zu befreien, machte ich ihr daraufhin einen Vorschlag, auch wenn dieser ganz gegen meine Vernunft war:

„Schauen Sie, wir einigen uns in der Mitte. Für die Lieder *Stille Nacht, Heilige Nacht* und *Es hat sich halt eröffnet* können Sie von mir aus eine Pauschale verrechnen. Für die Lieder *Fröhliche Weihnacht überall*, *O du fröhliche* und den *Andachtsjodler* zahle ich nichts, weil ja sowieso für alle kein Urheberrecht besteht. Was sagen Sie zu meinem Angebot?"

Wieder herrschte kurze Zeit Stille, sie überlegte und ich konnte ihre Gedanken geradezu erspüren: „Besser eine Pauschale, als gar kein Geld."

Ich wusste, ich musste zwar bezahlen, stieg aber als moralische Siegerin aus der Diskussion, weil ich eben eine Bildungsbürgerin war und sie nicht.

„Gut!", meinte sie. „Das wird aber jetzt gar nicht so einfach sein! Ich muss mich erkundigen, wer jetzt wirklich genau der Urheber von diese Lieder ist!"

„Von diesen Liedern!", wiederholte ich laut und betonte dabei den Buchstaben N. „Akkusativ Plural!"

Sie betete die Wörter *Akkusativ Plural* nach. „Dann wissen Sie ja eh den Urheber. Warum sagen Sie das nicht gleich?"

Ihre Blödheit stieg ins Grenzenlose. Jetzt war mir klar, warum meine Freunde aus dem Theater immer zahlten. Sie wollten und konnten sich diesen enervierenden Diskussionen nicht länger als notwendig aussetzen. Ich schon, denn wenn es ums Prinzip – also ums liebe Geld – geht, zeige ich kein Erbarmen.

„Aber nein! Ich habe es Ihnen doch bereits klar und deutlich gesagt!“, jubelte lautstark Herr Leopold. „Der Urheber all dieser Lieder ist Jesus von Nazareth!“

Sie schrieb in ihren Computer und fragte angeödet nach: „Geboren in?“

„Bethlehem!“, und damit ich nicht länger warten musste, gab ich ihr auch gleich die Zielkoordinaten durch. „Das liegt in Israel!“

Erschrocken meinte „mein Superhirn“ am anderen Ende der Leitung: „Israel? Na geh! Jetzt wird's aber echt mühsam. Das wird ja eine Auslandsüberweisung! Wissen Sie eigentlich, was Sie mir mit diesen Weihnachtsliedern antun? Solche Extrawürsteln hab' ich eh so satt!“

„Extrawürsteln?! Eine AKM wie in Österreich gibt's auch in Israel!“ Ich konnte mein Lachen kaum noch unterdrücken.

„Da weiß ich aber jetzt gar nicht, wie die heißt. Wie soll ich denn nach der googeln?“

Fast tat sie mir leid, die junge Frau war mittlerweile wirklich verzweifelt. So antwortete der freche Leopold in mir: „Ganz einfach, die AKM heißt dort IBL!“, was natürlich eine aufgelegte Lüge war.

„Wie bitte?“

„IBL – Israelitische Bundeslade! Nach der müssen Sie suchen!“

„Na gut!“, gab sie nach einigen Minuten spürbar erleichtert zurück. „Dann melde ich mich wieder, wenn ich die gefunden habe!“

Sie hat mich bis heute nicht angerufen.

„Warum eigentlich?“, hörte ich Leopold, das Pinky in mir fragen, nachdem ich mich erschöpft von dem anstrengenden Gespräch ins Sofa hatte fallen lassen. Ich rollte die Augen zum Himmel: „Weil die Bundeslade seit zweitausendfünfhundert Jahren verschwunden ist, du Superhirn. Bei dir sieht man wieder, dass sogar aus Schlaumeiern Heilige werden können!“

Sehen Sie, deswegen ist Lesen und Bildung so wichtig. Das kann mitunter sehr unterhaltsam sein, wie man sieht. So wie der Physiker Georg Christoph Lichtenberg (1742-1799) gerne zitiert wird: „Wenn ein Kopf und ein Buch zusammenschlagen und es hohl klingt, muss es nicht unbedingt am Buch liegen."

Ich musste das jetzt einmal sagen, auch auf die Gefahr hin, dass mir nach Veröffentlichung dieses Buches von der Gebührenstelle das gleiche Martyrium blüht wie der heiligen Katharina von Alexandrien: zuerst am Telefon gerädert und danach mit Gebühren geköpft.

Aber vielleicht kann ich der Gebührenstelle sogar einen Bären aufbinden und behaupten, dass es eigentlich gar nicht ich war, der das Buch geschrieben hat, sondern ein gewisser Leopold.

Das würde man mir sicherlich auch glauben.

ARABISCHE WEIHNACHTEN

Gott bewahre mich vor all dem, was gerade noch ein Glück ist!

Ich liebe dieses Zitat. Es ist aus Friedrich Torbergs Buch *Die Tante Jolesch oder der Untergang des Abendlandes in Anekdoten*. Als Gymnasiastin und glühender Torberg-Fan war ich immer wieder über dieses Zitat gestolpert. Möge uns Gott vor all dem bewahren, was *„gerade noch ein Glück ist*"?

Müsste sich in Anbetracht der Nähe des Glücks nicht mindestens auch ein Gefühl von Zufriedenheit einstellen? Aber genau vorm Gegenteil warnt der Spruch.

Nun, ich bin im Laufe der Jahre sicher nicht intelligenter geworden, dafür möglicherweise klüger, weil ich vierzig Jahre mehr an Lebenserfahrung, mehr an Kindern und auch mehr an gewichtigen Lebensweisheiten habe, als mit meinen damaligen achtzehn jugendlichen Lenzen.

Die Tante Jolesch hatte natürlich recht, denn was gerade noch ein Glück ist, kann in der nächsten Sekunde großes Unglück oder riesiges Pech bedeuten.

Ich gebe Ihnen ein Beispiel: Wenn ich mit dem Auto fahre, dann stets mit Freisprechanlage. Blöd nur, dass die intelligente *Madame*, die mich aus dem Handy nach dem Namen der anzurufenden Person fragt, offensichtlich schlecht hört. Denn wenn ich sage: „Wähle Sigrid!", dann verbindet mich das Gerät automatisch mit dem Verein „Lilith", was natürlich auch wichtig ist, weil es in beiden Fällen um Frauenthemen geht.

Das Falschwählen aufgrund von technisch-akustischen Schwierigkeiten war insofern einmal ziemlich peinlich, als ich mit meiner

Freundin Elke etwas wirklich Wichtiges besprechen wollte und auch sofort nach dem Knacksen in der Leitung verbal lossprintete. Es war nur leider nicht Elke, sondern Herr Welke. Dr. Rudolf Welke, unser Notar aus Wien, der mit meinem Erfolg bei der Bekämpfung wechselbedingter Hitzewallungen eigentlich nichts anzufangen wusste. Ich entschuldigte mich für den Fauxpas und schlug danach mit den Fäusten auf das Display. Dabei kam ich vom Straßenrand ab und fuhr geradewegs in das Auto einer Zivilstreife.

„Da haben Sie gerade noch Glück gehabt!“, meinte der Polizist. „Das hätte ganz böse ausgehen können!“ Ist es ja dann auch, Blödmann, ich musste eine horrende Strafe bezahlen.

Anderes Beispiel gefällig? Ich kochte wie üblich für die Großfamilie und schnitt etwa fünfundzwanzig Schnitzel in dünne Scheiben, um mich herum tummelten sich Kleinkinder, meine Katzen und mitgebrachte Hunde.

Da, plötzlich ein Aufschrei! Hatte sich irgendjemand verletzt? Ich ließ alles liegen und stehen und rannte sorgenvoll durchs Haus. Überall herrschte seliger Frieden. Der Aufschrei war ich selbst gewesen, mir wurde schwarz vor den Augen. Bums.

„Da haben Sie aber gerade noch Glück gehabt!“, meinte der plastische Chirurg. „Wir haben Ihnen den Zeigefinger wieder erfolgreich annähen können!“

Es gibt tausende Beispiele für dieses „Gerade-noch-Glück-haben“. Ein hässliches Baby? Gerade noch Glück gehabt. Gut, dass es ein Mädchen ist, die können sich ja später schminken. Wieder ein Fetzen (Nicht genügend, Anm.) in Mathematik? Gerade noch Glück gehabt. Mein Sohn darf trotzdem in die nächste Klasse aufsteigen. Und so weiter und so fort.

Mit meinem geduldigen und liebevollen Ehemann und einer Flasche Prosecco im Kühlschrank habe ich mich fast schon an den Zustand des Gerade-noch-Glück-Habens gewöhnt.

In der Vorweihnachtszeit steigt das Risiko für besagtes Glück, vor dem uns Gott aber möglichst bewahren sollte. Dafür, glauben Sie mir, bete ich jeden Tag!

Nachdem ich als vierfache Mutter und mittlerweile auch stolze Großmutter allen möglichen Weihnachtskatastrophen, wie verkohlten Weihnachtsgänsen, streitenden Schwiegereltern oder kleineren Bränden am und unter dem beschaulichen Christbaum mit Humor und Raffinesse entgegentrete, war vergangenes Jahr bereits einen Tag vor Heiligabend alles für das große Fest vorbereitet. Der übergroße Christbaum war mit hunderten Zuckerln behängt, die Kerzenleuchter geputzt und der riesige Tisch für die Großfamilie gedeckt.

Ich war auf alle Eventualitäten vorbereitet, dank eines ausgeklügelten Planes.

Für meinen geduldigen und liebevollen Ehemann stand hinter meinem *Ficus Benjamina* eine kleine Schnapsbar bereit, und den Kleinen aus der Runde hatte ich Spiele für den Computer besorgt, damit sie uns in Ruhe ließen. Um die anderen machte ich mir keine Gedanken, denn der Rest der Verwandtschaft würde ohnehin erst am späteren Vormittag – also, wenn alles von mir erledigt worden war – mit dankbarer Brutalität über mein Haus hereinbrechen.

Für die streitsüchtigen Großmütter, die mich am Heiligen Abend ständig mit irgendwelchen Sonderwünschen quälten, hatte ich heimlich Weihnachtskekse der besonderen Art fabriziert, sogenannte *Space Cookies*. Ich hatte mir klammheimlich am Wiener Naschmarkt schon unterjährig immer wieder kleinere Mengen an Marihuana besorgt und nach Rezepten aus dem Darknet Cannabisbutter zubereitet. Kiloweise.

Damit hatte ich meine Weihnachtskekse gebacken. Diese süßen Verführungen wollte ich beiden Großmüttern als arabische Köstlichkeit, sozusagen als ein himmlisches Geschenk der drei Weisen aus dem Morgenland unterjubeln. Plätzchen und Vanillekipferl zum Träumen wie in dem Märchen *Tausendundeine Nacht*.

Der Karpfen im Kühlschrank, die Geschenke verpackt, genügend Alkohol gebunkert. Ich war gerüstet. Weihnachten konnte kommen.

Am nächsten Tag riss mich mein halbwüchsiger Sohn um fünf Uhr früh aus meinem wohlverdienten Schlaf. Mit ängstlicher

Stimme flüsterte er in mein verschlafenes Gesicht, dass mit ihm etwas nicht stimme.

„Ich weiß das schon seit längerem, mein Schatz!“, gähnte ich ihn an. „Das ist ganz normal in der Pubertät! Ich kenne das. Es sind immer die Hormone! Ich bin ja selbst im Wechsel! Und jetzt brauche ich aber meinen Schönheitsschlaf, also ab mit dir ins Bett!“

Ich wollte mich wieder in meine Pölster schmiegen, als er mir unsanft die Bettdecke wegzog.

Schmerzverzerrt deutete er auf den kleinen feinen Unterschied zwischen Männern und Frauen, eben dorthin, womit viele Männer denken!

Ich erschrak bei dem Anblick und fuhr aus dem Bett hoch!

Das war wirklich nicht normal.

Einer kleinen, aber bösen Anomalie, unangenehm und höchst schmerzhaft, war es zu verdanken, dass wir auf den Kauf letzter Weihnachtgeschenke verzichten mussten und uns kurze Zeit später auf der Urologie des nahegelegenen Krankenhauses wiederfanden.

Meinem Sohn war nach einer kleinen Operation rasch geholfen, er sollte aber für die nächsten drei Tage unbedingt das Spitalsbett hüten.

„Drei Tage?! Unmöglich!“, bekniete ich den diensthabenden Arzt, dem meine Rasselbande durch die vielen Fußballunfälle, die kaputten Knie oder gebrochenen Finger bekannt war. „Wir müssen nach Hause! Heute ist Heiliger Abend, ich kann meinen armen Mann nicht mit der gesamten Familie alleine lassen! Die bringen ihn ins Grab!“

Außerdem wusste mein Mann nicht, wo ich die Cookies für die Großmütter versteckt hatte, aber das konnte ich dem Arzt natürlich nicht sagen.

Der Urologe, ein charmanter und äußerst kompetenter Perser, schaute mir tief in die Augen und fragte interessiert nach: „Ich dachte, ihr Österreicher freut euch auf Weihnachten?“

„Tun wir auch! Ich liebe Weihnachten! Nur ehrlich, Herr Doktor, ich freue mich auf meine Verwandtschaft ungefähr genauso wie auf eine Darmspiegelung!“, jammerte ich.

Da er selbst einer Großfamilie entstammte, erbarmte er sich meiner und unterschrieb den Entlassungsbericht meines Sohnes.

Umso herzlicher war dann die Verabschiedung von Dr. Alghashi, der meinem vor Peinlichkeit erröteten Siebzehnjährigen die Hand drückte und ihm beim Gehen ins Ohr flüsterte: „Dir nix brauchen peinlich sein, du haben jetzt bestes Geschenk von alle Männer auf der Welt! Du haben jetzt schenes neiches Skrotum. Merry Christmas!“

Und wer genau hier an diesem Punkt der Geschichte glaubt, sie sei zu Ende, der irrt gewaltig. Wie heißt es so schön bei der Tante Jolesch?

Gott bewahre mich vor all dem, was gerade noch ein Glück ist!

Als wir endlich zu Hause ankamen, rannte mir mein Jüngster aufgeregt entgegen: „Mama, Mama, Peppi stirbt!“

Um Gottes willen NEIN! Keine Toten am Heiligen Abend!

Unser Hund, ein alter, übergewichtiger Labrador, lag in seinem Korb und stöhnte wie unter Wehen. Der Bauch sah ähnlich aufgedunsen aus, aber ein derartiges Weihnachtswunder konnte nicht passieren. Vergessen waren alle Vorbereitungen, telefonische Weihnachtsgrüße oder ruhiges Packen der letzten Geschenke. Peppi musste geholfen werden. Und das rasch.

Das Rätsel löste sich beim Tierarzt. Peppi war kein Weihnachtswunder, also nicht schwanger. Das gefräßige Tier hatte die Gunst der heiligen Stunde genutzt, war ins Bescherungszimmer geschlichen und hatte sich an hunderten Schokoladenherzen vergangen, die in Stanniolpapier eingewickelt waren. Im Ultraschall konnte man deutlich das Aluminiumpapier erkennen, das in jeder nur erdenklichen Darmschlinge hing.

„Muss Peppi sterben?“, fragte ich beunruhigt.

„Nein, natürlich nicht", antwortete der beherzte Tierarzt. „Der Hund braucht einen Einlauf und ganz viel Sauerkraut zum Fressen." Der Veterinär waltete seines Amtes. Hochprofessionell.

Was folgte, war an Grauslichkeit nicht zu überbieten. Peppi übergab sich bereits das erste Mal im Auto, später in der Küche und kotzte anschließend die Kinderzimmer voll.

An Weihnachten war nun wirklich nicht mehr zu denken. Wie konnte man auch die Geburt des Christuskindes feiern, wenn ein anderer im Sterben lag, auch wenn es sich dabei nur um einen Hund handelte?

Kurzerhand wurde das arme, aber unappetitliche Tier ins Badezimmer verfrachtet.

Dazu zwei Flaschen Sekt, der Orangensaft und die Vorspeisenbrötchen. Als meine Söhne anfingen, die Krippe in der Duschtasse aufzubauen, war mir klar, dass der Heilige Abend im Badezimmer und nicht im gemütlichen Wohnzimmer gefeiert werden würde.

Stimmungsvoll wie im Stall von Bethlehem lagen wir um die Krippe herum, der frischoperierte Manuel in der Badewanne und der kotzende Hund neben der Krippe in der Duschtasse. Was niemand annehmen konnte: Wir feierten das lustigste und zugleich unkomplizierteste Weihnachten, das wir je hatten.

Dem Rest der Verwandtschaft war es offensichtlich gar nicht aufgefallen, dass wir zur Feier an einem ganz anderen Ort waren, am sogenannten stillen Örtchen.

Als Manuel und Peppi bereits tief eingeschlafen waren, schlichen wir uns aus dem Bad. Wir wollten nun doch nicht unhöflich erscheinen und gingen gespannt ins Wohnzimmer.

Wahrscheinlich hatte sich die Familie wie in den letzten Jahren heillos zerstritten, die Großeltern gegen die Schwiegereltern, Schwager gegen Schwägerinnen und Cousins gegen Cousinen. So etwas gehörte schließlich zu Weihnachten dazu und hatte in unserer Familie Tradition! Als wir vorsichtig die Tür öffneten, hörten wir aber nichts. Kein Gezanke, kein lautstarker Disput. Nichts!

Ganz im Gegenteil, ein Gesang wie von Engelszungen drang aus dem Wohnzimmer.

Die Kinder meiner Geschwister lagen unter dem Christbaum und hörten deutschen Schlagerparaden zu, die aus dem CD-Player rieselten. Onkel Christian, mein Schwager, kuschelte mit meiner Freundin Fiona am Sofa, und die Großväter waren aufgrund ihres enormen Alkoholkonsums bereits friedlich eingeschlafen.

Meine Schwiegermutter war in die Rolle von Conny Froboess und meine Mutter in die von Peter Weck geschlüpft. Sie hielten einander die Hände und sangen inbrünstig: „Lady Sunshine und Mister Moon, können gar nichts dagegen tun, dass sie am Himmel sich niemals trafen, denn wenn er aufsteht, dann geht sie schlafen ...!"

Wie die Hirten zu Bethlehem erstarrten wir bei diesem Anblick.

„Schau nur, ein Weihnachtswunder! Endlich Frieden!", jubelte meine Mutter. Ihre Augen waren geweitet, die Pupillen riesengroß.

Es war natürlich kein Weihnachtswunder! Am Tisch stand die Dose mit den Cookies. Sie war leer, bis auf die letzten Brösel ausgeschleckt.

Seit dieser Weihnachtsfeier sind meine Kekserl aus dem Morgenland fester Bestandteil und willkommenes Mitbringsel bei jeder Familienfeier. Sie wissen, ich mache alles für einen „nachhaltigen" Weihnachtsfrieden.

Wegen Torbergs *„Gerade-noch-Glück-habens"* und den großen Erfolgen, die ich durch meine Bäckereien erzielt habe, heißen diese arabischen Köstlichkeiten logischerweise auch Glückskekse.

Das Rezept werde ich Ihnen persönlich bei einer Lesung diskret als Lesezeichen getarnt über den Tisch reichen. Aber nur, wenn Sie ein Buch kaufen.

Sagen Sie es nur bitte nicht weiter! Das wäre nämlich wirklich ein Unglück, vor dem mich nicht einmal Gott selbst bewahren könnte.

DER KARPFEN

Nach längerem Zögern hat sich meine Mutter nun doch endlich entschieden, wo sie ihr Weihnachtsfest verbringen will.

Diese Entscheidung fällt ihr immer schwer, zieht sich jedes Jahr über Monate hin und endet genau kurz nach Adventbeginn damit, dass ich die Auserwählte bin. Wie schön!

Die Vermutung, dies läge daran, dass ich letztlich ihre Lieblingstochter sei, können Sie sich, liebe Leserinnen und Leser, gleich aus dem Kopf schlagen. Ihre Begründung lautet kurz zusammengefasst so:

Meine wie auch die Kinder meiner drei Geschwister seien ausnahmslos ein areligiöser Haufen, unbescheidene und freche Rotznasen dazu, die Schwiegersöhne eingebildete Pfaue, und überhaupt, keine ihrer Töchter sei so geraten, wie sie es sich als Mutter erträumt hatte. Die eine sei zu bürgerlich, dafür einfältig, die andere rede zu feministisch, dafür handle sie pädagogisch unter jedem Niveau, die dritte sei sowieso durch den Wind und ich läge irgendwo in der Mitte zwischen lustvoller Selbstzerstörung – weil ich Prosecco liebe – und satirischer Besserwisserei. Mit diesen beiden Attributen macht sie auf einen Schlag mein schriftstellerisches Schaffen zunichte.

Auf meine interessierte Nachfrage, warum sie dann trotzdem bei mir feiern will, antwortet sie trocken: „Weil du von allen am besten kochen kannst!“

Danach gibt sie auch sofort ihr Wunschmenü für den Festtagstisch bekannt, das seit fünfundfünfzig Jahren das gleiche ist: gebackener Karpfen mit Mayonnaise-Salat.

Vielleicht fragen Sie sich jetzt, wie ich auf die Zahl fünfundfünfzig komme. Es stimmt, ich bin achtundfünfzig Lenze jung. Die ersten drei Jahre weisen bei mir kindliche Erinnerungslücken auf, zumindest wurde die Karpfenesserei aus meinem Gedächtnis verdrängt. Ich bin aber überzeugt, dass mir meine Mutter die ersten Lebensjahre neben püriertem Karpfen auch heimlich Lebertran in die Flasche gegeben hat. Dies wird wahrscheinlich auch der Grund für meine krankhafte Aversion gegen alles Glitschige sein, dafür wird mir seit Jahrzehnten bei Blutuntersuchungen ausreichend Eisen nachgewiesen.

Seit meinem dritten Geburtstag waren mir familiäre Festtagstische, auf denen Karpfen serviert wurde, sowohl traumatisch, als auch dramatisch in Erinnerung geblieben. Schon zur Nachmittagsjause wurde vor dem Genuss von Teegebäck zur Stärkung für den Heiligen Abend von meiner Ottakringer Großmutter die berühmt-berüchtigte „Fischbeuschelsuppe" – eine aus Karpfenköpfen, Suppengemüse und Karpfeninnereien bestehende Brühe – serviert. Ekelhaft!

Nach der Bescherung kredenzte meine Mutter erst recht wieder Fisch. Erraten, Karpfen! Dieses Mal aber gebacken und mit Mayonnaise-Salat. Um möglichen Leber- und Gallenschädigungen durch das fette Essen vorzukommen, wurde während und nach der Mahlzeit zuerst mit Sekt, später dann mit doppelt gebranntem Sliwowitz angestoßen.

Kürzlich fiel mir ein Zeitungsartikel in die Hände, der mich endgültig erschaudern ließ. Die darin enthaltenen Informationen über den lateinisch genannten *Cyprinus carpio* führten mir brutal und unverblümt seine Ähnlichkeit mit dem in Österreich so beliebten Hausschwein vor Augen, und damit auch zum Menschen.

Interessant, denn Mensch und Schwein sind sich nicht nur intellektuell, sondern auch genetisch äußerst ähnlich. Beide verdauen einfach alles, was ihnen aufgetischt wird, sogar Karpfen. Der Fisch macht das ebenso und hat, wie ich lesen konnte, die unangenehme Eigenschaft, in den Tiefen morastiger Gewässer nach allerlei Verdorbenem zu suchen. Er gründelt im dreckigen Schlamm herum und ernährt sich von Algen und am Boden lebenden oder bereits vermoderten – sprich abgestorbenen – Kleinlebewesen wie Insektenlarven, Schnecken und Würmern. Der Leichenfledderer ist sozusagen die Biosau unter den Fischen. Pfui Teufel! Deswegen schmeckt sein Fleisch auch „miachtlat", oder wie der Ottakringer gerne sagt: „Des Fleisch lettelt!"

Dieser Zeitungsartikel brachte bei mir das Fass zum Überlaufen! Fortan käme in meinem Haus kein Karpfen mehr auf den Tisch, weder gebacken, noch gegrillt, noch gedünstet.

Ein durchaus lösbares Problem möchte man glauben, aber nicht, wenn man eine Mutter hat wie die meine. Sie pochte vehement auf die schon Jahrzehnte währende weihnachtliche Familientradition, also Karpfen.

Wie konnte ich das nur verhindern? Hinterlistig ließ ich das Haus von meinen Kindern richtiggehend versauen. Leere Bierkisten und Red Bull Dosen, dreckige Aschenbecher und tonnenweise Schmutzwäsche sollten den Aufenthalt in unserem Haus unerträglich machen. Es störte sie nicht, denn sie freute sich auf das große Fest und putzte wie eine Verrückte.

Da mussten also größere Geschütze aufgefahren werden. Ich schmierte mir Essig und mentholhaltige ätherische Öle ins Gesicht und bekam dadurch eine rot aufgedunsene und mit Pickeln übersäte Haut wie eine pubertierende Vierzehnjährige.

Als sie wieder mit Putzfetzen und Kübel vor der Tür stand, erstarrte sie, wie von mir erhofft, zu Stein. Ich begann zu jammern: „Der Arzt ist überzeugt, dass es sich bei diesem Ausschlag um eine Gürtelrose handelt. Die ist hochinfektiös und sehr schmerzhaft!"

Zitternd, wie vom Fieber gebeutelt, bat ich sie, die Feiertage doch bei einer meiner Schwestern zu verbringen. Ich wolle nicht daran schuld sein, jemanden mit einer derart schweren Erkrankung anzustecken.

Meine Mutter stand immer noch geschockt an der Eingangstür. In mir fing es hoffnungsvoll zu jubeln und wie mit Engelszungen zu singen an: „Ihr Kinderlein kommet, der Karpfen ist weg!“

Doch der Hoffnungsfunke erlosch abrupt.

Meine Mutter ließ Putzkübel und Besen fallen, kam mit ihrem Gesicht ganz nahe an meines und zog mit ihrem Finger mein linkes Augenlid zurück. Dann forderte sie mich auf, die Zunge herauszustrecken.

„Das werden wir gleich haben!“ Sie nickte wissend und machte sich daran, mich und meine Gürtelrose zu behandeln. Nach nur fünf Stunden, die mir durch ihre nervige Geschäftigkeit wie eine Ewigkeit vorkamen, und zwei Tellern heiße Hühnersuppe hatte sie mich „gesundgepflegt“.

Diese Schlacht hatte ich verloren, sicher aber nicht den Krieg. Alles, wirklich alles hätte ich für einen Festtagstisch mit einem Rindsbraten oder Bratwürsteln, mit einem saftigen Schweinebraten oder mit einem knusprigen Grillhenderl unternommen.

Ich griff also zu einer noch größeren List. Meine Mutter war als pensionierte Religionslehrerin mit allen Wässerchen gewaschen. Nach ihrem dreißigjährigen Schuldienst in der römisch-katholischen Kirche konnte sie nichts mehr schockieren. Sie nahm es mit allem und jedem auf, mit Bischöfen, verkorksten Pfarrern, ja natürlich auch mit meiner Gürtelrose. Ihre verletzlichste Stelle, also die Achillesferse war jedoch das Aufbegehren, also ein handfester Konflikt mit einer ihrer Töchter.

Genau hier musste ich sie treffen. Ich provozierte einen Streit, der binnen kürzester Zeit in ein aggressives Schreiduell ausartete und mit dem Ergebnis endete, dass sie mich und meine schreckliche Familie nun endgültig satt hätte. Sie würde daher Weihnachten bei meiner Schwester in Wien feiern. Dann verließ sie wütend mein Haus. Die Kinder und mein Mann, vom plötzlich tobenden Lärm aufgescheucht, stürmten ins Zimmer. Ihnen blieb der Mund offen stehen, als sie mich wie ein Rumpelstilzchen mit gerötetem Gesicht und zerzausten Haaren um die Eingangstür herumtänzeln sahen: „Oh wie gut, dass niemand weiß, dass ich auf Omis Karpfen scheiß!“

Die anfängliche Entgeisterung über meinen psychischen Zustand wich purer Freude, nachdem ich ihnen erzählt hatte, dass die Großmutter nicht bei uns feiern wolle und es somit auch keinen ekeligen Karpfen geben werde. HUUUUUURRRRRAAAAAA!

Ich hatte gewonnen und, mein Gott, meine kleine Sünde gegen das vierte Gebot gehörte in diesem Fall eindeutig zu den lässlichen und brauchte, da ohnehin allen bekannt, nicht einmal gebeichtet zu werden. Meine Mutter fuhr jedenfalls beleidigt nach Wien. Endlich – nach fünfundfünfzig Jahren – kein Karpfen, kein Mayonnaise-Salat!!! Wir jubelten.

Was ich nicht bedacht hatte: Meine Schwester war genauso hinterhältig wie ich. Sie täuschte einen Brechdurchfall vor, sehr ansteckend und sehr unangenehm!

Natürlich funktionierte ihr Täuschungsversuch ebenso wenig wie bei mir. Auch sie wurde mit heißer Hühnersuppe und nervigem Verhalten „gesundgepflegt". Meine Schwester wurde sogar zu einem echten Weihnachtswunder. Ihr Gedärm genas in Rekordzeit.

Das Karpfenthema war damit allerdings noch nicht beendet, erst recht nicht, als meine Mutter vom geplanten englischen Menü – Truthahn, Erbsenpüree, Pfefferminzsoße – erfahren hatte, obwohl sie als überzeugte Europäerin Boris Johnson und ähnliche Pfaue hasste. Am Morgen des Heiligen Abends, als die Menüfrage endlich geklärt werden musste, spielte mein Schwager dann seinen größten Trumpf aus.

Damit sich die jüdischen und muslimischen Teile der angeheirateten Familien nicht in ihren religiösen Gefühlen verletzt fühlten, erklärte er ihr, würde man auf eine Krippe und auf das Christkind gänzlich verzichten. Ein bezahlter Weihnachtsmann samt Rentier Rudolph würde der Familie Geschenke bringen und sie in Strümpfen auf den Kaminsims hängen.

Das war meiner katholischen Mutter einfach zu viel.

Zwei Stunden später stand sie reumütig und kleinlaut mit zwei großen Einkaufstaschen vor meiner Haustür. Sie wäre in sich gegangen und hätte mir meinen Wutanfall, der doch nur durch meine Überforderung und meinen Stress verursacht sein konnte, verziehen. Sie habe das alles eingesehen und beschlossen, mir deshalb unter die Arme zu greifen und für das abendliche Festmenü zu sorgen. Sie hatte auch schon alles eingekauft.

Nachdem der Weg zu meinen beiden anderen Schwestern, nämlich Bregenz und Laa an der Thaya, aufgrund der Entfernungen zeitlich nicht mehr zu schaffen war und ich meine eigene Mutter nicht wegweisen konnte, hatte ihre Herbergsuche Erfolg.

Ich öffnete mein Herz und ließ sie in mein Haus. Sie schob mich mit ihren prall gefüllten Taschen, aus denen eindeutig Fischgeruch in meine Nase strömte, zur Seite und ging schnatternd wie eine Ente in die Küche.

„Gott hat mich wirklich mit blöden Schwiegersöhnen bestraft, aber diese Boris-Johnson-Imitation ist definitiv der blödeste von allen! Der meint tatsächlich, dass Truthahn mit Erbsenpüree und Pfefferminzsauce zum Heiligen Abend passen, die Weihnachtskrippe und das Christkind aber nicht! Pfui Teufel!"

Danach filetierte sie den mitgebrachten Karpfen und kochte Erdäpfel für den Mayonnaise-Salat.

Ich setzte mich wortlos an den Küchentisch und schwieg betreten. Ich hatte den Krieg verloren. Mir blieb nichts anderes übrig als die bedingungslose Kapitulation. Also holte ich sämtliche meiner weihnachtlichen Familiengefühle aus meinem Innersten hervor, nahm sie zärtlich in die Arme und sagte tatsächlich: „Du bist heuer wieder mein Christkind! Eine schöne Bescherung ... und das seit fünfundfünfzig Jahren! Dafür liebe ich dich!"

Und ganz ehrlich? Der gebackene Karpfen hatte mir an diesem Heiligen Abend sogar hervorragend geschmeckt!

NUR KEINE WEIHNACHTSHEKTIK

5 Tage bis zum Heiligen Abend

Als intelligente Frau lasse ich mich nicht von der allgemeinen Weihnachtshektik anstecken. Nichts kann mich aus der Ruhe bringen. Die Kinder sind erwachsen, leben in Wien, studieren und werden uns an den Feiertagen besuchen.

Das ist der Vorteil des Alters, man sieht dem ganzen Rummel als Außenstehende ziemlich gelassen zu und belächelt all jene, die stöhnend ihre Pakete heimwärts schleppen.

Weihnachten ist eine Zeit der Stille und der Besinnung, da stehe ich einfach über den Dingen.

4 Tage bis zum Heiligen Abend

Das Haus ist geputzt, der Karpfen bestellt und die Betten sind frisch überzogen. Einmal werde ich noch ins Einkaufscenter fahren und Bücher und Parfums kaufen, damit ich meine Lieben überraschen kann. Sonst gibt es für die Kinder kleine Kuverts mit Geld, das ist ihnen ohnehin am liebsten.

Meine Einkaufslisten sind in einer halben Stunde abgearbeitet, vier Stunden stehe ich aber im Stau. In mir fängt es zu gären an. Warum nur um Gottes willen müssen diese Volltrottel von der Stadtverwaltung genau vor Weihnachten den Kanal in der Hauptstraße reparieren? Typisch, die haben das ganze Jahr Zeit dafür und kurz vor Jahresende kriegen sie den Arbeitseifer! Ich mache meinem Ärger Luft und ernte dafür einen frech ausgestreckten Mittelfinger.

Ich quittiere diesen emotionalen Ausrutscher lautstark und im schönsten Wiener Fiaker Jargon mit einem kräftigen Götzzitat:

„Ach, leck mich doch am Arsch, du …!"

Das hat nur leider ein Polizist auf sich bezogen, der zufällig an der Ecke der Straße steht. Ich werde den Beamten in vier Wochen am Bezirksgericht Krems wiedersehen. Das Neue Jahr fängt ja gut an.

3 Tage bis zum Heiligen Abend

Ich entzünde die Kerzen am Adventkranz und fange mit der Weihnachtsbäckerei an. Sehr angenehm. Daneben plätschert die Musik aus dem Plattenspieler: „O du fröhliche…!"

Ich trinke ein Gläschen Prosecco und noch eines. Dann ein weiteres, ich bin gerade in Stimmung und es schmeckt einfach so gut. Die Kekserl stechen sich wie von selbst aus, weil ich bereits vier Hände an meinen Armen sehe.

Mein Sohn ruft an. Er will mich vorzeitig überraschen und steht am Bahnhof. Natürlich hole ich ihn ab, ich habe ja Zeit und bin völlig entspannt. Die Hinfahrt zum Bahnhof dauert um eine halbe Stunde länger, weil ich aufgrund meines Alkoholkonsums über Feldwege fahren muss. Bei der Heimfahrt übernimmt mein Sohn das Steuer.

Als wir zurückkommen, sticht uns unangenehmer Geruch in die Nase. Der Adventkranz hat Feuer gefangen. Wir können dank unserer freundlichen Feuerwehr aber das Schlimmste verhindern.

Um ein Uhr nachts bin ich wieder nüchtern und mit dem Putzen fertig, so ein Löschschaum hat es in sich!

2 Tage bis zum Heiligen Abend

Ich stehe in der Früh auf. Die Kekse sind weg, alle aufgegessen! Es waren nicht die Hunde, sondern die Freunde meines Sohnes. Sie haben in der Nacht in meinem kleinen Gästehäuschen eine Weihnachtsparty gefeiert. Gut, dann kaufe ich eben noch zwei Kilo Kekse und hole gleich den vorbestellten Karpfen aus dem Geschäft.

Zwei Stunden Stau und – keine Kekse, alle verkauft. Macht nichts, die sind ohnehin ungesund, denke ich und quäle mich durch den Stadtverkehr zum Fischgeschäft.

„Welcher Karpfen?“, fragt die Verkäuferin. „Sorry, das muss ein Missverständnis gewesen sein.“ Es gibt keinen mehr. Groll steigt in mir hoch, den ich aber sofort unterdrücke. Mich erwischt die Weihnachtshektik nicht, und ich kaufe beim Fleischhauer eben Steaks. Die schmecken ohnehin besser als Karpfen.

Als ich zu Hause ankomme, fliege ich über Farbkübel. Die Burschen wollen mir eine Freude machen und malen das Gästehäuschen aus. Um Gottes willen!

1 Tag bis zum Heiligen Abend

Die ersten Gäste kommen ins Haus. Auch die, die ich gar nicht eingeladen habe. Der Kühlschrank ist von den Jugendlichen leergefressen, dafür ist die Malerei im Gästehäuschen nach ihren Beschreibungen „echt geil!“ Die Farbe an drei Wänden ist dunkelviolett, eine ist rosa, passend zum Adventkranz! Liturgisch eben! Genau wie ich es mag.

Betten, Tische und Regale stehen zwischenzeitlich bei mir im Vorzimmer. Die Burschen werden sie wieder wegräumen, wenn die Farbe getrocknet ist.

Eigentlich würde ich mich jetzt am liebsten betrinken, stürze aber ins Auto und fahre noch schnell einkaufen. Wieder Stau. Verdammte Schei…!

Endlich komme ich zum Kochen. Meine Freundin überrascht mich mit einem Besuch. Sie sitzt am Sofa und betrinkt sich. Sie sei gerade von ihrem Mann verlassen worden, genau zu den Feiertagen, so ein Arschloch! Ich vergesse meine Küche und versuche sie zu trösten. Als ich zurückkomme, haben die Hunde die Steaks gefressen und die Katzen den Kaviar von den Brötchen geschleckt.

Endlich: Heiliger Abend

„Hast du schon den Baum besorgt?“, frage ich um fünf Uhr in der Früh meinen Mann, ich bin nervlich am Ende. Ich möge das ausnahmsweise machen, er könne nicht aufstehen. Migräne. Der Punsch von der gestrigen Weihnachtsfeier im Büro, ich solle verstehen.

Nur keine Weihnachtshektik aufkommen lassen, schießt es mir durch den Kopf. Die Burschen quälen sich zu Mittag aus ihren Betten. Einer rutscht auf einem Katzenhäufchen aus – niemand hat in der Nacht die Viecher rausgelassen – und bricht sich den linken Arm. Natürlich fahre ich den Burschen sofort ins Krankenhaus.

Wartezeit drei Stunden für Röntgen und Gips. Das ist eben das schwächelnde Gesundheitssystem, meint ein genervter Arzt.

Die Mutter des Burschen ist nach zwei Stunden endlich erreichbar, sie ist in Kitzbühel Skifahren. Ihr Sohn sei erwachsen und könne machen, was er wolle.

Und Weihnachten? Ist doch eh alles nur ein einziges Kasperltheater, sagt sie. Blöde Kuh, denke ich und schnappe den jungen Mann. Er feiert bei uns – mit ihm meine depressive Freundin, die Hunde und die liebe Verwandtschaft, circa fünfundzwanzig Personen.

Ich habe immer noch nichts gekocht. Im Wohnzimmer herrscht ausgelassene Stimmung. Mit genügend Alkohol merken die Gäste nicht, dass es nur gekochte Kartoffeln mit Topfen gibt. Wir haben sogar einen Christbaum. Mein übergroßer *Ficus Benjamina* ist mit Zuckerl und Kerzen geschmückt.

Ich ziehe mich mit einer Flasche Champagner in das Gästehäuschen zurück und schlafe auf einer leeren Bierkiste erschöpft ein.

5 Tage bis zum Heiligen Abend

Um sechs in der Früh erwache ich schweißgebadet.

„Was ist denn, meine Liebste?“, fragt mein Mann besorgt. Er steht in der Küche und offeriert mir eine herrlich duftende Tasse Kaffee mit Milchschaum, auf dem ein Herz aus Kakao schwebt. Ich umarme ihn. Dann erzähle ich ihm von meinen Albträumen, von brennenden Adventkränzen und Feuerwehren, gebrochenen Händen und depressivem Geheule, von Alkoholmissbräuchen, fehlenden Keksen und gefressenen Fischen. Ich fürchte mich vor Weihnachten so sehr, heule ich ihn an.

„Keine Sorge! Ich habe den Karpfen besorgt, der Baum steht schon in der Garage und die Steaks habe ich im Kühlschrank versteckt, damit die Hunde sie nicht stehlen. Der Einkauf ist auch schon erledigt, wir wollen ja heuer keine Weihnachtshektik aufkommen lassen!"

„Gott, wie lieb von dir!" Dann küsse ich ihn, er ist der beste Ehemann der Welt! Jetzt müsse er aber los, meint er, unsere Burschen stünden bereits am Bahnhof.

„Waaas? Die kommen heute schon?", schreie ich. Mich drücken böse Vorahnungen.

„Ja, mein Schatz! Sie haben heuer ein ganz besonderes Geschenk für dich. Die Kinder und ihre Freunde wollen dich mit einem frisch ausgemalten Gästehäuschen überraschen! Ist das nicht lieb von ihnen?" Dann fährt er.

Ich lasse mich ins Sofa fallen: „Oh mein Gott, nun beginnt der Weihnachtsalbtraum tatsächlich!"

O TANNENBAUM, O TANNENBAUM!

Bäume sind wichtig. Christbäume erst recht.

Für die einen sind die stacheligen Tannenbäume stille Zeugen und glitzernde Krönung eines gelungenen Weihnachtsfestes, für die anderen sind sie purer Stress. Denn je nach Größe, Beschaffenheit und Standfestigkeit ihrer Erscheinung beschmutzen, fallen, brechen oder knicken sie gerne um.

Die ganze Tragödie menschlicher Beziehungen spielt sich dann nicht erst beim Weihnachtsfest ab, sondern viel früher, nämlich schon beim Aufstellen des Baumes.

Da genügt oft nur ein Satz wie: „Schatzi, steht der Baum nicht schief?“, oder eine absolute *No-Go*-Feststellung beim Christbaum Schmücken: „Irgendwie ist der heuer schon sehr dünn, findest du nicht?!“

Ein paar dumme Worte, beiläufig gesprochen und möglicherweise gar nicht ernst gemeint, und schon bricht eine Welle des Hasses, des Unverständnisses aus dem gütigen, liebevollen und nun schwitzenden Familienvater heraus: Dass es ihm nun reiche, er sich nie verstanden gefühlt und eigentlich seit zwanzig Jahren die Schnauze voll hätte. Deshalb werde er nun alles liegen und stehen lassen, um mit seiner neuen Freundin Weihnachten in einem Wellnesshotel zu feiern. So passierte es einer lieben Freundin von mir, allerdings war der Baum bereits vor dem lautstarken Geständnis des Ehemannes über die Brüstung des Balkons aus dem vierten Stock geflogen.

Sie sehen, Christbäume können beschmutzen, fallen, brechen, knicken und – sie können auch fliegen.

Was viele Ehefrauen nicht wissen: Christbäume lösen in Männern archaische Instinkte aus, die befriedigt werden wollen. Dieses Verhalten ist mit den sommerlichen Grillorgien im Garten vergleichbar. Mit den blutigen Steaks in der einen Hand und der Grillzange – oder einem Bier – in der anderen, stehen die Herren der Schöpfung an den offenen Feuerstellen. Dass sie dabei die kesse Küchenschürze der Ehefrau und darunter oft gar nichts tragen, macht die Tätigkeit und das Essen danach umso interessanter. Wie Prometheus sorgen sich die Väter, nun Götter des Feuers, um die hungrige Familiensippe, die nach Fleisch und Bratwürsten grölt.

Bei uns werden halbe Lämmer, Rehe oder Schweine weidmännisch zerlegt, Sehnen entfernt, zerschnitten und gewürzt. Mein Mann müht sich dabei wie Tarzan in einem Dschungel-Camp ab, während ihm die Meute hungrig zusieht und ihn wegen seines Könnens bewundert.

Während sie ihm Beifall zollt, denke ich, dass ich das Fleisch im Supermarkt appetitlich geschnitten, tranchiert und bereits fixfertig gewürzt erhalten hätte. Aber bitte, als erfahrene Ehefrau sage ich kein Wort, das ist wie mit dem Baum Aufstellen. Mein Odysseus soll seine archaischen Triebe ausleben dürfen, beim Christbaum, am Grill, und später dann mit mir im Bett. So haben alle etwas davon.

Aber zurück zu unserem Christbaum und dem basalen Bedürfnis vieler Männer, stets den „schönsten“, „größten“ und „dicksten“ ihr Eigen zu nennen. Ja, ich weiß, was Sie, liebe Leserinnen und Leser, nun denken. Ich bin bei der Recherche zu diesem Buch auch darüber gestolpert. Im weitesten Sinne – so die Tiefenpsychologie – dient ein Christbaum nicht nur zur Huldigung des kleinen Erlösers in der Krippe, sondern zur männlichen Darstellung der eigenen Libido, also des Sexualtriebes. Deswegen mein guter Rat an Sie: Sagen Sie nie, er sei schief oder zu dünn!

Weil ein Christbaum wie ein Maibaum Fruchtbarkeit und

Stärke symbolisiert, giert der männliche Teil unserer Freunde schon unterjährig nach den schönsten Exemplaren in unserem Wald. Ihre wachsamen Augen sind dann stets gen Himmel gerichtet und halten Ausschau nach buschigen Baumwipfeln, was sich mein Odysseus, besorgter Jägermeister und Hüter des Waldes, bei allem Verständnis dann doch verbietet. Es wurden vereinzelt und hinter vorgehaltener Hand sogar Ideen geäußert, eine ausgewachsene Tanne gegen entsprechende Bezahlung zu fällen, nur um an die wunderbare Spitze des Nadelgehölzes zu gelangen.

Um unsere Bäume zu schonen, bieten wir deshalb unseren Gästen seit geraumer Zeit die Alternative an, sich doch im nahegelegenen Christbaumland eine Nordmanntanne, eine Blaufichte oder eine Schwarzföhre auszusuchen.

Die Nachfrage ist groß, denn bereits zu Schulbeginn im September laden sich unsere archaischen Schnäppchenjäger-Freunde bei uns ein, um bei einem ausgedehnten Spaziergang „aus reiner Neugier" am Zaun des Christbaumwaldes vorbeizukommen. Odysseus und mich kann diese Gier nicht aus der Ruhe bringen, denn wir haben Picknickkorb, Decken und Weinflaschen immer mit dabei. Wir machen Pause und beobachten genüsslich das Spektakel, denn wir wissen, dass es nun lange dauern kann, bis die Herren der (Großstadt-) Schöpfung ihre stacheligen Phalli finden.

Am schlimmsten trieben es vor einigen Jahren die Novaceks. Das Ehepaar war bei uns zu Gast, er Volksschullehrer und sie Direktorin einer Neuen Mittelschule.

Eine toxische Mischung, denn Novaceks Zwang, seiner Frau durch einen großen nadeligen Penis – pardon Baum – zu gefallen, war insofern triebhafter als alles, was wir bisher gesehen hatten, da Novacek „nur" Volksschullehrer war, was ihm seine „Frau Direktor" bei jeder nur erdenklichen Gelegenheit unter die Nase rieb. Umso penetranter waren seine Versuche, seiner Frau Direktor zu gefallen. Die Novaceks suchten uns daher bereits im heißen August auf, um im Christbaumland einen schönen Baum für das Weihnachtsfest zu finden.

„Rein zufällig“ hatten sie weißes Papier, Stifte und Klarsichtfolien dabei, um ihren Besitzanspruch auch wetterfest zu machen. Auf den großen Zetteln schrieben sie ihre Namen und Telefonnummern – in der Euphorie des Schnäppchens pfiffen die beiden auf jeglichen Datenschutz – und hielten sich am größten und wirklich schönsten Edeltannen-Phallus die Räuberleiter, um möglichst weit oben ihr Schild anzubringen, das sie ein für alle Mal als Besitzer auswies.

Erschöpft und dreckig vom Harz ließ sich Novacek in die Arme seiner Frau fallen, die sie ihm für dieses wunderbare Exemplar von einem Baum auch bereitwillig entgegenstreckte. Sie umarmten und beglückwünschten sich zu diesem Schnäppchen-Coup, weil sie alle anderen ausgebootet und nun den schönsten Baum hatten. Weihnachten war für die beiden in der Tasche.

Auf meine provokante Frage, warum sie denn ihre Identitäten so hoch platzierten, wo man doch einfach wie ein Hund seine Häufchen in kreisförmiger Ausrichtung um den Baum hinterlassen könnte, um jedwede Fremdeinwirkung zu verhindern, schaute mir Frau Novacek böse in die Augen und sagte, ich sei pervers.

„Katharina, du weißt ja gar nicht, wie gemein Kinder sein können!“, meinte Herr Novacek erklärend.

„Doch, weiß ich, ich habe selbst vier großgezogen!“

„Eben. Dann musst du wissen, wie boshaft und hinterhältig Kinder sind! Die kleinen Affen klettern ja gerne, aber dort oben im Geäst kommt keiner mehr hinauf. Niemand kann das Papier entfernen!“

„Aber ich“, dachte ich gehässig und nahm mir vor, Novaceks Eigentumsanspruch bei der nächsten Gelegenheit untergehen zu lassen.

Ich hätte so viel bürgerliche Kleinkariertheit fast vergessen, wenn nicht auch die Familien Böhler und Sikora im September und im Oktober dann die Svihaleks, Grubners, Böswirths, Brunners und Fischers ihren Besuch bei uns angekündigt hätten.

Nach der obligaten Jause hinterließen sie ebenfalls ihre aufdringlichen Markierungen in Form von Maschen, Fahnen oder folierten Namensschildern. Herr Brunner gleich viermal, damit sich der Weg wegen der hohen Spritkosten auch auszahlte. Einen Baum für die Schwiegermutter, einen für die eigene Mutter, einen fürs Familiengrab und ein Christbaum käme als Deko vor die Garage.

„Dann fehlt ja einer für dein Wohnzimmer?“, fragte ich ironisch nach.

„Aber nein!“, meinte Brunner. „Wir haben uns vor einigen Jahren einen Plastikbaum gekauft. Da ersparst du dir das lästige Aufputzen, weil die Kugeln, das Lametta und die Elektrokerzen schon fix und fertig am Baum hängen. Den brauchst du einfach nur mehr aufklappen und an die Steckdose hängen. Neuerdings gibt's auch schon Bäume mit Weihnachtsdüften, Zimt oder Vanille-Zitrone. So ein Baum ist zwar in seiner Anschaffung ein wenig teuer, aber nach zwei, drei Jahren hat sich der Plastikbaum amortisiert. Kein Stress beim Wegräumen, und hygienischer und sauberer ist das Ganze auch noch.“

Wie praktisch, dachte ich, das schöne Stück amortisierte sich nach zwei Jahren und würde danach Millionen von Jahren auf der Erde zurückbleiben.

Die Novaceks und die Brunners, aber auch die Böswirths kamen immer wieder auf einen Kurzbesuch in meine ländliche Idylle, nicht um sich nach meinem Befinden zu erkundigen, nein, sie wollten sich vergewissern, ob ihre Maschen, Ringe und Kärtchen noch auf den Bäumen hingen. Wenn sie es taten, fuhren sie wieder.

Die Wochen und Tage zogen ins Land, und ich wartete wie ein Fuchs auf eine günstige Wetterlage wie Schneefall oder eisigen Wind, um mich an den Bäumen meiner Freunde zu vergreifen. Ein massiver Wintereinbruch hätte das „plötzliche“ Fehlen der Visitenkarten, der Fähnchen und der Maschen rechtfertigen können. Doch nichts kam, kein Regen, kein Schnee, schon gar kein eisiger Sturm. Ein herrlich warmer Vorweihnachtsfön untergrub meinen Plan, etwas Chaos in das kleinkarierte Denken meiner Freunde zu bringen und aus der heiligen Ordnung des Melchisedeks einen Swingerclub aus Reisig und Tannenphalli zu fabrizieren.

An den Blaufichten und stacheligen Nordmanntannen hingen feinsäuberlich die Schildchen meiner Freunde und baumelten sanft in der Brise. Jetzt fiel es mir schwer, die weihnachtliche Idylle zu stören. Es musste aber sein.

Ich trennte die Bänder von Brunners Bäumen und suchte in unmittelbarer Nähe zwei kleinwüchsige verkrüppelte Pflanzen. Die anderen Kärtchen tauschte ich mit der drei Meter hohen Fichte der Svihaleks und der gegenüberstehenden Nordmanntanne der Familie Böswirth. Dem Baum von Böhler schnitt ich mit einer Gartenschere den gleichmäßig schönen Wipfel ab, dafür blieb die Karte hängen. Dann tauschte ich den Baum der Familie Fischer mit dem der Sikoras.

Die edle Silberfichte, die sich Familie Grubner reserviert hatte, ein herrlicher Baum mit gleichmäßigem Astwuchs, gefiel mir selbst. So bemalte ich sein Schild und änderte den Schriftzug Grubner mit nur einem Mini-Strich in Grabner. Nun gehörte das Prachtexemplar mir.

Ich bin der lebende Beweis dafür, dass man sich bis ins hohe Alter sein „inneres Kind“ bewahren kann. Mich hatte Gott eben mit der Muse des Einfallsreichtums geküsst. Stolz sah ich mein eigenes Werk an und fühlte mich zurückversetzt in frühkindliche Jahre, in denen ich an Festtagen das Weihwasser in der Kirche mit schwarzer Tinte versehen hatte und mich köstlich amüsierte, wenn sich die Frömmler an die Stirn und danach entweder auf das blütenweiße Hemd oder in den Schritt griffen. Wobei ich hier an dieser Stelle gestehen muss, dass mich nicht Wilhelm Buschs *Max und Moritz*, sondern das Lehrerpaar Novacek auf die Idee dieses sadistischen Werkes gebracht hatte.

Apropos Novacek und die boshaften kleinen Affenkinder! Fast hätte ich den Höhepunkt meiner Schadenfreude vergessen. Den Baum der Novaceks! Unbeholfen kletterte ich in das monströse

Geäst und schnappte nach dem weißen Zettel. Der Baum und ich stöhnten gleichermaßen unter meinem Gewicht, bis er nachgab und ich wie ein Sack durch sämtliche Äste plumpste. Mir tat zwar jeder Knochen weh, doch hielt ich freudestrahlend den weißen Zettel in meinen Händen. Nun stand er da, der Novacek Baum, ein Phallus mit einem riesigen Loch in der Mitte.

Völlig verdreckt, aber glücklich kam ich von meinem Streifzug zurück und erklärte Odysseus meine Erschöpfung mit einer acht Kilometer langen Joggingrunde, die ich zurückgelegt hätte, wofür ich doppelt gelobt wurde.

Der Bauer, dem das Christbaumland gehörte, erzählte mir nach einigen Tagen freudestrahlend, er hätte fast alle seine Bäume verkauft. „Sogar die schiachen Krüppeln sind beschriftet!" meinte er. „Des sand sicher die Weaner gewesen. Das muss an Corona liegen, die Leut' werden nämlich immer bleder! Die glauben, wenn's an schiachen Bam nehmen, dann retten sie das Klima!"

Eine Woche vor Weihnachten kam dann der großstädtische Tross angereist, die Svihaleks, die Böhlers, die Grubners, die Sikoras, die Brunners und die Familie Fischer. Nach dem Essen und dem launigen Adventsingen ging es zum gemeinsamen Bäume Sägen. Die beiden Pädagogen, die Novaceks, entschuldigten sich, sie wollten erst einen Tag später kommen und in Ruhe ihren Baum holen, da sie die vielen Kinder der anderen nervös machten.

Gut gelaunt betraten wir das Christbaumland. Auf den Wipfeln ließen sich die ersten Schneeflocken nieder, ein herrlicher Wintertag. Sehr romantisch. Die Familien verteilten sich flink wie Fleischfliegen auf einem angerichteten Braten. Meine Labradorhündin Donna, Odysseus und ich trotteten langsam hinterdrein.

Herrn Brunner hörte man als ersten über die Menschenmenge brüllen, mein Herz fing vor Schadenfreude zu hüpfen an. Konsterniert stand er vor zwei Krüppelbäumchen, die mit seinem Namen versehen waren. Der bereits konsumierte Alkohol und die bedrohliche Motorsäge des Bauern überzeugten ihn dann doch, kein Aufsehen zu machen und die beiden fremdartigen Gehölze mitzunehmen. Eines für seine Mutter, eines würde er auf das Familiengrab setzen. Beim Deko-Baum für seine Garage kannte er aber keine Gnade. Er stellte sich vor den Baum, den Svihalek bereits für seine Familie auserkoren und abschneiden wollte. Svihalek müsste ihn erst töten, bevor er diesen Baum hergeben würde. Von Ferne hörten wir Böhler rufen: „Oh nein! Mein schöner Baum!“

Wir rannten dem Geheul nach und sahen den verzweifelten Familienvater am Boden knien. Dicke Tränen rannen Böhler über die Wangen. Schluchzend deutete er auf die Spitze seines Baumes. Sein Phallus war einfach brutal abgeschnitten worden, er fühlte sich entmannt.

Ich tröstete den Mann und half ihm wieder auf die Beine, dabei traf mich Odysseus‘ böser Blick. Er kannte meine kreative Schadenfreude und wusste sofort Bescheid.

Die Situation wurde noch schlimmer. Denn nun stritten sich lautstark die Kinder der Familie Fischer mit denen der Familie Sikora. Die Mütter standen daneben und feuerten ihren Nachwuchs an. Svihalek lag am Boden und wurde von Brunner gewürgt, während Vater Böswirth heimlich die Tanne abgeschnitten und in seinen Wagen gezogen hatte.

Familie Grubner suchte mittlerweile schon über eine Stunde verzweifelt nach ihrem Baum. Ich auch, denn ich hatte mir ja selbst das schöne Gewächs einverleibt, als aus dem Namen Grubner eben ein Grabner wurde. Nun standen wir beide vor dem Stumpf eines abgeschnittenen Baumes und verstanden die Welt nicht mehr.

„Das war Herr Böswirth, der Hund!“, quoll es aus mir heraus, und Grubner änderte wie ein Jagdhund sein Suchverhalten. Ich hatte ihn auf eine falsche Fährte gelockt und war ihn endlich los. Doch eine Frage stellte sich mir immer noch? Wer um Gottes Namen hatte „meinen Baum“ gestohlen? Wütend schritt ich durch die keifenden, streitenden und teilweise kämpfenden Menschen und beschwerte mich lautstark beim Besitzer der Christbaumplantage. Worauf könne man sich denn im Leben noch verlassen, wenn sogar der eigene Christbaum gestohlen würde, und das unter den Augen des bäuerlichen Großgrundbesitzers. Dieser wiederum zuckte teilnahmslos die Achseln und erzählte mir, dass am Vorabend ein Wiener Lehrerehepaar namens Novacek hier gewesen wäre und sich den „Grabner Baum“ geholt hätte.

„Die Dame meinte, das wäre in deinem Sinne! Weil es dir ohnehin egal ist, wie dein Baum aussieht!“

Hinterhältige Bagage, diese Pädagogen!

Irgendwie hatte er aber recht. Mir ist es wirklich – fast – völlig egal, wie ein Baum aussieht. Ich halte nichts vom hysterischen Bedürfnis, den schönsten, kräftigsten und größten Christbaum „haben“ zu müssen. Schade ist es allemal, wenn man so ein herrliches Gewächs abschneidet, damit es ein paar Tage in einem völlig überhitzten Raum steht und danach entsorgt wird.

Wie die Geschichte ausging?

Ich hielt mich ganz an den Rat meiner überaus geliebten und leider schon verstorbenen Großmutter, die einmal meinte, Christbäume seien wie Ehemänner, man könne sie sich einfach mit viel Alkohol schöntrinken.

Ich nahm mir natürlich den hässlichsten aller Bäume: den von mir höchst persönlich durchlöcherten Novacek-Baum. Wir drehten, schoben und wendeten den Baum. Das große Loch in der Mitte war von jeder Seite zu sehen. Selbst mit Kugeln und kiloweise Lametta war seine Hässlichkeit einfach nicht zu kaschieren. Dann kam mein Sohn auf eine geniale Idee – diese Begabung hat er eindeutig von mir geerbt!

Er platzierte die Krippe in das überaus große Loch und hängte Maria, Josef und das Jesuskind samt Ochsen, Esel und Hirten als Marionetten-Püppchen mit dünnen Goldfäden in den Baum. Eine schwebende Krippe! Wie wunderbar!

Großartig und sehr kreativ fanden das auch die Novaceks bei ihrem nächsten Besuch. Schöngeist und Kreativität im Leben, so meinten sie, könne man eben nur durch gute Schulbildung erlernen.

Oder es sich wie Omi einfach schöntrinken! Das habe ich ihnen aber nicht gesagt.

DER WELLNESS-GUTSCHEIN

Schenken und Beschenktwerden verhalten sich wie eine Gaußsche Normalverteilung. Zu Weihnachten spricht man anlassbedingt auch von der Gaußschen Glockenkurve (sic!). Was diese bedeutet, ist leicht erklärt.

Die Normalverteilung des menschlichen Wunschdenkens kann man sich wie eine nach oben gebogene Kurve vorstellen. Zu Beginn des Lebens, als runzeliges Neugeborenes, ist das Wunschdenken noch marginal ausgeprägt: Windeln, breiige Nahrung und Schlaf.

Diese Bedürfniskurve steigt mit den weiteren Lebensjahren radikal an: elendslange Wunschlisten ans Christkind, den Weihnachtsmann oder an den Partner. Ab der Lebensmitte, also um die vierzig, fällt die Kurve wieder steil ab. Die eigenen Kinder sind erwachsen, die Wünsche bescheidener geworden. Mit dem Lebenspartner hat man sich arrangiert und tut am Heiligen Abend so, als ob man sich über langweilige Gutscheine, wie einen Theater- oder Museumsbesuch, freuen würde. In Wirklichkeit verstauben oder vergammeln die Gutscheinbrieflein in irgendwelchen Schreibtischladen.

Mit knapp über achtzig Jahren nähert sich die Glockenkurve dann asymptotisch wieder den Grundbedürfnissen an: Windeln, breiige Nahrung und Schlaf, dann aber den ewigen.

Voilà! Das ist gemeint, wenn man über die Gaußsche Normalverteilung spricht. Ganz sicher ist dem Mathematiker Carl Friedrich Gauß (1777-1855) diese Idee der Relation zwischen der Erwartung und des wahrscheinlichen Eintretens eines Geschehens unter dem Weihnachtsbaum eingefallen, nachdem er von seiner Ehefrau einen Gutschein für ein intimes Stelldichein bekommen hatte. Zumindest entstand aus einer erotischen Erwartungshaltung und dem Eintritt des Geschehens, das leider gegen Null ging, weil Weihnachten eben öfters stattfindet, als ... Sie wissen schon ..., eine bahnbrechende mathematische Idee: die Gaußsche Glockenkurve. Womit bewiesen ist, dass aus Notlagen, Mangel oder einfach nur aus sexueller Antriebslosigkeit wissenschaftlicher Fortschritt entsteht. Hochinteressant also, was Gutscheine alles auslösen können.

Ich befinde mich gerade im besten Alter meines Lebens und, um bei Carl Friedrich Gauß zu bleiben, ebenfalls in dieser oben beschriebenen Gutscheinzeit. Im Grunde sind es nie eingelöste, also leere Versprechungen. Das einzig Wahrhaftige an dem Wort Gutschein ist der *Schein*, und gut ist der nie.

Was habe ich mich in den letzten Jahren über dieses neumodische Gutschein-Schenken schon ärgern müssen. Ich sag's nur Ihnen, weil ich meine Lieben sonst enttäuschen würde:

Ich hasse Gutscheine!

Damit meine ich nicht die feinen grünen (Geld-)Gutscheine der Schwiegereltern oder meiner Mutter, die mit einer netten Karte oder einem Buch versehen unter dem Christbaum liegen. Über diese Unterstützung freue ich mich immer, alles andere kann mir im wahrsten Sinne des Wortes gestohlen bleiben.

Hier ein kleiner Exkurs über die blödesten Gutscheingeschenke, die ich eingelöst, zerrissen, verschenkt oder verloren habe:

- *Eine Tour durch die Wiener Christkindlmärkte: eingelöst.*
  Nach der zwölften Punsch- und Glühweinbude musste man mir im Meidlinger Unfallkrankenhaus den Magen auspumpen.

- *Eine Fahrrad-Tour an ein Ziel meiner Wahl: verloren.*
  Ich hasse Sport, vor allem Radfahren.

- *Ein Bodyflying-Erlebnis – Indoor-Fliegen im Windkanal: eingelöst.*
  Diese Aktion musste abgebrochen werden, weil es die Düsen des Windkanals nicht geschafft hatten, mich in die Höhe zu pusten.

- *Ein Krimi-Dinner: verschenkt.*
  Den Krimi habe ich jeden Tag zu Hause.

- *Eine professionelle Stilberatung: zerrissen.*
  Frechheit, ich brauche doch keine Stilberatung!

Weiters gab es noch Gutscheine für Tauchschnupperkurse, Tretbootfahren, einen Friseurtermin, Wochenendtrip in die Berge, Yogakurs, Salsa-Tanzkurs, ausgefallene Sexspiele, usw.

Ich könnte noch Stunden damit verbringen, die unnötigsten und dämlichsten Gutscheine aufzuzählen, mach' ich aber nicht. Ich will Ihnen endlich eine neue Weihnachtsanekdote erzählen. Eine Geschichte über einen Gutschein, der mir einen ganzen Sommer und in der Folge noch viel mehr vermasselt hat: ein Wellness-Gutschein.

Es ist noch gar nicht so lange her, da hatte ich ein traumatisches Erlebnis mit meiner Freundin Margarete, kurz Grete genannt. Es war keiner der üblichen weihnachtlichen Anlässe, sondern Gretes fünfzigster Geburtstag, den sie, bescheiden wie immer, im kleinen Rahmen feiern wollte. Verdammt, den hatte ich völlig vergessen.

„Was schenken wir denn eigentlich Grete?“, fragte mein geliebter Ehemann zwei Stunden vor der Feier. In seiner Stimme schwang ein völlig unbekümmertes Timbre mit, so als würde ihn der Geburtstag von Grete gar nichts angehen. Es war wie immer klar, dass ich neben meinem Beruf – dem Bildungsmanagement, dem Gesundheitsmanagement und dem Finanzmanagement in der Familie – eben auch für soziale Belange zuständig war. Dazu gehörte das Besorgen von freundschaftserhaltenden Geschenken.

„Einen Gutschein natürlich! Den löst die Gute eh nie ein“, meinte ich überlegen.

Danach rannte ich hysterisch mit Lockenwicklern im Haar in mein Büro, kämpfte mich durch Stapel an Büchern und die Playstations der Kinder zu meinem Schreibtisch, um einen Wellness-Gutschein zu basteln.

Dank meiner Kreativität und meines technischen Könnens war in kürzester Zeit eine Fotomontage kreiert. Das Bild einer Saunalandschaft, auf dem schöne, nackte Menschen genüsslich auf edlem Espenholz saßen. Paare, die sich glücklich die Hände hielten und verträumt in den Himmel starrten. Ja genau, das war etwas für Gretchen, die ja immer noch ledig war. Schnell schrieb ich in kursiver Festtagsschrift das Wort *Gutschein* darauf und – fertig.

Danach präsentierte ich stolz, denn ich war bereits frisiert, geschminkt und fertig angezogen, das Geschenk meinem Mann.

„Aber Hasilein, da steht ja kein Betrag drauf!“, meinte er schulmeisternd.

„Ach ja! Wirklich!“ Nun war aber keine Zeit mehr für Korrekturen.

„Egal, es wird uns bei der Überreichung schon etwas Geistreiches einfallen!“, sagte mein Mann und schritt zum Auto. Ich band den Gutschein noch schnell auf eine Prosecco Flasche, und schon ging es los zu Gretes Geburtstagsfeier.

Natürlich fiel meinem Odysseus bei seiner Rede etwas Geistreiches ein. Ein Gedicht über die Tugenden einer Frau, besonders über Gretchens Geduld und ihre Bescheidenheit, eine Ode an ihren Liebreiz, selbst noch im Alter. Stets konnten wir uns auf sie und ihre wunderbare Freundschaft verlassen, nun sollte sie es sich einfach einmal gut gehen lassen. Absichtlich hätten wir keinen Betrag auf den Gutschein geschrieben, denn die innige Freundschaft zu ihr sei uns so teuer, dass uns dafür nichts zu teuer wäre. Ein herrlich blödes Wortspiel. Den Gästen gefiel es aber, sie lachten und applaudierten. Odysseus überreichte unseren Gutschein, den das Geburtstagskind dankend annahm.

Nach einigen Wochen verging uns das Lachen, als eine Rechnung aus irgendeinem ägyptischen Wellness(sonnen)tempel in Höhe von 1.260 Euro ins Haus flatterte, und das für ein verlängertes Wochenende! War die gute Frau völlig übergeschnappt? Grete hatte unser Angebot, dass uns für sie einfach nichts zu teuer wäre, tatsächlich ernst genommen und war ins exklusivste Hotel am Nil gereist. Wir mussten deshalb schweren Herzens unseren Urlaub stornieren.

Das „liebe" Gretchen war uns auch deshalb unendlich dankbar, weil sie dort im fernen Ägypten sogar den Partner fürs Leben gefunden und wenige Wochen später geheiratet hatte, einen schrulligen Archäologen.

Ich kann Ihnen hier und jetzt nur den guten Rat geben: Schenken Sie bitte nie Gutscheine, und wenn, dann unbedingt versehen mit einem runden, maximal dreistelligen Betrag! Vertrauen Sie dabei nie Ihren Freunden, denn die besten unter ihnen sind die maßlosesten, und das könnte Ihnen teuer zu stehen kommen!

Unser nächstes Geschenk an Grete – von ihrer Hochzeit erfuhren wir leider erst im Nachhinein – sollte alles andere als ein Gutschein sein, ganz im Gegenteil. Ich wollte Rache.

So saß ich einige Tage vor dem Weihnachtsfest mit einem schönen blumenverzierten Paket im Zug Richtung Wien. Ich hatte vor, meine liebe Freundin mit einem handfesten und völlig unnützen Weihnachtsgeschenk zu überraschen.

Es handelte sich dabei um eine durch und durch hässliche Vase, die ich vor Jahren von meiner alten, damals noch lebenden Tante Erny, einer pensionierten Geschichtsprofessorin mit sinologischen Vorlieben, zu irgendeinem Geburtstag überreicht bekommen hatte. Dieses unansehnliche Ding entwickelte sich in unserer Familie zu jenem sinnlosen Dauergeschenk, das niemand haben wollte und daher bei jeder Gelegenheit weitergeschenkt wurde.

Das überaus kitschige Porzellan irrte von einer Weihnachts-, Geburtstags- oder Jubiläumsfeier zur nächsten. Ich übergab es feierlich meiner Schwester. Diese schenkte die Vase ihrer Cousine Lilly. Lilly freute sich „rasend" darüber und teilte ihre Freude später mit Peter. Onkel Peter überreichte sie bei der nächsten Weihnachtsfeier an Sigrid, Sigrid an Monika, Monika an Gerlinde, Gerlinde an Tante Ingrid und nun, nachdem ich sie auf wundersame Weise wieder vom Christkind, also eigentlich von Tante Ingrid, zurückbekommen hatte, sollte das schreckliche Ding endlich aus unserem familiären Planetarium hinauskatapultiert werden. Nie mehr wieder sollte es unter einem unserer Christbäume oder auf Geschenktischen zum Liegen kommen. Der kleine blaue Drache, der das Porzellan zierte, war so hässlich, dass man ihn gerne aus Grausamkeit weitergeschenkt hatte, nur um die Reaktion des Beschenkten schadenfroh genießen zu können. Anders ist es nicht zu erklären, dass bis dahin niemand auf die Idee gekommen war, die Vase einfach fallen zu lassen und den unbarmherzigen Geschenke-Kreislauf zu durchbrechen.

Das Los fiel also jetzt auf mein liebes Gretchen. Da mich ihre „unermessliche Bescheidenheit" immer noch maßlos ärgerte, hielt ich es für mehr als gerechtfertigt, ihr genau diese Hässlichkeit als mein Weihnachtsgeschenk zu überreichen.

Der Regionalzug tuckerte vor sich hin und ich genoss in Stille die Vorfreude auf das Gesicht meiner Freundin, wenn sie mein Geschenk öffnen würde, als plötzlich die Tür meines Abteils aufgestoßen wurde und ein junges Paar hereinlugte. „Ist hier noch frei?"

Sie sahen auf die leeren Plätze, warteten keine Antwort ab, sondern zogen mit einer Flut an Koffern und Taschen, die sie laut schnaufend auf die Gepäckablage hievten, einfach bei mir ein. Beide waren auf dem Weg in die Weihnachtsfeiertage, was sie entsprechend originell durch ihre Garderobe zur Schau stellten. Er trug eine Mütze mit Geweih am Kopf und einen schwarzen Sweater mit dem sinnigen Schriftzug: „Advent, Advent, der Rudolph brennt!" Rudolphs Begleitung hatte sich in ein hauteng anliegendes Weihnachtsmannkostüm aus rotem Knautschleder gepresst, das Dekolletee einladend offen, ihre prallen Brüste durch weiße Quasten hervorgehoben.

Ich musste kurz durchatmen, Groll stieg in mir hoch. Ich hatte mich gerade deshalb für die Zugfahrt entschieden, um das vorweihnachtliche Verkehrschaos zu umgehen, noch einmal etwas zur Ruhe zu kommen und auch einmal Zeit zum Lesen zu haben. Nun musste ich das Abteil mit einem halbbetrunkenen Rentier und einer gegenderten Weihnachtsmannfrau verbringen.

Ich schlug meine Beine übereinander und legte das Paket mit der Vase demonstrativ auf meinen rechten freien Sitzplatz, damit keine der beiden Dumpfbacken auf die Idee käme, sich neben mich zu setzen.

„Wo hast du denn den Wellness-Gutschein für meine Mutter hingegeben?", fragte die Weihnachtsmannfrau, während sie im Gepäck danach zu suchen begann.

Das Rentier setzte die Flasche mit dem Punsch ab und schaute überrascht: „Den hast du doch vorm Wegfahren in deine Handtasche gesteckt!"

„Warum sollte ich ihn in meine Handtasche stecken? Du hast ihn ausgesucht, also nehme ich an, dass du ihn auch eingesteckt hast!", maulte die rote Knautschleder-Weihnachtstussi.

„Dann wird er noch am Küchentisch liegen!"

„Kinder, dort ist er auch gut aufgehoben!", durchzuckte mich Schadenfreude, dachte jedoch sogleich an das finanzielle Desaster, das wir mit Gretes Wellness-Gutschein erlebt hatten. Eigentlich sollte ich dem Rentier zu seiner Vergesslichkeit gratulieren.

„Am Küchentisch?", wiederholte die Weihnachtsmanntussi genervt, nahm Rudolph die Flasche weg und trank selbst einen beherzten Schluck. Ich dachte intensiv an mein Enkelkind. Das mache ich immer, wenn es mir schlecht geht oder ich kurz vor einer Explosion stehe. Dieses junge Paar hätte bei meinem Engelchen innerhalb einer halben Minute den magischen Zauber von Weihnachten zerstört. Ein versoffenes Weihnachtspärchen, das die Weihnachtsgeschenke am Küchentisch liegen lässt! Ein absolutes No-Go! Ich drehte mich zur Seite und starrte zum Fenster hinaus.

„Weiß ich nicht! Vielleicht habe ich ihn ja doch eingepackt!"

Das Rentier stand auf, stieg mir dabei mit seinen dicken braunen Sneakers auf die Zehen, was er gar nicht merkte, und begann in seinen Koffern und Reisetaschen herumzukramen.

Ich holte aus meiner Handtasche ein Buch mit einem Schutzumschlag hervor, den ich für solche Fälle immer mithabe. Diese Strategie wandte ich schon an der Uni an, um aufdringliche Kavaliere von mir abzuschrecken. Ich benutzte dabei Buchumschläge wie etwa die von Alice Schwarzers Büchern über die notwendige feministische Revolution oder den Katechismus der römisch-katholischen Kirche. Niemand kam bei solchen Büchern auf die Idee, mit mir Kontakt aufnehmen zu wollen. Bücher waren meine geheimen Waffen. Ihre Titel waren mein Schild und mein Schwert, um unliebsame Zeitgenossen zu vertreiben, denn „beim letzten Verse stech' ich."

In dieser unangenehmen und beengten Situation, wie Sie durch dieses Zitat unschwer erkennen können, war es der Buchumschlag des französischen Dramas *Cyrano de Bergerac* von Edmond Rostand. Egal, welchen Bildungsstatus die beiden Herrschaften neben mir auch immer aufzuweisen hatten, mein Buchtitel zeigte ihnen deutlich, dass Kommunikation mit mir nicht möglich war. Ab jetzt war ich ein Kind Frankreichs, der *grande nation,* weder der deutschen noch der englischen Sprache mächtig.

Das rote Knautschleder stichelte weiter. „Na toll! Typisch Mann! Bastelt einen dämlichen Gutschein und lässt ihn am Küchentisch liegen! Ein Klassiker!"

„Dämlicher Gutschein? Der ist für deine Mutter!"

„Meine Mutter, deine Mutter. Du bist echt kindisch."

„Was hast du denn für meine Mutter besorgt?"

„Gar nichts! Sie will keine Geschenke, außerdem kann sie mich nicht leiden!"

Rudolph ließ das nicht auf sich sitzen: „Dieses ewige Geplänkel mit meiner Mutter nervt mich echt. Wir hatten einen Deal! Ich bastle den Scheiß-Gutschein für deine Mutter und du kümmerst dich ums Gepäck!"

„Scheiß Gutschein?"

„Ja, Scheiß-Gutschein! Warum sollen wir ihr überhaupt was schenken? Meine Mutter kriegt ja auch nichts!", klang Rudolph jetzt beleidigt.

„Weil man sich zu Weihnachten eben eine Freude machen sollte!"

„Und wenn wir es nicht machen? Keine Gutscheine, keine Geschenke?“

„Dann hält meine Mutter mir das das ganze restliche Jahr vor, also bitte: Hast du ihn gefunden oder nicht?“

„Nein! Sagte ich doch, der liegt zu Hause am Küchentisch!“

„Das ist so typisch! Wir sind kaum ein Jahr zusammen und schon verlässt du dich nur noch auf mich! Du tust ja gerade so, als wären wir schon dreißig Jahre verheiratet!“

Dabei schaute sie interessanterweise nicht ihn, sondern mich an und forderte mich mit ihren Augen und einem Kopfnicken dazu auf, ihr zuzustimmen. Konnte ich nicht. Tat ich auch nicht. Ich war ja jetzt eine Französin, zeigte auf den Buchumschlag, hob die Schultern und schüttelte bedauernd den Kopf.

Das Rentier wies seine Partnerin zurecht: „Hör auf die Frau zu belästigen!“

Ich vertiefte mich wieder in meine „französische“ Lektüre, während die beiden in ihren Gepäckstücken weiter nach dem Gutschein suchten.

„Die versteht nichts! Die ist aus Spanien!“, meinte die Tussi.

„Seit wann kannst du Spanisch?“

„Kann ich eh nicht!“

„Warum weißt du dann, dass sie Spanierin ist?“

„Ach, seid ihr Männer blöd! Weil sie ein spanisches Buch liest.“

Ich drückte mich ganz fest in die Polsterung und hielt das Buch so, dass der Titel deutlich zu lesen war. Die Weihnachtsfrau buchstabierte laut und deutlich: „Zirano de Bergergack! Das ist eindeutig spanisch und klingt voll schiach! Überhaupt ist Spanien urschiach!“

„Ich dachte, dir hat es auf Mallorca gefallen?!“, entgegnete Rudolph.

„Warum soll es mir dort nicht gefallen haben?“ Die Knautschtussi zog wieder an der Flasche Punsch.

„Na ja, weil Mallorca zu Spanien gehört!“

„Echt? Ich habe geglaubt, das gehört zu Deutschland! Reden ja alle deutsch dort!“

Da zog das Rentier ein Kuvert aus der Tasche und begann zu jubeln: „Ich hab‘ ihn!“

„Dann hast du ihn ja gar nicht vergessen!“, stellte die Tussi fest. „Du bist halt doch mein bestes Stück! Dass du ihn aber ja nicht wieder verlegst, wir brauchen ihn noch!“

Danach wandte sie sich leider wieder mir zu: „Do you speak English?“

Ich tat etwas erschreckt und zuckte mit den Achseln. „No English!“, immerhin war ich Französin. *La grande nation* redet kein Englisch, du Dummchen! Aber egal, ich wollte nur in Ruhe gelassen werden, was neben diesen beiden einfach nicht möglich war.

Kurze Zeit herrschte im Abteil dann aber trotzdem Stille, was dem Knautschi aber gar nicht zu gefallen schien. Sie begann ein Weihnachtslied zu summen, bis das Rentier endlich wieder etwas sagte: „Warum müssen wir beide eigentlich immer so heftig aneinandergeraten?“

„Weil wir uns auch heftig lieben, mein Schnuckiputzi!“ Dann schmiegte sich die Weihnachtsmannfrau tatsächlich wie eine Katze an ihr Rentier.

Oje, nicht auch das noch. Zuerst streiten, dann kuscheln. Ich vertiefte mich noch intensiver in meine Lektüre, an Lesen war jedoch nicht zu denken. Gespannt wie ein Panther lag ich jetzt auf der Lauer und wartete, was als nächstes passieren würde.

„Weißt du“, meinte die vollbusige Weihnachtsmannfrau geradezu philosophisch, „in einer Beziehung muss manchmal auch gestritten werden, denn nur so erfährt man was voneinander!“

„Oh Schatzi, du bist ja nicht nur supergeil, du bist auch supergescheit!“, schnurrte das Schnuckiputzi seinem Schatzi entgegen und fügte nach einer kurzen Pause in ernstem Ton hinzu: „Ich muss dich jetzt was fragen, Schatzi, was Intimes!“

Das Schatzi richtete sich auf: „Kann das nicht warten?“ Sie deutete mit ihrem Kopf ganz leicht in meine Richtung.

„Nein, es muss jetzt sein. Die da versteht uns ja eh nicht!“

Oh Gott, nun würde es möglicherweise peinlich werden. Ich schob das aufgeschlagene Buch vor mein Gesicht.

„Na gut, was willst du mich denn so Wichtiges fragen?“

Rudolph kratzte sich an seinem Geweih und begann zu stottern: „Ich liebe dich!“

„Das war keine Frage, du Vollhirsch! Rudolph, jetzt mach es doch nicht so spannend!“, dachte ich.

Diese Situation erinnerte mich flashbackartig an den Heiratsantrag, den mir mein Mann dereinst gemacht hatte. Das war so ziemlich der unromantischste Antrag, den ein Mann einer Frau nur machen kann. In seiner Art aber so bestechend ehrlich, dass ich schließlich doch mit „Ja“ antwortete. Mein Mann stotterte ebenfalls irgendwas von Liebe, um mir gleich darauf die Konsequenzen eines Neins zu verdeutlichen: „Und wenn du jetzt NEIN sagst, dann pfeif ich drauf und geh‘ in ein Kloster!“

Ich gebe zu, ich hatte damals durch mein eher zögerliches Verhalten meinen Mann psychisch fast in den Abgrund getrieben.

Ein weiteres, diesmal lautes *Ich liebe dich!* riss mich aus meinen Gedanken. Du meine Güte, der wird doch jetzt nicht wirklich ...?

Da kniete sich Rudolph, dieses *Red Nosed Reindeer*, auch schon nieder, zog seine Geweihmütze feierlich vom Kopf und fragte tatsächlich: „Willst du mich heiraten?“

Damit hatte die Weihnachtsmannfrau offenbar überhaupt nicht gerechnet, sie schwieg betreten. So wie ich damals.

Da bäumte sich in mir alles auf. Wie konnte diese Frau jetzt bloß schweigen? Gut, ein paar Unverträglichkeiten können zwischen Paaren immer vorkommen, auch dass der Geliebte Sachen vergisst oder nicht wiederfindet, oder na gut, dass man sich einmal etwas heftiger in die Haare kriegt wegen Meinungsunterschieden zu Müttern und Schwiegermüttern. Aber so wie dieses Rentier jetzt sein Schatzi treuherzig anblickte und um ihre Hand anhielt, das konnte er nur ehrlich meinen! Außerdem war Weihnachten. Da stand beziehungsweise saß ich jetzt schon aus purer Romantik heraus ganz auf Rudolphs Seite.

Dieser wiederholte sogar seine Frage: „Wir sind jetzt schon ein Jahr zusammen! Du bist die Frau meiner Träume! Nur mit dir kann ich mir ein Leben vorstellen! Es ist Weihnachten! Willst du mich heiraten?"

Schweigen.

Um Gottes willen, hatte mein Weihnachtsknautschi das genauso wenig kapiert wie ihren Mallorcaurlaub?

„Kindchen, wenn echte Liebe im Spiel ist, muss man das Glück halten wie ein Vogerl! Sag doch einfach JA!", schrie ich sie in Gedanken an. Mein Buch hatte ich längst zur Seite gelegt.

Knautschi, die dumme Nuss, aber schwieg immer noch. Das konnte doch nicht sein! Wollte sie diese Gelegenheit echt verpassen? Wie einen Zug oder ein Flugzeug? Nein, das war nicht mehr zum Aushalten.

Plötzlich sprangen die Weihnachtsfrau und ich wie zwei Synchronschwimmerinnen, praktisch gleichzeitig, in die Höhe und schrieen aus tiefster Überzeugung: „Ja, ich will!"

Wie unangenehm! Ich hatte mich auf diese Weise völlig blamiert. Beide schauten mich verdutzt an. Verlegen packte ich Schal, Handtasche, Handschuhe, das Weihnachtspaket und mein Buch ein und verließ wortlos das Abteil. Die beiden kümmerte das nicht, sie gaben sich fest umschlungen einem sehr intensiven Kuss hin.

Nach diesem Fauxpas hatte ich keine große Lust mehr auf meine geplante weihnachtliche Racheaktion. Mein Besuch bei Grete war daher sehr schnell erledigt. Sie freute sich natürlich sehr darüber, dass ich zu Weihnachten an sie gedacht hatte. Ihre Reaktion beim Auspacken meines Geschenkes wartete ich jedoch nicht mehr ab. Ich wollte nur noch nach Hause.

Wie sehr sich Grete tatsächlich gefreut hat, das erfuhr ich daher erst viel später. Nämlich einige Wochen nach Weihnachten, als ihr schrulliger Archäologe mit einem überdimensionalen Blumenstrauß plötzlich vor meiner Haustür stand. Mein ehrlich überraschtes Gesicht machte ihn gleich ganz verlegen, denn er fing fast wie der damalige Rentier-Rudolph zu stottern an. Er meinte, er entschuldige sich für die unangemeldete Störung und sei, da er beruflich in der Nähe zu tun hatte, nur vorbeigekommen, um sich im Namen seiner Frau und ihm selbst ganz herzlich für das so überaus großzügige Weihnachtsgeschenk zu bedanken. Er könne es immer noch nicht fassen, womit ich sie da beschenkt hätte.

Ich dachte an die hässliche Vase und daran, dass er sie mir gleich vor die Füße schmeißen würde. Das tat er aber nicht, sondern streckte mir seinen Blumenstrauß entgegen und sagte mit fester Stimme:

„Sie haben uns mit dieser wertvollen Vase aus der Ming-Dynastie wirklich eine sehr, sehr große Freude gemacht! Ein geradezu unbezahlbares archäologisches Kleinod."

Ehrlich, was sollte ich darauf noch erwidern? Ich ließ ihn mit seinem Blumenstrauß einfach stehen, stürmte ins Wohnzimmer, warf mich aufs Sofa und versteckte mein Gesicht hinter einer Broschüre, die ich wahllos aus unserem ständig herumliegenden Stapel an Zeitungen und Zeitschriften zog, um mein Gesicht dahinter zu verstecken: *Abschied leben. Ratgeber im Trauerfall* von der Bestattung Wien. Meine Gaußsche Glockenkurve versank im Nichts.

Aus meinem seelischen Tief herausgeholt hat mich natürlich mein Engelchen. Bei seinem nächsten Besuch hielt er mir vor Aufregung zappelnd ein Kuvert hin. „Für dich Omi! Hab´ ich selbst gemacht!"

Skeptisch beäugte ich sein Geschenk. Das wird doch nicht wieder ein Gutschein sein! War es aber nicht. Mein superliebes Engelchen hatte im Kindergarten die ersten Buchstaben schreiben gelernt und überreichte mir nun sein erstes selbstgekritzeltes Werk.

Die Zeichnung einer kugelrunden Frau mit lachendem Gesicht und darunter in etwas schief geratenen Großbuchstaben: BESTE OMI DER WELT.

Ich umarmte mein Engelchen freudestrahlend und war vom Zorn über meine eigene Blödheit geheilt.

DAS NASCHMARKT-TRAUMA

Die große Frage, die sich mir bereits Anfang September gleich nach Schulbeginn stellt:

Was koche ich zu Weihnachten?

Mir wäre es ja eigentlich völlig egal, was auf den Tisch kommt. Ich zeige nämlich, kulinarisch gesehen, das Verhalten eines Bioschweines: Ich esse alles.

Nicht so die liebe Verwandtschaft, da muss ich besonders vorsichtig sein. Die absonderlichsten allergischen Reaktionen haben sich im Laufe der Jahre in meine Familie eingeschlichen. Mir ist dabei nicht ganz klar, ob es sich tatsächlich um Allergien handelt, die ihren Ursprung im sozial-familiären Umfeld haben, oder um ganz „normale" Nahrungsunverträglichkeiten, die von einem pathologischen Stoffwechsel verursacht sind. Glauben Sie mir, Letzteren wäre leichter zu begegnen.

Unverträglichkeiten auf Milch, Käse, Brot, Zitrusfrüchten, Nüssen, Mehl, eigentlich auf das gesamte Nahrungsangebot zählen bei unseren Familienzusammenkünften zu den wichtigsten Gesprächsstoffen. Der Genuss dieser Speisen und deren unangenehme Folgen in physischer wie psychischer Hinsicht werden nach dem Heiligen Abend das ganze Jahr über – verteilt in kleinen homöopathischen Portionen – besprochen, was mir wiederum ordentlich den Appetit verdirbt.

Wer ist denn bitte schuld, wenn Tante Frieda stundenlang mit ihren Diarrhöen auf der Toilette sitzt oder meine Nichte monatelang gegen die eitrigen Pusteln am Dekolletee ankämpft? Die Köchin natürlich, also ich.

Ich musste mir daher für das Weihnachtsmenü etwas ganz Besonderes einfallen lassen. Nach stundenlangen Recherchen im Internet und in meinen Kochbüchern war ich mit meiner Weisheit am Ende. Mir fiel einfach nichts zum Thema „ausgewogene und für meine Familie sozial adäquate Ernährung" ein. Was für die einen zu fett, war für die anderen zu tierisch, was zuckermäßig verträglich schien, konnten andere wieder wegen diverser Insulinprobleme nicht zu sich nehmen.

Bei der Martinifeier stimmten wir demokratisch über das Weihnachtsmenü ab und einigten uns mit nur zwei Gegenstimmen auf heimischen Fisch. Den konnten die Vegetarier unter uns zwar nicht essen, er lieferte aber durch die Regionalität eine bessere CO_2-Bilanz als Rind- oder Schweinefleisch. Fisch war leicht bekömmlich, einfach zu kochen und überaus gesund. Auch für die Verdauung von Tante Frieda. Die Vegetarier in meiner Familie monierten sowieso alles, für die gab es wie üblich ein Steinpilz-Risotto.

Ich suchte daraufhin nach Inspirationen und schlenderte über den Wiener Naschmarkt in Richtung eines Fischhändlers, vor dessen Verkaufsvitrinen schon eine Traube an Menschen hing. Doch auch hier, trotz des überquellenden Angebotes an frischen Zandern, Welsen und Karpfen, war mir die Freude am Kochen vergangen.

Langsam schob man mich in der Warteschlange nach vor, bis ich plötzlich vor einem mir gänzlich befremdlichen Wesen stand: einer großen, korpulenten Frau. Ihre fettigen Haare hatte sie teilweise unter eine billige Wollmütze geschoben. Ihr massiger Körper war mit einer Plastikschürze umwunden, die mit Blut und Resten von Fischschuppen übersät war.

Sie sah in mein angeekeltes Gesicht, schob sich ihre Zigarette in den Mundwinkel und blies die Asche gekonnt zur Seite:

Frische Gansal hätt' ma do, wulliwulliwullii. Was derf's denn sein, gnä' Frau? Ein fettes Weihnachtsgansal oder soll's ein Bio-Karpfen sein, frisch gefangen aus dem Waldviertel?

Ehrlich, von dieser Person hätte ich nichts genommen. Sie hätte mir in Plastikhandschuhen und Operationsbekleidung Waschmittel verkaufen können, mich hätte ihr Anblick trotzdem angewidert. Ich zuckte mit den Schultern und tat, als wollte ich wieder gehen.

Ihre schrille Stimme hielt mich gefangen:

Ach so, Sie wissen noch gar nicht, was Sie zu de Feiertog kochen wollen? Kein Problem, da kann ich Ihnen zu ausgelösten Karpfenfilets raten. De san von mein Mann g'schröpft, do is garantiert keine Gradn mehr drin. Dazu mochen'S a Supperl von an Fischbeuschel. Des gibt's heute zum halben Preis. Das tät der Fisch selbst gern essen, wenn er dazu noch käme.

Dabei fing sie unbarmherzig zu lachen an. Ich fand ihren Witz nicht wirklich lustig und versuchte, mich aus der Menschenmenge zu befreien. Diese schob mich jedoch gnadenlos noch weiter an die Verkäuferin heran. Ich kam ihr einfach nicht aus. Mein Gegenüber redete währenddessen in ihrer unappetitlichen Art weiter:

A Fischbeuschelsupperl? Was das ist? Das kennen Sie nicht? Gnä' Frau, ich darf wohl bitten. Eine Fischbeuschelsuppe ist eine Altwiener Delikatesse!

Sie spuckte die Zigarette ins blutige Rinnsal und wischte sich ihre Nase mit einer schmutzigen Küchenrolle ab.

Schaun'S, Sie nehmen den Schädl von an Karpfm, zerhacken ihn in klane Stückerl und lassen ihn mit seinen eigenen Innereien, dazu Lorbeer, Wacholderbeeren, Karotten und an Happerl Zölla für etwa zwei Stunden kochen ...

Mir war echt der Appetit vergangen und ich meinte, ich hätte da so meine Bedenken. Doch über Hygiene und Tierschutz zu sprechen, schien hier sinnlos zu sein.

Bedenken? Welche Bedenken? A so a Karpfm is doch eh scho hin! Spätestens, wenn der Schädl vor Ihna liegt. Da spürt der garantiert nichts mehr!

Sie lachte mein angewidertes Gesicht aus.

Ach so, Sie können kein Blut sehen. Versteh ich!

Nun ging es wirklich ans Eingemachte. Sie hatte keine Zeit, sich die rinnende Nase in eine Küchenrolle zu wischen und pustete den Schnodder in ihre Schürze. Dann zückte sie böswillig lächelnd ein Küchenmesser.

Gut, dann mach das ich für Sie, wenn Ihna so graust.

Sie griff mit ihren Händen in einen Bottich, in dem die Weihnachtskarpfen bedächtig im Kreis schwammen und auf ihren erlösenden Tod warteten, und zog ein großes Exemplar heraus. Hinter mir stöhnten und schnauften die Menschen vor Erregung.

Den nehmen'S hinten an der Schwanzfloss'n hoch und greifen eam vorn beim Schädl in die Kiemen eini.

Sie demonstrierte es nicht nur mir, sondern der gesamten aufgeregten Meute.

Nein, nein! Des mocht eam nix, weil so ein Fisch ist ein kaltes Lebewesen. Die spüren nur de Hälfte von uns. Aber Lebewesen ist Lebewesen, sie müssen trotzdem nett zu ihm sein, sonst warat's jo net bio.

Das Publikum nickte zustimmend.

Und wenn er dann so do liegt und dich anschaut mit seine großen traurigen Augerl, dann müssen'S ihm recht zureden, weil so ein Karpfm hat ja schließlich auch Gefühle. Und jedes Mal denk ich mir dann, jeder Karpfm könnt einem echt d'erbarmen. Hülft aber nix. Dann sagen'S zu ihm: „So, Puppilein, des is jetzt fürs Christkinderl, tuat auch goa net weh!" Des hob i zu meim depperten Buam a immer g'sagt, wenn er a Watschn kriegt hat. Dann setzen'S das Beil genau da an, genau an derer Stelle, da am Gnack, und ... zack ... „jetzt bist du im Karpfenhimmel!"

Ich taumelte vor Schwindel: „Sie herzlose Person!"

Eine Dame hinter mir reichte mir ihre Plastikflasche mit Wasser. Das Publikum konzentrierte sich und wartete gespannt auf die Reaktion der „Karpfenkillerin".

Was? Ich und herzlos? Natürlich kostet des a Überwindung! Aber schaun'S, gnä' Frau: Ich denk beim Schlachten immer an was Schönes. An meinen Onkel zum Beispiel, der Bruder von meiner Mutter, Gott lass ihn selig ruh'n – sie bekreuzigte sich und schaute kurz in den Himmel –, *der hat dieselbe Farbe im G'sicht g'habt wie der Karpfm. Die Augerln so blau wie des Fischwossa. Und saufen hat der können, do san de Schligowitzstamperl nur so gflog'n – Zack. Zack. Zack ... Bis zum Herz. In. Farkt! Ist schnell g'angen mit ihm. So an Tod kann man sich nur wünschen. Bum, zack und vorbei! So wie bei unserem Karpfen jetzt.*

Der Fisch hatte aufgehört, am Schneidetisch zu zappeln, und ich hörte vom Publikum ein zustimmendes Raunen. Meine Güte, wie leicht doch die Menschen zu verführen waren. Die Fischverkäuferin wischte sich die blutigen Finger in die Schürze und schrie in den hinteren Verkaufsraum:

Wir reden vom Peppi-Onkel, Oma!

Dann drehte sie sich wieder zu mir, Flucht war unmöglich. Am liebsten hätte ich zu heulen und zu schreien begonnen. Nein, nie wieder würde ich ein Stück Fleisch essen! Meine Kinder hatten ja so recht. Kein Tier durfte so unbarmherzig und brutal zu Tode kommen! Sie fuhr mit ihrem Redeschwall fort:

Wissen'S die Oma hilft mir heute! Ist ja heuer wieder ein Wahnsinn mit diesem Weihnachten. Irgendwie werden die Leut' ja immer depperter, zuerst die Coronakrise, dauernd so ein Schaslockdown, Arbeitslosigkeit, Energiekrise und Wirtschaftskrise. Und ganz vül Depperte unterwegs. Aber fressen und saufen tun's die Leut', als würde die Welt untergehen, ein wahres Armageddon! Kennen'S des? Des war ein Film mit Bruce Willis, super Film. Normalerweise hilft mir an solchen Tagen mein Mann, aber den hab' ich heute zum Hornbach g'schickt, der muss uns an Bam besorgen. Heut' is auf alles minus fuffzig Prozent. Es sind ja jetzt die Black Weeks, also die schwarzen Wochen. Entschuldigen'S, dass i so laut reden tu, aber die Oma hat wieder ihren Hörapparat vergessen!

Sie holte tief Luft und ließ erneut ihre markdurchdringende Stimme erbeben.

Der Josef is zum Hornbach g'fahrn. Oma, bring uns des Sackerl mit dem Fischbeuscherl. Und gib vül Rogna dazua!

Nein, gnä' Frau, das hat nichts mit dem Rogan zu tun, des san nur die Eier …

Aber nein, nicht die vom Markus Rogan, sondern die vom Karpfen, die heißen ROGEN. Des is sozusagen der Kaviar vom Karpfm. Sehr bekömmlich und sehr gesund! Die werden nach dem Kochen vom Fischbeuschel mit Schlagobers in die Suppe einigriat. Aber vorsichtig! Die dürfen nicht mehr kochen, sonst verlieren's die Wirkung!

Einige Damen aus dem Publikum hatten mittlerweile ihre Handys aus den Taschen gezogen und hielten die Geräte in die Luft. Sie nahmen den überaus interessanten Vortrag für eine Instagram Kochpräsentation auf.

Wirkung? Naja, Sie wissen schon. Des vüle fette Essen zu de Feiertag schwächt die Libido. Da geht goar nix mehr im ehelichen Bett, zumindest net bei den Männern! Aber mit der Fischbeuscherlsuppe sind die wieder topfit, des kennan'S mir glauben! Solche Karpfeneier wirken wie a Männerviagra, und kosten tun's praktisch nix.

Mir reichte es. Ich hatte genug von ihren Brutalitäten, und nun kam mir diese unangenehme Person mit Erotikratschlägen von und mit Markus Rogan daher, der keinen Menschen mehr interessierte! Ich maßregelte sie, dass ich mir eigentlich Inspiration für meinen weihnachtlichen Festtagstisch holen wollte. Bei einem Erotikdinner würde ich eher an die indisch-ayurvedische Küche denken. Die Fischverkäuferin senkte erbost das Messer und holte verbal zum Gegenangriff aus:

Von de Inder lass ich mir gerade zu Weihnachten gar nix erzählen. Ayurvedische Erotikrezepte? Ich bitt' Sie, die sind doch Schnee von gestern! Die Wiener Küche hat viel mehr zu bieten! Glauben'S mir, gnä' Frau, a so a Fischbeuschelsuppn hat den gleichen Effekt. Und ökologischer ist das Ganze auch! Ich verrate Ihnen ein Geheimnis: Ich rühr die Karpfeneier meinem Mann heimlich sogar in sein Gulasch oder in die Knödel, der geht dann im Bett ab wie eine Raket'n!

Die Verkäuferin brüllte wieder nach ihrer Großmutter und brachte sich mit Küchenmesser und blutiger Schürze für die vielen Handyklicks in Pose.

Oma, jetzt bring endlich den Rogna, die Dame wartet schon drauf! Wollen'S ein Löfferl kosten? Sie schauen mir eh so ausg'hungert aus! Nein? Schade.

Also was jetzt? Essen für wie viele? Zwölf Personen? Oma, Opa und Schwester und Mann mit drei Kindern? Sie sind beneidenswert. Ein was wollen Sie kochen? Was soll denn das sein, so a Surf und a Turf? Ach so, das ist die Idee von Ihrem Neffen. Schaun'S, ich weiß zwar, was ein Suff ist, aber was ein Turf mit einem anständigen Essen zum Tun hat, das weiß ich nicht. Ach so, das ist ein Steak und Shrimps? Und des auf an Tölla? Na bitte ned, des passt jo gar net z'sammen. Wie kann man denn ein Rindfleisch zu de Shrimps servieren? Pfui Teufel! Da vergeht's einem ja. Der guade G'schmack von dem schen bluadigen Fleisch! Maria und Josef, hören Sie mir mit dem neumodischen Zeug auf!

Ungeduldig brüllte sie wieder in den hinteren Verkaufsraum.

Oma, jetzt bring endlich den Karpfmschädl und die Fischeier her!

Das Publikum zückte gierig seine Geldbörsen, um gerüstet zu sein. Alle wollten Fisch und die wunderbaren Eier dazu. Mir wurde es eindeutig zu heiß und ich versuchte, mich erneut aus der Enge zu befreien. Nie mehr im Leben würde ich ein Dekagramm Fleisch kaufen.

Wollen'S jetzt die Karpfenfilets oder nicht?

Ich verneinte entschieden.

Was? Ihnen ist der Appetit vergangen? Ich bitt' Sie! Bei dem herrlichen Anblick? Sie haben sich anders entschieden? Ein was wollen Sie jetzt kochen? Ein veganes Fischgericht? Keine Tiere? Nur Gemüse? Na glauben'S echt, so ein Erdäpfel oder ein Kürbis hat keine Gefühle? Wollen'S mich frotzeln?

Ich wollte nichts, ich wollte nur raus, raus aus dieser Menge. Um ihren Fängen endlich zu entkommen, schrie ich, ich würde um nichts in der Welt bei ihr einen Fisch kaufen, eher würde ich gekochte Erdäpfel mit To...pfen servieren. Durch das aufgeregte Gemurmel hinter mir hatte sie aber nur To... verstanden und ließ erst recht ihre Hasstiraden über mich niedersinken.

An Wos wollen Sie kochen? Einen TTTTOOOOOOFFFFFFUUUUUU? Jetzt beleidigen Sie mich! Nein, Tofu gibt's nicht bei mir – und das aus Überzeugung! Sie mit Ihrem, ... wie hat das gleich geheißen? ... Surf und Turf-Irrsinn! Und eines sag ich Ihnen: Auch ein Sojawürferl kränkt sich, wenn man es isst.

Jetzt reichte es mir endgültig. Brutal bahnte ich mir einen Weg durch die kreischende Menge. Auch das wurde filmisch von gezückten Handys festgehalten. Wahrscheinlich würde ich mich in den nächsten Tagen shitstormartig auf TikTok oder Instagram wiedersehen.

Ja, gehen Sie nur, von solchen Kunden wie Ihnen stirbt unsere Wirtschaft ... und ja ... Frohe Weihnachten! Die haben ja heutzutage alle einen Vogel, diese Weiber ... Tofuwürferl als Fischersatz, da kann ich ja gleich ein paniertes G'schirrtüchl fressen, so eine affektierte Blunz'n!

Sie ließ die wartende Kundschaft stehen, legte ihre blutige Schürze zur Seite und fing an, den Laden zu schließen. Danach schrie sie ihrer Großmutter:

Oma ... Oma ... komm! Pfeif auf die depperten Eier, der Trampel will eh nix fressen! Soll's verhungern mit ihrem Lucky Veggy Fish-Filet aus Tofuwürferl. Ist ja echt kein Wunder, dass die Kinder von heute alle so hinich san in der Birn, denen fehlen die Proteine ... apropos Proteine. Oma, wir machen jetzt eine Pause, mir is des Verkaufen echt vergangen vor lauter Veggy-Kram. I brauch jetzt was G'scheites. Wir gehen rüber zum Bertl und holen uns eine fette Leberkässemmel, sonst friss i noch an Veganer! Des Weihnachten is a nimmer mehr des, was es einmal war.

Stimmt. Da hatte sie wirklich recht. Denn nach diesem unappetitlichen Einkaufsbummel gab es bei uns die nächsten Jahre „ganz traditionell" Pilzrisotto mit grünem Salat und als Dessert Topfenknödel mit eingelegtem Marillenröster. Das schmeckte allen.

Lustigerweise klagte seither Tante Frieda auch nicht mehr über ihren Durchfall.

MIT OMI DIE WELT RETTEN

Ich schob langsam das frittierte braune Ding in den Mund und spürte auf meiner Zunge die Beine und das Köpfchen des Tieres zwischen meinen Zähnen knacken.

„Und, schmeckt es?“, fragte Constantin erwartungsvoll.

„Und wie! Mit dem Red Pepper Dip sind die besonders fein, eine Delikatesse!“, meinte ich ironisch, musste dabei gar nicht einmal schwindeln, denn Fett schmeckt einfach immer gut. Ich hätte wahrscheinlich auch eine frittierte Wäscheleine mit dieser Sauce gegessen. Wir waren zu dritt am Wiener Naschmarkt unterwegs, mein Sohn Constantin, mein Enkel und ich. Wir suchten nach Inspirationen für den weihnachtlichen Festtagstisch.

Seit dem Biologiestudium meines Sohnes und den großen Sorgen um das Weltklima versuchen wir vegetarisch zu leben. Also wenig Fisch, kein Fleisch, keine Wurst und kein Geflügel. Was mir als Allesfresser zugegebenermaßen unfassbar schwerfällt.

Gott muss ein Sadist sein, denke ich, denn einer meiner besten Freunde ist Fleischhauer. Mit tränenden Augen fahre ich an seinem Geschäft vorbei und heule seinen Leberkässemmeln, dem Krenfleisch mit Karotten, dem gekochten Rindfleisch mit püriertem Spinat nach, also nicht den Karotten und nicht dem Spinat, sondern dem wunderbaren Fleisch. Am liebsten würde ich mich wie eine Klimaaktivistin an seinem Geschäft festkleben.

Aber so ist es nun einmal. Die Sorge um unseren Planeten hat oberste Priorität, denn zu viel Fleisch ist nicht nur für die eigene Gesundheit, sondern auch fürs Weltklima ungesund.

Was logisch und vernünftig klingt, ist aber äußerst schwierig in der Umsetzung.

Gieriger Heißhunger und zügelloser Appetit schwingen bei mir leider immer mit. Mein Sohn ist schlau, er weiß genau, dass Fische beim Kopf zum Stinken beginnen. So war es sein wichtigstes Ziel, mich zum Vegetarismus zu bekehren, weil ich ja als Hausfrau und Küchenchefin alle anderen automatisch mit ins Boot holen würde, ganz nach dem Motto: „Hast du den Kapitän, gehört dir das Schiff!"

Ich lasse mich seither gerne von ihm eines Besseren belehren. Er hat ja recht mit seinen Argumenten. Wie mein Arzt vor einigen Jahren.

Dieser hatte mich, eine bekennende Kettenraucherin, brutal mit der baldigen Möglichkeit eines Schlaganfalles und schweren Herzkreislaufproblemen schockiert. Es funktionierte. Ich hörte von einem Tag auf den anderen mit dem Rauchen auf, nahm dabei zwanzig Kilo zu und werde wahrscheinlich aufgrund der eigenen Verfettung an einem Herzinfarkt oder an einem Schlaganfall sterben – aber nicht an den Zigaretten! Immerhin.

Mein Sohn hat nun zwei wichtige Dinge vor: Er will die Welt retten und mich mit gesundem Essen vor dem ausufernden Übergewicht bewahren. Noch kann ich nicht sagen, worin er erfolgreicher ist.

Aber zurück zu unserer Naschmarkt-Tour. Constantin hatte der Familie vergangenes Jahr ein besonderes Weihnachtsmenü, ein veganes Menü – also keine Eier, keine Milch, keine Butter und keine Faser Fleisch – serviert. Karottenschnitten als Vorspeise, einen pürierten Linsenbraten mit rotem Rübensalat als Hauptgericht und danach gab es eine eierlose Grapefruittorte. Es schmeckte interessant.

In diesem Jahr setzte ich mich wieder durch, denn ich wollte in irgendeiner Form ein wenig tierisches Eiweiß anbieten, weil ja Weihnachten war. Widerwillig stimmte Constantin zu. Ich musste ihn dabei brutal mit der Schlachtung von Berti, unserem alten

Erpel, einem Methusalem von einer Moschusente, erpressen. So unermesslich groß war das Gieren der Familie nach Fleisch.

Wir einigten uns in der Mitte und so standen wir bei unserer Suche in einem Spezialitätenladen, in dem es vor Würmern, Heuschrecken und Grillen wimmelte. Eine Kostprobe davon hatte ich bereits im Mund. Mein Engelchen, das im Kinderwagen vor mir saß, klatschte in seine Hände. Es wollte auch ein Häppchen haben.

„Engelchen, willst du kosten?", fragte ich. Engelchen nickte.

Pädagogisch einfühlsam mimte ich einen kleinen Grashüpfer und sang dabei das Lied der Biene Maja von einem unbekannten Land: „Schnipp, schnipp, schnipp und weg ist der Flip!"

Ich hielt ihm den Heuschreck mit Asia Sauce vor seinen Mund. Doch plötzlich gefiel das meinem Engelchen ganz und gar nicht mehr. Es fing zu weinen an, schüttelte sein Köpfchen und stieß das frittierte Insekt angewidert von sich.

„Warum willst du es denn nicht essen?", fragte ich meinen Schatz.

„Omi, das ist Flip! Flip ist doch mein Freund!", erwiderte er und zeigte mit tränenden Augen auf sein Biene Maja-Pixibüchlein.

Constantin rollte die Augen zum Himmel. „Du bist vielleicht eine Großmutter! Unsere Maus kann doch nicht seinen besten Freund aufessen!"

Ich kam mir hundsmiserabel vor, weil ich mein Enkelkind wirklich nicht erschrecken wollte. Aber daran, dass er jeden Heuschreck mit Flip identifizierte, hatte ich tatsächlich nicht gedacht. Blödes Insekt, ging es mir beim Weitergehen durch den Kopf, bei einer Leberkässemmel wäre mir so etwas nicht passiert.

Engelchen hatte entschieden. Also keine Würmer, keine Grillen und auch keine Heuschrecken am Weihnachtstisch. Wieder nur veganes Essen, auch gut. Ich tat alles für meine Kinder, sogar hungern.

Also ließen wir den Wiener Naschmarkt hinter uns und zogen weiter. Wir – die kleine Heilige Familie, wanderten in das exklusivste aller Bobo-Viertel Wiens, nach Wien Neubau, in dem gefühlt die höchste Dichte an veganen Restaurants und Supermärkten zu finden war.

Wir betraten eines der Geschäfte und schon scannten sich die Augen meines Sohnes durch die verrücktesten und außergewöhnlichsten Produktarten. Er tat dies mit einer Selbstverständlichkeit, die mir brutal vor Augen führte, wie alt und geistig unbeweglich ich geworden war.

Ich musste ihm bei den Speisen und Zutaten völlig vertrauen. Ich kannte nichts und kam mir unbeholfen naiv und dumm vor wie eine Studentin bei ihrem ersten Interrailtrip nach Madagaskar. Während mein Sohn wie ein Heuschreck gekonnt von einer Stellage zur nächsten hüpfte, füllte sich der Einkaufswagen mit Dingen, deren Namen ich nicht einmal aussprechen konnte.

„Wakame Algen, Moringa Pulver, Agaven Dicksaft, Camu-Camu Pulver, Shiitake Pilze und Kala Namak Salz“, stotterte ich. Dies lag zum Teil an der mir völlig fremden Sprache, zum anderen Teil an den exorbitant hohen Preisen. Dieses Salz musste teuer sein, weil es keine grünen Klimafüßchen, sondern tausende LKW-Kilometer am Buckel hatte. Soweit mir bekannt war, baute man in Ischl und Bad Gastein kein Kala Namak Salz ab.

Mein kleines Engelchen im Kinderwagen quietschte vergnügt: „Kala Namak, Kala Namak“, und klatschte dabei in seine Hände.

Ich verstand, griff in meinen Rucksack und öffnete sein Säckchen mit Gummibärchen, um ihm die Zeit und den kleinen Hunger zu vertreiben. Constantin war mittlerweile in der Abteilung für Fleischersätze angekommen und darin verschwunden.

Dieser vegane Supermarkt war schon etwas Besonderes. Auf der einen Seite hatte der Tierschutz oberste Priorität, was ich zu einhundert Prozent unterstreichen konnte, doch dann trugen die veganen Fertigprodukte die klingenden Namen wie „Vegane Ente mit krosser Kruste“, „Hühner Sticks knusprig vegan“ oder „Veganer Zwiebelrostbraten“, was mich gehörig irritierte. Dies fand ich nun doch per definitionem äußerst inkonsequent, um nicht zu sagen schizophren. Denn während der Körper gezwungen wurde,

Soja-Eiweiß oder Haferdrinks zu verdauen, wurde dem Gehirn ein Martinischmaus mit Rotkraut und Knödel vorgespielt.

Die spitze Zunge einer jungen Mutter riss mich aus meinen Gedanken und traf mich wie ein Messer. Sie starrte mich verächtlich an, während sie ihr offensichtlich schulpflichtiges Kind immer noch an ihrer Brust stillte. „Mich geht es ja nichts an, aber Sie verfüttern Ihrem Kind gerade ein totes Schwein! Shame on you!"

Ihr überdimensionaler Säugling ließ von der Brust ab und starrte mich sehnsüchtig an. Das Kind wollte eindeutig ein Gummibärchen. Es gelang nicht. Die junge Mutter versuchte, seine Augen mit ihrem indischen Überwurf vor dem schweinischen Anblick zu bedecken.

„Sie haben ja so recht!", gab ich zu – jeder Schuss, der in Watte geht, verpufft –, vielleicht hatte ich wirklich wenig Erfahrung in der veganen Küche, dafür mehr im Umgang mit Kindern. „Lieber verfüttere ich hie und da ein totes Schwein, dafür habe ich ein zufriedenes und psychisch unauffälliges Enkelkind im Wagen."

Freundlich bot Engelchen dem Schulkind ein Gummibärchen an. Das Kind ließ sofort von der Brust ab, griff gierig nach dem Bärchen – wie Gollum nach dem Ring – und verspeiste mit großem Genuss das süße Fruchtgummi. „Spuck das sofort aus, Leon!", schrie die Mutter wie verrückt durch den Verkaufsraum, was Leon natürlich nicht tat.

Ich trat mit dem Kinderwagen ein paar Schritte zur Seite. „Armer Bub", dachte ich, „heute hängst du am Busen und in ein paar Jahren geben sie dir Ritalin in einen Agaven Dicksaft, weil man dich in der Schule nicht erträgt." Übertriebene Mutterliebe konnte nicht wirklich gesund sein.

Gott sei Dank kam Constantin angelaufen. Er hatte die schrille Stimme der jungen Mutter gehört. „Das war ja wieder mal so klar, dass es mit dir Stress gibt!" Engelchen und ich lachten.

Der Einkauf war erledigt: Sojamilch, Macadamia-Drink, Reismehl, Sorghum-Mehl, Matcha Tee, Moringa-Pulver, Zitronengras, Berge an Wakame Algen, eine Kiste mit Kräuterseitlingen, Shiitake Pilze, Mandelöl, Erdmandeln, Kurkuma und – eh klar

– Kala Namak Salz. Wir legten alles zur Scannerkasse. Wäre ich vor Jahrzehnten bei der Rudi Carell-Show als Gast aufgetreten und vor einem „laufenden Band" dieser veganen Art gestanden, ich hätte mir kein einziges Lebensmittel gemerkt und wäre mit leeren Händen nach Hause gegangen.

Apropos leere Hände. Nach dieser und einer weiteren veganen Shoppingtour waren nicht nur meine Hände, sondern auch meine Geldbörse gähnend leer.

Am Heiligen Abend aßen wir dafür phantastisch: ökologisch und teuer. So teuer, dass wir uns keine extravaganten Geschenke kaufen konnten, sondern ganz nach dem neuesten Modetrend einfach eine weihnachtliche Tauschbörse unter dem Christbaum veranstalteten.

Die Geschenke waren die letzten Jahre zum Teil ohnehin unnötig, kostspielig und blöd gewesen. Denn ganz ehrlich, wer konnte sich tatsächlich über einen Föhn in Form eines Revolvers oder über eine elektrische Teekanne freuen? Auch Eierschneider mit Snoopy-Aufsätzen, singende Goodies für Hunde oder das vierte Schokoladenfondue-Besteck waren nicht wirklich das, worüber man sich freuen konnte.

Seither essen wir im Advent und zu Weihnachten teuer, aber vegan. Wir haben dadurch nichts Flüssiges mehr in unseren Geldbörsen und kommen damit nicht auf dumme Gedanken, uns teure Geschenke zu kaufen. Endlich haben wir eine ökologische und ökonomische Lösung für die ganze Familie gefunden. Wir tauschen am Heiligen Abend die Geschenke des Vorjahres mit neuen Präsenten, indem wir alte Gebrauchsgegenstände reparieren oder alte Kleidung mit pfiffigen Ideen „upcyclen". So können wir alles und jedes wieder einem Gebrauchtwarenkreislauf zuführen. Das macht Sinn. Die einen sind die hässlichen Gegenstände endlich los, während die anderen sich darüber wie Kleinkinder freuen. Und weihnachtlich ist das Ganze auch noch, weil damit echte Freude gelingt. Constantin hat ja so recht. Umdenken ist easy!

Engelchen hat übrigens die alte Holzeisenbahn meines ältesten Sohnes bekommen. Nun liegen wir beide glücklich am Kinderzimmerteppich und spielen gemeinsam mit der Bahn. Dann und wann schieben wir uns heimlich ein großes Stück Salami in den Mund.

Die haben wir uns nämlich für Notfälle in der Speisekammer versteckt, weil – ganz ehrlich – ich muss ja schließlich nicht jeden Tag die Welt retten, oder?

WORLD OF WARCRAFT 24.0: ANGELFIGHTS

Ein Heiliger Abend in einer österreichischen Familie in ferner oder naher Zukunft. Zwei Buben haben sich in ihrem Zimmer verschanzt, während draußen die Vorbereitungen laufen.

Und du bist dir sicher, dass die Anderen nichts gesehen haben?

Ganz sicher! Die sind derzeit anderwärtig beschäftigt.

Los, dann hau die CD in die X-Box! Woher hast du die überhaupt? World of Warcraft 24.0: Angelfights, saugeil! Jugendschutz ab 18! Super, Oida! Können wir das nicht auch übers Internet streamen?

Das ginge ganz leicht. Nur kriegt das die Alte bei der Abrechnung mit. Die CD hab ich mir vom Johnny ausgeborgt, online gehen kann man trotzdem damit.

Warum spielen wir nicht *System Shock*? War doch immer ein irrer Spaß, oder?

Vertrau mir! Angelfights ist auch ein Science-Fiction-Horror-Shooter, aber viel geiler als System Shock.

Apropos geil: Sind da auch Nockerte dabei?

Nein, Idiot. Ist eine reine Blutorgie. Das ist mit Tussis nicht so lustig, die fangen sofort an zu flennen.

Der eine schaut sich noch einmal genau das Cover an, während der andere die CD startet.

Viel besser ist, dass du bei dieser Version ab einem gewissen Level die volle Reality-Show aktivieren kannst, also nicht nur Fantasy-Zeugs, sondern die echte Welt. Da kannst du wirkliche Menschen einsetzen und ganze Staaten ausradieren. Die Künstliche Intelligenz macht das möglich. Wir haben übrigens die Österreich-Version, bin schon gespannt, was die bringt.

Wau stark! Überspring gleich die ersten Levels, dann spiel ich gegen dich hardcore und mach dich fertig, du Loser!

He, nicht so schnell, Mann! Wir gehen zuerst online und laden ein paar Zocker aus Deutschland zum Mitspielen ein. Dann können die gegen uns kämpfen, das ist doch viel lustiger. Los, hau auf die Tasten, dann fetzen wir die volles Rohr ab!

Bis du sicher, dass die anbeißen?

Na klar, wenn die merken, dass wir Angelfights spielen, sind die sofort dabei.

Warte, ich versuch's mal ...

Gespannt schauen beide auf den Bildschirm.

Bist du deppert, das ging aber schnell! Es haben sich sofort drei angemeldet.

Hab ich doch gesagt. Los, denen versauen wir gleich ihre ersten Attacken!

Wie willst du das machen?

Den Trick hab ich vom Raffi beim FIFA-Spielen gelernt: Control/Alt/Shift und zweimal die blaue Taste drücken und schon ist der Virus installiert.

Welcher Virus?

Na der Virus, der ihre Konsolen völlig durcheinanderbringt. Wenn die schießen, egal mit was und wohin, das geht immer daneben.

Wau, ist das oberfies! Die werden sich sicher ur-ärgern und dann zwingen wir sie zum *Ragequit. (Anmerkung: ragequit, engl.: Abbruch eines Spieles aufgrund unkontrollierten Zornes)*

Kaum ist die blaue Taste zweimal gedrückt, ertönt aus den Lautsprecherboxen auch schon ein lautes: „Fickt euch, ihr Arschlöcher!!!!“

Beide Buben lachen sich ins Fäustchen.

Da klopft es an der Tür: „Kinder, was treibt ihr denn da?“

Fast gleichzeitig schlagen beide auf die Pausetaste, um das Gerät ruhig zu stellen, aus dem immer noch Schüsse und Explosionen zu hören sind.

Alles ok, Mama! Wir spielen gerade ein lustiges Geschicklichkeitsspiel: Flappy Christmas ... urlieb und voll lustig! ...

„Ihr wisst hoffentlich, dass es bald losgeht! Die Großeltern sind schon da. Bitte, spielt nicht mehr zu lange!“

Ich glaub, sie ist weg.

Ja, los weiter! Schick endlich einen deiner vier Reiter durch die Firewall, damit wir schneller weiterkommen.

Aber dann stirbt der eine Reiter doch!

Ist ja wurscht! Wenn einer tot ist, ist es doch scheißegal. No risk – no fun! Genau deswegen heißen die ja auch Apokalyptische Reiter. Die bringen das volle Armageddon, da muss einer bereit sein, dabei zu krepieren. Hast eh noch drei andere!

Jetzt ist der wirklich hin. Oida, das schaut echt schiach aus! Und egal ist das auch nicht, jetzt muss ich wieder ein Level zurück.

Blödmann, musst du nicht. Dafür hast du doch die sieben Siegel. Mit denen kannst du dir Bestechungsgeld oder Feuerschwerter holen.

Scheiß auf die Feuerschwerter, da lad ich mir lieber aus dem Internet ein paar Cheats runter!

Was? Shits? Du willst drauf scheißen? Bist du deppert?

Nein Cheats!! Du Ei, kennst du die nicht? Das sind Betrüger-Tools aus dem Darknet. Ich link die jetzt alle mit ein paar der neuesten Maschinengewehre, die‘s auf diesem Level noch gar nicht gibt.

Du meinst wirklich, das geht? Da ruf ich lieber den Johnny an, der kennt sich mit diesem Spiel super aus. Nicht, dass wir gleich wieder von vorne anfangen müssen.

Er telefoniert.

Ja geht, hol dir die MGs und schieß denen die Köpfe weg!

Oida, das ist megageil. Die kämpfen mit ihren dämlichen Feuerschwertern, und wir ballern sie mit unseren Super-Uzis weg. Die haben null Chance.

Achtung, da steht der Luzi, gleich neben der Kerze, schaut aus wie der Michael Jackson, los puff ihm in die Rübe!

Puff! Mitten in den Kopf! Dummer Hund.

Beide lachen. Der Weg zum nächsten Level ist freigeschossen.

Pass auf, bei dieser Ebene müssen wir zwischen den Scheiß-Steinen durch, damit wir zum Portal fürs nächste Level kommen. Da kann aus jedem Stein ein Monster-Troll werden, der dich mit einem Faustschlag in tausend Teile zerquetscht.

Aber zuerst brauchen wir doch den Schlüssel! Wie kriegen wir den?

Wir tauschen ein Siegel bei einem der Soldaten da drüben.

Pfui Teufel, die sind schiach! Die schauen aus wie die Orks aus *Herr der Ringe*.

Los, Schlüssel her und puff ins Kreuz geschossen. Hahaha!

Super, du Idiot! Jetzt hast du uns die ganze Meute aufgehetzt!

Dann renn endlich durch die depperten Steine zum Portal. Schlüssel hab ich.

Und was ist mit den Trollen?

Du musst eben superschnell sein, dann erwischen sie dich nicht! Los renn!

Aaaah – du meine Güte, das ist ja eine ganze fucking Lawine!

Wurscht! Renn einfach durchs Tor und sperr zu, damit uns die dämlichen Viecher nicht kriegen.

Geschafft. Bist du deppert, das war knapp.

Beide atmen erleichtert durch und erreichen das nächste Level.

Da klopft jemand? Hörst du das?

Ja, ich hör's. Ist das die Mama? Nein, klingt irgendwie nach Kinderstimmen, die um Hilfe schreien.

Los, geh dem nach! Da, hinter dieser Tür hört man sie wimmern.

Nie im Leben, das ist sicher irgendein Scheiß-Trick von den Zockern aus Deutschland. Die haben sich längst erholt und wollen uns jetzt mit ihren Loser-Methoden drankriegen. Denk doch an Omen 2, da haben die das auch mit so Kindern gemacht und dann alle mit den Kettensägen zerstückelt.

Aber irgendwie tun die mir leid. Schau, vielleicht sind die Freunde und helfen uns beim nächsten Level. Freunde kann man doch immer brauchen.

Wir brauchen keine Freunde! Wir brauchen Munition, du hast beim Luzi und bei den Ork-Soldaten fast alles verschossen.

Nein, ich mach jetzt die Tür wenigstens einen Spalt auf und schau.

Tu's nicht!

Verdammt, da stehen zwei Typen mit einem Buch draußen und sagen was von „Erwachet!"

Verdammte Scheiße, diese Piefke-Idioten haben die KI aktiviert. Jetzt wird's echt hart. Das sind Zeugen Jehovas!! Die krallen dich, und schon bist du weg! Schnell, schieß sie nieder!

Puff. Puff. Die erwachen nicht mehr.

Mit Triumphgeheul klatschen sich beide ab.

Warum nimmst du denn jetzt wieder dein Feuerschwert, Idiot?

Hab keine Munition mehr. Alles verschossen.

Na, dann lad neue hoch!

Geht nicht. Die Arschgeigen verlangen ein weiteres Siegel.

Dann gib ihnen eins, wir haben eh noch so viele.

Nein, mach ich nicht, zu wertvoll. Da fällt mir was Besseres ein ... wir sind doch jetzt in der Reality-Show, oder?

Scheint so. Was hast du vor?

Na, ich hack mich einfach dort ein, wo man am schnellsten Waffen kriegt – in die Meta-Warzone: vatican.va.

Spinnst du, die betrügen doch! Kaum bist du bei denen, wirst du schon verraten.

Warum sollen gerade die uns verraten?

Die haben doch einen neuen Chef. Der kriegt jede Sauerei mit und verpfeift uns hundertpro.

Dann probieren wir's halt anderswo. Wir haben doch die Österreich-Version von Angelfights, da gehen wir ins Familienministerium. Dort gibt‘s sicher noch einen alten Link zum Mensdorff-Pouilly, seine Ex war doch dort mal Ministerin, oder?

Nein, bei dem kaufen wir sicher nichts! Mit dem Schrott, den der hat, kannst ja keinen Krieg führen! Da ist das Verteidigungsministerium besser. Die verkaufen im Moment die alte Munition, weil sie neue brauchen. Vielleicht geben die uns als Skonto sogar noch ein paar ausrangierte Politiker dazu, den Basti zum Beispiel, den Petzner oder diese Blondine. Wie heißt die gleich?

Tanner, glaub ich!

Ja genau, die Tanner. Den Kurz und den Petzner können wir dann auf dem nächsten Level anstelle der Apokalyptischen Reiter durch die Firewall jagen und damit die Orks beruhigen. Die lieben gegrilltes Menschenfleisch. Hahaha!

Und die Tanner?

Die heben wir uns als Joker auf.

Was willst denn mit der machen? Die tät doch wunderbar brennen.

Aber nein, die verkaufen wir um ganz viel Geld auf einem Sklavenmarkt in den Jemen.

Schon haben beide das nächste Level erreicht. Die Landschaft hat sich völlig verändert. Wälder, Wiesen, Seen, gletscherbedecktes Gebirge und dazwischen liebliche Dörfer, Städte, Häuser. Die reinste Idylle.

Eh, wau ... Österreich wie in *9 Plätze – 9 Schätze*. Diese KI ist wirklich super. Ob da der ORF mitproduziert hat?

Vergiss den ORF, pass lieber auf, da drüben beten ein paar Pilger, die sind sicher verkleidete Zombies. Die mach ich gleich einmal kalt. Puff!

Spinnst du, du kannst doch nicht einfach in einer Kirche rumballern? Das geht doch nicht!

Scheiß auf dein Gelaber. Puff! Könnten alles Monster sein, die glauben, sich in einer Kirche verschanzen zu können. Ich falle aber auf diesen Trick nicht rein!

Gut, dann holen wir uns aber auch gleich die von den anderen Kirchen. Gibt ja genug in Österreich.

Endlich hast du's kapiert. Du musst wirklich auf alle Tricks gefasst sein. Lieber andere erledigen als selbst erledigt werden, heißt das Motto zum Sieg. Hol dir am besten gleich noch Munition vom Verteidigungsministerium. Ein Sklaventreiber hat gerade das Geld für die Tanner eingezahlt. Unsere Kassa ist voll.

Sehr gut, und mein Waffendepot jetzt auch ... Schau, da ist Mariazell.

Puff! Alles hin!

Jetzt geht's weiter nach Wien, Kapuzinerkirche. Kommen wir da runter in die Gruft?

Aber klar, ist doch alles offen, keine Sicherheitsvorkehrungen. Puff! Puff!

Wau, da fliegen die Gerippe nur so durch die Gegend.

Bei den Habsburgern ist es eh wurscht, die liegen ja sowieso in ganz Wien verteilt.

Was? Die wurden schon früher zerstückelt? Ist das ekelig! Woher weißt du das?

Ja, geile Sache, hab ich aus dem Geschichtsunterricht! Die kannten unser Spiel noch gar nicht und haben trotzdem ihre Toten voll zerstückelt. Die waren damals auch schon krank in der Birne. Die Knochen liegen in der Kapuzinergruft, die Herzen in St. Augustin und die Leber und das restliche Gedärm sind in Urnen im Dom von St. Stephan. Da hatte jeder was davon.

Bist du deppert, das waren ja echte Orks, diese Habsburger! Pfui Teufel!

„Kinder?“, hört man von draußen wieder eine Frauenstimme. „Seid ihr endlich fertig mit eurem lustigen Christmas-Spiel?“

Ja, eine Minute noch! Wir sind gleich mit dem Level durch!

Warte, jetzt erledigen wir noch schnell die Salafistenärsche in ihren Moscheen, Puff!

Warum ballern wir eigentlich immer nur auf Gebetshäuser?

Na, weil Weihnachten ist und wir außerdem die Version World of Warcraft 24.0: Angelfights haben. Da wird das christliche Abendland niedergemetzelt! Aber vielleicht kriegen wir heute von Oma und Opa genug an Geldgeschenken, dann kaufen wir uns Warcraft 25.0: Last Judgement. Da geht's um die ganze Welt, da können wir dann alle Isten eliminieren.

Was meinst du mit *Isten*?

Na alle Atheisten, Exorzisten, Fundamentalisten, Baptisten, Evangelisten, Dschihadisten, ...

Ah, kapiert! Und alle Floristen, Dentisten, Klimaaktivisten, Germanisten, Alpinisten, Juristen, Journalisten, Feministen und sämtliche Bigamisten!

Ja, einfach alles, was nicht schnell genug laufen kann. Hahaha!

„Kinder! Kinder, kommt endlich! Die Bescherung fängt an!“

Ja, wir kommen ja schon!

Die beiden schmeißen ihre Konsolen weg, öffnen die Tür und treten bei Glockengeläut wie zwei fromme Ministranten in das angrenzende Wohnzimmer. Dort hat sich der Rest der Familie rund um eine wunderbare Krippenidylle versammelt, umrahmt vom reich gedeckten Gabentisch samt hell erleuchtetem Christbaum: Oma, Opa, Papa und Mama.

Alle bewundern die geschmückte Krippe, in der neben knienden Hirten und ihren Schafen ein Ochs und ein Esel bedächtig vor sich hinkäuen. Maria und Josef betrachten glücklich das strahlende Licht, das von dem Kind in der Krippe ausgeht.

„So Kinder, bevor es die Geschenke gibt, singen wir jetzt noch gemeinsam ein schönes Weihnachtslied, weil sich das Omi und Opi so sehr wünschen!“

Schon erklingt der erste Ton …

Die beiden Buben rollen zwar anfänglich angeödet ihre Augen, dann stimmen sie mit Engelszungen ein – offensichtlich gefällt ihnen das Lied:

„Es håt sich halt eröffnet das himmlische Tor,
die Engelan, die kugelan gånz haufenweis hervor.
Die Büabalan, die Madalan, die måchn Purzigagalan,
båld aufi, båld åbi, båld hin und båld her,
båld unterschi, båld überschi, das gfreut sie umso mehr.
Alleluja, alleluja, alle-, alle-, alleluja.“

Während die zwei singen, scannen ihre Blicke neugierig die herumliegenden Geschenke ab, vor allem die kleinen. Da fällt ihr Blick plötzlich auf das lieblich lächelnde Jesuskind in der Krippe. Es scheint, so meinen die beiden, dass es mit seinen Lippen ganz leise den Gruß der Jedi-Ritter formt:

„G.G. – Good Game. Jetzt geht’s erst richtig los! Möge die Macht mit mir sein!“

DIE GUTE-NACHT-GESCHICHTE

Wir waren eben mit dem üppigen Nachtmahl fertig geworden. Odysseus saß mit Novaceks und Böhlers bei Bäckereien und Kaffee am Tisch, während ich in der Küche das Geschirr in den Spüler schlichtete.

Ein wirklich netter Abend, leider mit einem kleinen Haken. Der Haken hieß Otto.

Böhlers hatten ihr Enkelkind Otto mitgenommen, weil Tochter und Schwiegersohn ein paar Tage Zweisamkeit genießen wollten und weggefahren waren.

Otto war ein überaus interessiertes und aufgewecktes Kind, sein Intelligenzquotient war beeindruckend hoch, die Großeltern deswegen besonders stolz. Aus diesem Kind würde einmal ein ganz Großer werden, möglicherweise ein Universitätsdozent oder ein Politiker, meinten beide mit Stolz gewölbter Brust. Die Frühförderung, das stundenlange Arbeiten mit Zahlen und Büchern, hätte sich tatsächlich ausgezahlt.

So viel Aufwand wäre gar nicht notwendig gewesen, dachte ich, wo doch in Österreich gerade Mittelmäßigkeit und Dummheit für politische Ämter bevorzugt würden. In meinem schönen Land bedarf es zu einer politischen Karriere keiner profunden Ausbildung, geschweige denn Kenntnisse der einfachen Mathematik wie zählen und rechnen. Einige Wahlen haben diesen Umstand peinlich ans Licht treten lassen, was ein demokratisches Herz wie meines immer wieder zur Verzweiflung bringt.

Ein männliches Geschlecht (bevorzugt: CIS-Männer) mit rechter politischer Gesinnung und guten Netzwerken zu Kirche, Bauernbund und Boulevardmedien genügt – und schwuppdiwupp wirst du Kanzler oder zumindest Obmann einer österreichischen Rumpelstilzchen-Partei, die mit dem Ziel, aus Österreich eine Festung zu machen, durchaus an die Bürger aus Schilda erinnert.

Der Legende nach waren die Schildbürger sehr stolz auf ihr neu gebautes Rathaus, bei dem sie vergessen hatten, Fenster einzubauen. Das machte ihnen aber nichts aus, denn sie hielten es für denkbar und deswegen auch für möglich, das Licht mit Stoffsäcken ins Rathaus zu tragen. Bei den Rumpelstilzchen ist eine Festung tatsächlich Programm, die wollen auch kein Licht zur eigenen Erleuchtung. Gut, denke ich, vielleicht ist es dann möglich, in der dunklen Feuchtigkeit Schwammerln zu züchten, solche, die zu eben dieser Erleuchtung beitragen können – aber das ist eine andere Geschichte.

Zurück zu Klein-Otto. Das Kind, kaum vier Jahre alt, sprach im schönsten Hochdeutsch und konnte einfache Additionen bis in den Zahlenbereich von Einhundert rechnen. Das Vorzeigekind hatte jedoch einen kleinen Schönheitsfehler. Obwohl Otto bereits den Konjunktiv I vom Konjunktiv II sprachlich unterscheiden konnte, war er nicht bereit, auf sein Töpfchen zu gehen.

In seine Bücher vertieft, ließ er andere einfach erspüren, wann und wie er musste. Das funktionierte mit einer Trefferwahrscheinlichkeit von nahezu fünfzig Prozent. Omi Böhler rannte dem Kind deswegen ständig mit Windeln, Feuchttüchern und einem kleinen Plastiktöpfchen hinterher, das als süße Schildkröte getarnt war.

Vielleicht war das der Grund, warum Böhlers kaum von jemandem eingeladen wurden, weil das Laufen mit dem Töpfchen in der Hand nicht unbedingt zu einem gemütlichen Miteinander beitrug. Hatte Omi Böhler dann den Schlingel gefangen, platzierte sie die Plastikschildkröte genau hinter das Kind und forderte es lautstark auf, sich zu setzen.

Otto machte keine Anstalten – im Gegenteil, er stand da und ließ trotzig seiner kindlichen Inkontinenz freien Lauf. „Omi, du kannst doch nicht allen Ernstes glauben, dass ich in eine Schildkröte pinkle. Außerdem sind diese Tiere streng geschützt!"

Dann lief das Wunderkind davon. Erschöpft blieben Omi und Opa Böhler zurück, die Novaceks verabschiedeten sich und gingen. Als Lehrerehepaar mochten sie keine Kinder. Verständlich.

Weil dem Kleinkind die weite Heimreise nicht zuzumuten war und Herr Böhler nervenbedingt zu tief ins Glas geschaut hatte, beschloss Odysseus, eine weitere gute Flasche Rotwein zu öffnen und die drei zur Übernachtung einzuladen. Betten seien durch unsere Kinder genügend vorhanden und überhaupt, meinte er, würden launige Kinderstimmen dem Haus guttun, nachdem unsere Kinder bereits in aller Herren Länder verstreut waren. Bei diesen Worten fiel mir in der Küche der Deckel des Kochtopfs aus der Hand: „Nein, um Himmels willen, nicht!"

Als es für den kleinen Mann Zeit wurde, ins Bett zu gehen, bereute dann auch Odysseus sein Angebot, denn aus dem lieben, launigen Kinderstimmchen wurden ganz plötzlich Weinkrämpfe und Wutanfälle wie die eines sterbenden Zombies.

„Kannst nicht du das Kind ins Bett bringen?", flehte mich Odysseus in der Küche an. Oma und Opa Böhler wären dazu nicht mehr in der Lage.

„Nein, mein Schatz!", zischte ich ihn an. „Ich habe eingekauft, den Tisch gedeckt, für sieben Personen gekocht, und ...!"

„Sieben?"

„Ja, sieben! Die kleine lästige Kröte zähle ich mit, außerdem sind die Böhlers deine Freunde!"

„Meine Freunde?", lachte Odysseus. „Aber wir kennen die beiden doch schon seit zwanzig Jahren!"

„Völlig egal! Lies dem Kind einfach eine nette Geschichte vor, dann schläft es bestimmt in ein paar Minuten ein!"

„Das geht nicht!", entgegnete mein Mann. „Das Wunderkind

braucht eine weibliche Stimme, um einschlafen zu können, meint Oma Böhler!“
Ein Argument, dem nichts entgegenzusetzen war, Odysseus hatte gewonnen. Er nahm die Rotweingläser und die Flasche und ging beschwingt pfeifend ins Wohnzimmer.

Als erfahrene Mutter und zweifache Oma konnte das ja nicht so schwer sein. Meine Güte, was hatte ich bei meinen Kindern oft vorlesen müssen, stundenlang.

Es gibt einige Dinge, auf die ich wirklich stolz bin, im Vorlesen etwa bin ich unübertroffen. Ich kann die Handlungsstränge dermaßen dramatisch zusammenflechten und wieder lösen, dass der Zuhörer in kurzer Zeit glaubt, selbst Teil der Geschichte zu sein. Es wird geweint, gelacht, oder im Fall meiner Kinder sofort eingeschlafen. In zehn Minuten, davon war ich überzeugt, würde der kleine Mann aufgeben und uns in Ruhe den guten Rotwein trinken lassen. Ich ließ den Rest des Geschirrs einfach stehen und begann wild entschlossen mit meiner Mission: Gute-Nacht-Geschichte.

Als Otto mich erblickte, hob sofort das Gezeter wieder an: „Nein! Ich will nicht ins Bett gehen! Ich will leben!“

„Aber nicht doch, Otto!“, lachte ich ihm entgegen. „Niemand will, dass du ins Bett gehst. Ich will dir doch nur das Angebot machen, eine Geschichte zu erzählen ... dir ganz alleine!“

Das wirkte. Er musste von meinen berühmten Geschichten bereits gehört haben. So tanzte er erwartungsvoll um meine Beine, während ich sein Bettchen – „unsere ganz persönliche Geschichtenecke“, wie ich sagte – im Kinderzimmer neben dem Wohnzimmer vorbereitete.

„Für unsere Geschichte müssen wir uns aber auch richtig verkleiden!“ Ich hielt ihm einen Dinosaurierpyjama hin, den ich im Kasten meiner Kinder gefunden hatte. Etwas skeptisch willigte er ein, vor allem, als ich ihm anbot, sich auf meinen Schoß zu setzen. Otto schien bereits sehr müde zu sein, denn er schmiegte sich an meinen Bauch und horchte.

Ich hatte mir Bücher aus dem Regal geholt und schlug ihm ein paar Gute-Nacht-Geschichten vor. „Kennst du Schneewittchen?“

„Zeig mir mal das Bild aus dem Buch“, gab er mir trocken zur Antwort.

Ich zeigte es ihm und er verwarf die Geschichte sofort. „Kenne ich! Die ist voll langweilig. Außerdem sind die Bilder hässlich und das Buch schon von deinen Kindern zerlegt.“

„So ein Klugscheißer“, dachte ich erbost, blieb aber ruhig. „Was ist mit Rotkäppchen?“

„Das darf ich nicht hören, sagt die Mama, weil der Wolf ein gutes Tier ist, und wir ihn eigentlich liebhaben sollten, auch wenn er gerne Omis frisst.“

Aha, da hörte ich wohl einen versteckten Schwiegermutter-Schwiegertochter-Konflikt heraus, den ich aber sofort mit der Frage „Soll ich dir etwas von Rapunzel vorlesen?“ beiseite schob.

„Nein, auch fad!“, war die knappe Antwort. Jetzt fing mich das Wunderkind langsam zu nerven an.

„Gut, Schatzilein, dann werde ich dir nichts aus all diesen Büchern vorlesen, sondern einfach eine schöne Geschichte erzählen, nämlich die Geschichte von den Heiligen Drei Königen.“

„Oja“, rief Otto begeistert, „drei Könige klingt gut, die kenn ich noch nicht!“

„Otto, du musst nur endlich deinen Mund halten!“

Ich fing mit einem oftmals gebrauchten, aber sehr effektiven Kinderreim an: „Ri-Ra-Ru, der Mund ist zu, der Schlüssel fort“ ... ich deutete auf meinen Mund, zog ihn wie einen Reißverschluss zu und schmiss symbolisch den Schlüssel fort ... „und jetzt kein Wort!“

Das hatte bei meinen Kindern immer funktioniert. Otto hielt den Mund, genau für zwei Sekunden. „Mama sagt aber immer, nur wer Fragen stellt, wird klüger!“

„Ja, aber nur wenn sie auch beantwortet werden. Sei jetzt einfach still.“

Meine Stimme fing vor wachsender Wut bereits zu zittern an. Ich unterdrückte standhaft meine Gemütsregung, immerhin war ich gerade dabei, dem kleinen Erdenbürger eine schöne Weihnachtsgeschichte zu erzählen.

„Vor langer, langer Zeit lebten einmal vier Könige!"

„Warum vier? Vorher hast du gesagt, du erzählst mir die Geschichte von den Drei Heiligen Königen?" Otto rollte die Augen.

„Es waren ja zuerst vier Könige, dann sind es drei geworden!" Ich bebte vor Wut.

„Warum?"

„Das ist doch jetzt nicht von Bedeutung, hör einfach zu, dann wirst du es erfahren!"

„Warum?"

„Weil nur wer zuhören kann, auch etwas erfährt!"

Der Quälgeist gab sich mit meiner Erklärung nicht zufrieden. „Aber vorher hast du gesagt: Vor langer Zeit lebten vier Könige?"

„Waren sie ja auch!" Der Balg zog mir den letzten Nerv. „Den einen haben sie auf dem Weg verloren!"

„Dann war das gar kein echter König!", motzte das Kind zurück.

„Wie kommst du denn darauf?"

„Weil man echte Könige nicht verlieren kann!"

„Oh doch! Haben sie! Sie haben ihn ve-e-er-l-o-o-o-ren! Die vier Könige ..."

„... drei!"

„Nein VIER!!!!" Ich hielt Otto die Innenseite meiner Hand vor den Mund. „Die VIER Könige waren aus aller Herren Länder aufgebrochen, denn sie hatten durch ihre Bücher und die Weissagungen ihrer Propheten erfahren, dass in Judäa in einem Stall ein kleiner König geboren war."

Otto zog meine Hand von seinem Mund weg. „Dann waren es ja sogar fünf Könige!"

„Das ist doch jetzt nicht wichtig! Hör einfach zu! Also, die Karawane zog durch die Wüste, als sie neben dem Stern, der sie zu dem Stall führen sollte, ein hell erleuchtetes Wesen sahen, einen Engel."

„Der Engel war Onkel Odysseus, oder?"

„Onkel Odysseus, ein Engel? Wie kommst du denn darauf?" Ich fand es interessant, dass das Kind meinen Mann als einen Engel wahrnahm, er war ja wirklich einer.

Nun trank der gute Engel mit unseren Gästen Rotwein, während ich mich mit diesem Quälgeist beschäftigen musste, der keine Anstalten zeigte einzuschlafen.

„Weil ein Engel Flügel hat, und Opa sagt immer, dass er Onkel Odysseus irgendwann einmal seine Flügel stutzen wird, weil er so ein Klugscheißer ist."

„Aha?! Das hat dein Opa wirklich gesagt?" Mein innerer Zorn legte sich jetzt in mathematischer Genauigkeit gleichermaßen auf das Kind und seinen Großvater, der draußen mit meinem nichtsahnenden Mann den besten Rotwein aus unserem Keller trank. Na warte, ich würde Böhler nachher das alte Katzenfutter in sein Dessert rühren.

Eigentlich wollte ich jetzt gar nichts mehr machen, am wenigsten dieser dreimalklugen Bestie eine Geschichte erzählen, höchstens eine böse, eine wirklich böse Geschichte, von *Grinch* zum Beispiel, dem grünen grausamen Wesen, das Weihnachten hasste und gerne Kinder, die nicht schlafen gehen wollten, mit sich in den Abgrund der dunklen Abwasserkanäle zog, um sie dort zu quälen und zu foltern. Oder war das dieser Clown in Stephen Kings Roman *ES*? Egal. Otto wäre jedenfalls angsterfüllt unter seine Bettdecke gekrochen und hätte mich endlich in Ruhe gelassen.

„Soll ich dir die Geschichte jetzt weitererzählen, oder nicht?" Ich musste herzhaft gähnen. Mittlerweile wurde ich selbst müde, und die Geschichte nahm in jeder Hinsicht kein Ende.

„Ja!", kam es trotzig zurück. Ich machte es mir in seinem Bettchen etwas gemütlicher, Otto saß neben mir und starrte in die Sternenlampe, die am Nachttisch stand.

„Gut, also die Drei Heiligen Könige zogen mit ihren Geschenken, also mit Gold, Weihrauch und Myrrhe weiter dem Stern entgegen, um dem neuen König zu huldigen, der in Bethlehem in einem Stall geboren worden war. Der vierte König aber war weder reich, noch hatte er goldene Gewänder. Ganz im Gegenteil ..."

Ich stockte kurz. Wie ging diese Geschichte eigentlich weiter? War der Vierte jetzt doch kein König, sondern ein Bettler, arm wie eine Maus? Apropos Maus, war da nicht auch eine kleine Laus im Spiel? Nein, zuerst hatte der vierte König das mit dem Licht ..., das er ... in dem Sack, aber nein, man konnte doch kein Licht in einem Sack ... und wie kam der dann eigentlich nach Bethlehem?

Ich konnte keinen klaren Gedanken mehr fassen. Der Tag war einfach zu lange gewesen, das Kochen eines viergängigen Adventmenüs, die Bewirtung der Gäste und jetzt auch noch diese Geschichte für einen Quälgeist, der jedes Wort auf die Waagschale legte und genauestens analysierte, das brachte einen völlig durcheinander. Solche Abende waren nett, aber auch sehr ermüdend. Und ja, ich musste es zugeben, schließlich war ich nicht mehr die Jüngste.

„Ganz im Gegenteil", wiederholte ich und nahm mit letzter Kraftanstrengung den Erzählfaden wieder auf. „Er war traurig, weil er kein Geschenk für das Kind hatte. Schließlich fing er zu weinen an und das rührte den Engel sosehr, dass er dem armen König einen seiner hellsten Strahlen in einen Stoffsack steckte. Den sollte er dem ..."

Ich musste schon wieder gähnen, Gott war ich müde, und diese Laus schlief immer noch nicht!

Otto fing zu lachen an. „Haha, das ist ja wie bei den Schildbürgern. Die haben auch die Sonne in Säcken ins Rathaus getragen."

Also, die Heiligen Könige mit den Schildbürgern zu vergleichen, fand ich originell, setzte dem Kleinen aber nichts mehr entgegen, weil ich schon fast am Einschlafen war.

„Das hätte einer österreichischen Schildbürgerpartei weniger gefallen", murmelte ich leise, „weil die ja genau für solche Fälle ... eine Festung errichten wollen. Keine Sonne ... nur dunkel. Außerdem war der eine ... von den vieren nicht nur arm, uje ... der war auch noch schwarz und das ging bei diesen Rumpelstilzchen ... allein schon aus ideologischer Sicht ..."

„Tante Katharina?"

Ich war bereits in einen Dämmerschlaf gefallen und hörte nur noch von weitem ein kindliches Gemurmel.

„Na toll, alles kann man sich als Kind selber machen. Also gut, Tante Katharina, ich werde dir jetzt deine Geschichte fertig erzählen, da du offenbar nicht mehr dazu in der Lage bist. Also hör zu: Die drei Könige sind weitergezogen und vergaßen vor lauter Aufregung und Vorfreude auf den neugeborenen fünften König den vierten, den ärmsten unter ihnen. Soweit waren wir ja schon. Dieser stand nun allein vor dem Engel und hörte ihm gespannt zu, weil er von allen möglichen Leuten erzählte, also zum Beispiel von Jesus, von Maria und Josef ... Du weißt schon, von denen man an Weihnachten immer erzählt. Dann sagte der Engel etwas von einer Welt voller Liebe und Schönheit. Das rührte den vierten König so sehr, dass er zu weinen anfing. Wie gerne hätte er dem neugeborenen Kind, so wie die anderen, eine Freude gemacht. Er hatte aber nichts, weder Weihrauch, noch Gold oder Myrrhe.

‚Das brauchst du doch alles nicht', verkündete der Engel. ‚Am meisten Freude hat das neue Königskind in der kleinen dunklen Hütte doch mit hellem Licht!'"

Ich schmatzte zufrieden. „Da ist jetzt dem kleinen Kickl ... tatsächlich ... ein Licht aufgegangen?", lächelte ich und zog mir die Bettdecke bis zum Gesicht. Ein angenehmes und herrliches Gefühl überkam mich. Otto erzählte munter weiter:

„Weil es damals, wie du weißt, noch keine Lampen gab und natürlich auch keine Handys, die leuchten, lenkte der Engel mit einem seiner riesigen Engelsflügel einen gleißenden Lichtstrahl des Sterns um, direkt in einen Stoffsack hinein, den der arme König sofort zuband. Danach breitete der Engel seine mächtigen Flügel aus, packte den vierten König, setzte ihn auf seine Schultern und flog schneller als der Wind dem Stern hinterher direkt bis nach Bethlehem. Dort ließ sich das himmlische Wesen vor einer kleinen dunklen Hütte nieder. Niemand war zu sehen. Nur am fernen Horizont leuchtete der Stern. Dort sah man auch Heerscharen von Hirten und Schafen, ja selbst die drei Könige mit ihren Geschenken Gold, Weihrauch und Myrrhe konnte der arme König im strahlenden Licht erkennen.

‚Die sind alle bei einer ganz anderen Hütte,' stellte der König fest und fragte seinen engelhaften Begleiter: ‚Sind wir hier wirklich richtig?'

‚Hundertprozentig', antwortete der Engel. ‚Google Maps irrt sich nicht!'

Also ging der vierte König in die Hütte hinein. Er öffnete seinen Sack und ließ das goldene warme Licht erstrahlen. Er sah die Schönheit des Kindes und die Anmut seiner Mutter.

Die junge Mutter war gerade dabei, das Kind zu stillen, doch als der warme Schein des Lichtes das Kind berührte, drehte es sein Köpfchen auf die Seite, hob die rechte Hand und schien dem König zuzuwinken. Dieser war von diesem Anblick so gerührt, dass er gleichzeitig zu lachen und zu weinen begann. Ja, hier war er richtig!

‚Und wie soll er heißen?', fragte der arme König leise die Mutter, er wollte die wunderbare Stimmung nicht zerstören.

‚Wir werden ihn Anton nennen, du kannst aber auch Toni zu ihm sagen!'"

Otto hielt kurz inne. Er entschied sich, auf das obligatorische Ende „Und wenn sie nicht gestorben sind, dann leben sie noch heute!" zu verzichten. „Du kannst aber auch Toni zu ihm sagen!" war für diese Geschichte der perfekte Schluss.

Er wand sich wie ein Tintenfisch, um sich meiner Umarmung zu entziehen, schritt siegessicher ins Wohnzimmer, stellte sich breitbeinig vor Odysseus und seine Großeltern, und verkündete wie der Engel aus Bethlehem:

„So, erledigt! Jetzt ist Tante Katharina endlich eingeschlafen!"

Ich weiß bis heute nicht, was mir Otto aus seiner kindlichen Phantasiewelt alles erzählt hat. Es muss aber irgendetwas mit einem hellen Schein, strahlender Heiligkeit und einem besonderen Menschen zu tun gehabt haben, dem viele huldigen. Mir wird nämlich seit neuestem so weihnachtlich warm ums Herz, jedes Mal, wenn ich Toni Faber in der Sendung „Seitenblicke" sehe.

DIE PSYCHOTHERAPEUTISCHE RUNDE

Neun Menschen sitzen gespannt im Kreis. Einer davon bin ich. Alle warten, und ich bereue zutiefst, hier hergekommen zu sein. Zeit habe ich sowieso keine, und nun muss ich mir bald das Geschwafel wildfremder Menschen anhören, die mir erklären, warum sie mit Weihnachten und ihren Familien nicht fertig werden.

Ich rede prinzipiell gerne und viel, auch über Dinge, die ich nicht verstehe, aber ein Seelenstriptease in einem Sesselkreis ist wie Gruppensex und daher nicht unbedingt mein Ding.

Allerdings habe ich meinen Kindern die Teilnahme an diesem Seminar versprochen, als Wiedergutmachung für das vergangene Weihnachtsfest. Ihrer Meinung nach sollen mich nämlich der erkenntnis- und psychotherapeutisch begleitete Erfahrungsaustausch emotional festigen. Zur Erklärung: Ich rege mich leicht und schnell auf und hatte vergangenes Jahr großmäulig verkündet, dass ich jede Wette einginge, zu Weihnachten einmal nicht mit lautstarkem Fluchen auf die ständigen emotionalen Flatulenzen meiner Verwandtschaft zu reagieren. Wie Sie sehen, habe ich die Wette verloren. Deswegen sitze ich jetzt hier.

Still ist es geworden im Sesselkreis. Ich kann das Knacksen des Stuhls hören, das entsteht, wenn jemand nervös darauf herumrutscht. Es sind vier Paare und ich. Ein Klassiker.

Früher hatte mich mein Mann gerne zu diversen Veranstaltungen begleitet, auch wenn es ihn nicht interessierte. Heute sind wir ehrlicher und offener zueinander – nach dreiunddreißig Ehejahren bleibt uns auch nichts anderes übrig –, deswegen sitze ich in Konzerten oder bei Bildungsveranstaltungen oft alleine da, so wie jetzt, und fühle mich von den anderen fragend angestarrt. „Warum sitzt die wohl alleine hier?“, werden die sich wohl denken.

Ich lenke mich ab und konzentriere mich auf die räumliche Ausstattung. Die roten und grünen Bälle neben den Sesseln finde ich amüsant. Die werden wir wohl zum Einüben unserer Weihnachtsüberlebensstrategien brauchen. Der berühmte Tanz mit den Christbaumkugeln. Die Herren sitzen auf knarrenden Sesseln. Zwei Damen rollen ihre Popos auf großen bunten Medizinbällen, um ihr Gleichgewicht für mögliche weihnachtliche Aurutscher und Ausraster zu trainieren.

Gut, dass ich mich als zuletzt Gekommene nicht auf eine solche Gummichristbaumkugel setzen muss. Die würde wahrscheinlich unter meinem Gewicht ohnehin platzen, obwohl sich die anwesenden Damen, wie ich feststelle, nicht um vieles von mir unterscheiden. Supermodels sind sie jedenfalls keine. Egal, ich muss mich ja nicht auch noch auf einer rollenden Kugel lächerlich machen. Meine Blicke in die Runde scheinen die Damen allerdings irgendwie als Aufforderung zu verstehen. Die anderen beiden wechseln nun ebenfalls ihre Positionen, weg vom Sessel, hinauf auf die Kugeln und schon wird gewippt. Vielleicht meinen sie ja, ich könnte ihnen eine davon wegnehmen.

Eine eigenartige Stimmung ist das. Die Kugeldamen scheinen in freudiger Erwartung, der männliche Rest versprüht, so wie ich, das genaue Gegenteil: spürbare Ablehnung. Vielleicht haben sie ja durch mein Erscheinen gerade begriffen, dass sie – so wie mein Ehemann – zuhause hätten bleiben können. Tja, dumm gelaufen, verehrte Männerwelt. Jetzt heißt es durchhalten, bis euch der Kursleiter aus eurem Gefängnis befreit!

Der- oder diejenige ist aber nicht da! Der Grund dafür wird mir immer klarer. Soviel psychologisches Kronenzeitungs-Grundwissen habe ich mittlerweile, dass ein Zuspätkommen immer ein „die Anderen warten lassen“ bedeutet, also nichts anderes als ein

Machtspiel ist: zwischen Ärzten und Patienten, Therapeuten und Klienten, Lehrern und Schülern.

Das ist so durchschaubar und nervt, zumindest mich. Außerdem ist dieses Verhalten unhöflich. Ich werde nach dem Seminar einen bösen Kommentar auf der Website der Volkshochschule posten. Obwohl ich jetzt eingestehen muss, dass auch ich nicht ganz pünktlich war, aber ich darf das, weil ich schließlich für diesen Seelentrip bezahle.

Wer diese Weihnachtsgruppe überhaupt leitet, würde mich jetzt wirklich interessieren, getraue mich aber nicht, meinen Nachbarn zu fragen, der gerade die Hand seiner Freundin oder Ehefrau streichelt und damit offenbar glaubt, ihr beim Wippen helfen zu können. Kurz vor Seminarbeginn habe ich mir nämlich noch schnell einen fetten, zwiebelreichen Kebab genehmigt. Nun fürchte ich, dass sich mein Gesprächspartner nicht nur mit einer blöden Frage, sondern auch mit meinem intensiven Knoblauch-Mundgeruch in die Enge getrieben fühlen könnte.

Ich beschließe daher, mich in eine andere Welt zu beamen, weil ich ja eigentlich gar nicht hier sein will, sondern ganz woanders. Das geht bei mir ganz schnell.

„*Taste beaming*" nenne ich das, ich betreibe es schon seit einiger Zeit.

Lange bevor der österreichische Quantenphysiker Anton Zeilinger entdeckte, wie sich Materie über Raum und Zeit auflöst, konnte ich mich aus jeglichem Raum-Zeit-Kontinuum heraus*beamen*. Ich brauche dazu keine teuren virtuellen Brillen oder irgendeinen Megaverse-Kram, bei mir genügt ein Jolly-Eis von Eskimo, um mich in einen kindlichen Sommer zurückzuversetzen, oder der Duft von frisch geriebenem Kren, dann bin ich sofort inmitten eines ausufernden Silvestergelages.

So auch jetzt. Ich denke an meinen Kebab, den ich vor zwanzig Minuten im Auto genossen habe, während ich überlegte, ob ich mir dieses blödsinnige Seminar tatsächlich antun soll. Der Geschmack der Gewürze, der Zwiebeln und des Knoblauchs, der sich geradezu erotisch mit dem herrlich gegrillten Lammfleisch vereinte, lassen mich augenblicklich Weihnachten samt dieser Sesselrunde vergessen. Ich tauche in eine wunderbare Campari-Soda-Strandidylle ein und sehe einen superfeschen Schwimmlehrer in enger Badehose auf mich zueilen, als mich die plötzliche Frage eines Teilnehmers aus meinen Träumen reißt: „Haben Sie vielleicht ein Taschentuch für mein Schatzi?"

„Uje", denke ich, „jetzt geht die Heulerei los, dabei hat das Weihnachtsseminar noch gar nicht angefangen."

Ich krame in meiner Handtasche und reiche „dem Schatzi" ein Taschentuch. Sofort legt sie es an ihren Mund, um ein Aufstoßen zu kaschieren, danach steckt sie es in ihren – bei näherer Betrachtung eher unvorteilhaft zu Schau gestellten – überdimensionalen Busen. Meine Güte, solche Exemplare hatte ich nur in meinen Stillperioden!

Der junge Mann meint entschuldigend in meine Richtung, es sei der Fisch gewesen! Seine Frau lebe eigentlich fleischlos, solle aber in ihrem derzeitigen Zustand aus medizinischen Gründen mehr tierische Eiweiße und Omega-3-Fettsäuren zu sich nehmen. Ihr Magen vertrage aber die Nahrungsumstellung noch nicht so ganz, und fange beim Wippen eben zu rebellieren an.

Ich nicke verständnisvoll und denke bösartig, dass mich das eigentlich „genau Nüsse" interessiert, werde allerdings das Gefühl nicht los, dass dieser Mensch tatsächlich von mir eine fachkundige Bestätigung erwartet. Sehe ich denn aus wie eine Ärztin oder Apothekerin? Ich Idiotin muss meine Kinder wirklich liebhaben. Was mache ich bloß in einem solchen Seminar und was, um Himmels willen, gehen mich die Ernährungsgewohnheiten fremder Menschen an? Ich schnaufe bewusst hörbar seufzend aus, um mein Desinteresse deutlich zu machen. Die Wirkung ist jedoch eine völlig andere: Alle anwesenden Damen, inklusive Schatzi, ahmen mich sofort nach! Was soll denn das noch werden?

Die Seminarankündigung der Volkshochschule klang ja durchaus vielversprechend, ich gebe es zu. Im ersten Teil der Veranstaltung können die TeilnehmerInnen intensiv ihre Erfahrungen über Weihnachten austauschen, stand in dem Prospekt. Neben traditionellen Rezepten und Anleitungen zum Dekorieren von Festtagstischen würden dann in Brainstorming-Runden neue Perspektiven erarbeitet, um das Fest des Friedens und der Liebe für sich wieder neu und positiv erlebbar zu machen. Den so erworbenen Erkenntnissen würden danach Methoden zur effizienten und praktischen Umsetzung angeboten. Im zweiten Teil setze sich das Seminar mit den traditionellen Riten und deren Bedeutung, aber auch mit ganz neuen spirituellen Strömungen auseinander.

Meine Wette, so fasse ich den Entschluss, umfasst mit Sicherheit nur den ersten Teil, den zweiten kann und will ich mir nicht mehr antun, das wäre einfach zu viel für mich.

Ich rücke meinen Sessel zurecht und mache damit hochgradig nonverbal deutlich, dass ich bis zum Eintreffen der Seminarleitung an keinen weiteren Gesprächen mehr interessiert bin. Ich bin nämlich keine Veganerin, sondern esse gerne Fisch.

Einer davon schwimmt sogar seit Tagen bei mir in der Badewanne herum. Ein Karpfen namens Emmerich. Schon setzt wieder mein *Taste beaming* ein. Die Karpfen heißen bei mir immer Emmerich, nach einem oberösterreichischen Ex-Freund, einer Ferienliebschaft vom Traunsee. Ihm gereicht das zur Ehre und mir zur Freude, weil ich mich nicht jedes Jahr an einen neuen Namen gewöhnen will. Mein Ex-Freund hatte dieselben blöden Augen wie ein Karpfen, das wurde mir erst später klar. Anfänglich war ich unsterblich in ihn verliebt, nur leider zog es ihn nach ein paar kuscheligen Stunden zu Dagmar, einer Jungscharleiterin, hin. Jetzt schwimmt Emmerich im frischen Wasser herum, bekommt Brotkrumen, Salate und andere Leckereien, um am 24. Dezember seine letzte große Reise anzutreten. Da landet meine Liebschaft, zumindest die Erinnerungen an ihn, filetiert und frittiert auf unseren Tellern.

Ich muss beim Gedanken an Emmerich schmunzeln. Genau genommen ist Weihnachten eines der schrägsten Feste im Jahr. Es ist verrückt und außergewöhnlich wie ein Joint, den du von

Mitte Dezember bis zum Dreikönigstag rauchst. Drei Wochen fettgefressen und dauerhigh.

Du teilst dein hygienisch sauberes Badezimmer mit einem stinkenden Fisch, du mühst dich mit verharzten und überteuerten Tannenbäumen im Wohnzimmer ab, die nach ein paar Tagen ohnehin wieder im Müll landen, und empfängst großzügig die liebe Verwandtschaft.

Freunde und Feinde, die du unterjährig kaum zu sehen bekommst, schwirren in geballter Intensität wie Nachtfalter durchs Haus, um sich schmatzend über deine Küche und deinen Weinkeller herzumachen. Du bäckst kiloweise Vanillekipferl und Anissterne und spürst dabei in Permanenz ein schlechtes Gewissen, denn eigentlich solltest du wegen deines zu hohen Blutzuckerspiegels endlich einmal zum Arzt gehen.

Du hetzt und shoppst, shoppst und hetzt durch heillos überfüllte Weihnachtsmärkte und Einkaufsstraßen. Du suchst für ungefähr sechzig Personen „eh nur“ eine Kleinigkeit, die den hehren Ansprüchen gerecht werden soll, und zwar fair trade, vegan, politisch korrekt, klimafreundlich und nachhaltig zu sein. Du fürchtest dich nämlich vor der Cancel Culture-Keule. Die lauert seit einiger Zeit überall, auch um das friedlichste Fest des Jahres.

Weihnachten ist wirklich verrückt und in meinem Fall gerade eben völlig irrsinnig, weil ich diese Wette einlösen und in einem Seminar sitzen muss, dessen Nutzen allein in der Erkenntnis liegt, dass man wirklich mit jedem Stumpfsinn Geld verdienen kann. Dazu kommen die mit Sicherheit schrecklich kitschigen Weihnachtsideen und Selbstfindungstrips von Menschen, die mir genauso unbedeutend und nichtssagend sind wie Santa Claus in einer Shopping Mall.

Absolut surreal, denke ich, während meine Augen aus purer Aggression doch wieder die Kursteilnehmer abtasten. So jung und schon so frustriert? Um mich herum sitzen junge Paare auf Sesseln und Gummikugeln. Niemand redet. Manche starren in meine Richtung, manche haben ihr Handy gezückt und wischen darauf herum. Die Stille durchbricht einzig und allein irgendein *Pling* aus einem dieser Plastikteile. Alle warten auf den Guru, der ihnen etwas vom Weihnachtsfest erzählen soll. Nur kommt der nicht!

„Liebe Kursteilnehmer und Kursteilnehmerinnen!“, sprudelt es da plötzlich aus meinem Mund heraus. Mich macht diese Warterei einfach echt nervös. „Warten ist wahrlich eine Kunst, die man erlernen muss, vor allem in dieser Zeit, die wir gerade erleben“, spreche ich weiter. „Wahrscheinlich, so denkt ihr vielleicht, lässt uns unser Kursleiter ...“

„...in ... unsere Kursleiterin!“, verbessert mich das „Veganerin-Schatzi“, das sich offenbar schon wieder ganz gut erholt hat.

„... gut, dann eben unsere Kursleiterin!“, gebe ich nach. „Wahrscheinlich lässt sie uns gerade deshalb warten, damit wir das bevorstehende festliche Ereignis, mit dem wir uns heute beschäftigen wollen, noch intensiver erleben können. Vorfreude soll ja bekanntlich die schönste Freude sein!“

Die Teilnehmerinnen schauen plötzlich ganz gespannt auf mich und wippen auf ihren Bällen einmal nach vor und wieder nach hinten.

„Diese Zeit sollten wir nicht mit Herumgehopse und Handywischen verplempern, sondern für sinnvolle Dinge nützen!“

Jetzt hatte ich die volle Gruppenaufmerksamkeit. Diesen Moment nutzend, ziehe ich eine Flasche Punsch aus meinem Einkaufskorb.

„Tamtaratam ... lasst uns das bevorstehende Fest feiern! Warum noch länger warten?“

Raunen durchzieht die Runde. Während einige der Herren überrascht nach einem Plastikbecher Ausschau halten, rollen die Damen abwehrend ihre Gesäße in meine Richtung und meinen, das ginge nicht, das wäre doch streng verboten.

Ich lasse mir aber nichts verbieten, schon gar nicht von irgendeinem Seminar. Ich nehme einen kräftigen Schluck aus der Flasche und reiche diese an die Herren weiter, deren sehnsuchtsvolle Bechersuche erfolglos blieb. „Ich bin nicht ansteckend“, sage ich. „Corona ist vorbei! Prost! Freuen wir uns auf das Fest!“

Dann übernehme ich kurzerhand vollends das Steuerruder: „Lasst uns mit einem Spiel beginnen! Wer hat die beste und verrückteste Weihnachtsgeschichte?“ Ich nütze eiskalt die Gelegenheit für neue Ideen zu meinem nächsten Buch, auf das mein Verlag ebenso sehnsüchtig wartet wie wir auf unsere Seminarleitung.

Die Stimmung ändert sich. Die Mobiltelefone verschwinden. Eine blonde, rundliche Frau, die sich als Birgitt outet, fängt an, während unter den Männern der Punsch zirkuliert.

In ihrer Familie, so Birgitt, würde man nicht einmal, sondern gleich fünfmal den Heiligen Abend feiern. Und das innerhalb von vierundzwanzig Stunden.

„Na, bumm!“, reagiere ich amüsiert, die anderen lachen.

„Ja!“, insistiert Birgitt, gestärkt durch unsere Resonanz. „Bei uns geht der ganze Zirkus am 24. Dezember schon in der Früh los. Da feiern wir, also mein Mann Richard, unser Sohn Luca und ich, am Vormittag im Altersheim mit meiner dementen Urgroßmutter. Dann geht’s zu Mittag zu Oma und Opa. Ganz nach Familientradition essen wir dort Bratwürstel mit Sauerkraut und Knödel. Nach geglückter Bescherung, Eierlikör und Punschkrapferl fahren wir weiter zu meinen Schwiegereltern. Dort essen wir allerdings erst nach der Bescherung, weil die religiöser sind, nach dem Motto: zuerst beten, dann essen. Das Prozedere ist immer das gleiche: Christbaum, Lichter, Bibel, *Stille Nacht, Heilige Nacht,* Geschenke für das Kind, Sekt für die Erwachsenen, Prost und Frohe Weihnachten, dann das Käsefondue. Alles muss schnell gehen, denn danach wird es wirklich schlimm.“

Sie macht eine dramatische Pause, um die Spannung zu erhöhen. Es funktioniert.

„Wir packen alle sieben Sachen zusammen und fahren weiter zu meinen Eltern. Meist schläft da unser Kleiner schon. Wieder Glockengeläute, *O du fröhliche!* und Truthahn essen. Unser Kind wecken wir erst fürs gemeinsame Familienfoto wieder auf. Mit etwa 12000 Kalorien fahren wir spät in der Nacht nach Hause, weil bei meinen Eltern kein Platz für ein Kinderbettchen ist. Wir legen unseren kleinen Luca nieder, dann kommen endlich wir beide an die Reihe. Ich sag es euch ehrlich, ich hasse Weihnachten!"

„Und was sagt euer Kind dazu?", fragt ein Teilnehmer.

„Luca liebt Weihnachten!", meint die blonde Birgitt. „Er kriegt ja auch fünf Mal Geschenke."

„Und wie erklärst du ihm das?", stellt eine der immer noch am Ball wippenden Frauen eine Frage.

„Was?"

„Na, dass das Christkind fünfmal geboren wird, in fünf verschiedenen Ställen?"

„Gar nicht! Luca glaubt nicht ans Christkind und auch nicht an den Storch. Er weiß, dass Babys aus dem Bauch kommen und die Geschenke von den Erwachsenen sind."

„Wie alt ist Luca?", frage ich. Mich interessieren die heutigen Erziehungsmethoden brennend.

„Zwei."

Ich muss schlucken. „Und warum kommt ihr nicht auf die Idee, alle miteinander nur einmal und gemeinsam zu feiern? Das wäre doch viel einfacher und bedeutend weniger Stress!"

„Weil sich unsere Familien nicht leiden können!", antwortet Birgitt frustriert und fügt, zu ihrem Mann Richard gewandt, leise hinzu: „Aber vielleicht wird's ja beim zweiten Kind besser!" Gleichzeitig fängt sie auf ihrer Kugel wieder zu schwingen an. Viel heftiger, wie mir scheint. Offenbar will jetzt ihr angestauter Frust aus ihrem Bauch heraus.

Das Seminar beginnt sich in meinem Sinne zu entwickeln. Vielleicht ist es ja doch für etwas gut.

Birgitt und meine Punschflasche haben jedenfalls den Damm gebrochen, jetzt will jeder etwas zum Thema beitragen. Der junge Mann um die dreißig, der mich zuvor um ein Taschentuch für sein „Veganer-Schatzi" gebeten hatte, macht weiter: „Mein Name ist Jürgen. Mein Schatzi und ich ersparen uns das ganze Tamtam. Seit Jahren fahren wir miteinander in ein Wellnesshotel und treiben es dort wie junge Hunde, herrlich!" Dabei greift er seiner

Partnerin auf ihren fülligen Bauch und zieht sie samt Kugel zu sich, um sie zu küssen. Bravo! Alle spenden Beifall.

Sybille und Freddy haben, wie sie als nächste verkünden, noch keine eindeutige Meinung zu Weihnachten, sie wollen erst noch intensiver darüber nachdenken. Beide machen gerade eine Ausbildung zum Schamanen und stellen sich schon seit längerem die Frage, ob das Fest energetisch für sie von Bedeutung ist. Beide seien schon in der sechzehnten Ebene der Reinkarnation und ein Christkind im Sternkreis des Zwillings nicht unbedingt erstrebenswert. Man wisse ja, wie das mit Jesus damals ausgegangen ist. Daher warten sie lieber, würden aber allem Transzendentalen sehr aufgeschlossen gegenübertreten.

Mirjam und Thomas, unser viertes Pärchen, halten wenig von Traditionen. Davon hätten sie in ihrer Kindheit und Jugend genug erlebt. Eine Weihnachtsparty im Betrieb würde genügen, dann zögen sie es lieber vor, Weihnachten zu verschlafen oder gleich zu vergessen.

Also, wenn ich all diese Erfahrungen höre, denke ich, geht es mir in meiner eigenen Familie eigentlich phantastisch. Jetzt verstehe ich, warum mir meine Söhne dieses Seminar ans Herz gelegt hatten. Wir haben bei aller Unterschiedlichkeit und allen Differenzen trotzdem Freude miteinander. Vergnügen beim gemeinsamen Kochen und Spaß bei geistreichen Gesprächen und Spielen. Einmal im Jahr darf Chaos im Haus herrschen, einmal darf sich alles auf den Kopf stellen, einmal muss man mit Karpfen oder Truthahn über die Stränge schlagen. Einmal. Dauerfett und dauerhigh. Ich nehme mir vor, mir das zu merken und beim nächsten weihnachtlichen Fluchanfall an die Geschichten dieses Seminars zu denken.

„Wie ist es bei dir?“, fragen mich meine neuen Freunde.

Ich erzähle ihnen mit Begeisterung aus dem reichen Schatz meiner jahrzehntelang gesammelten Weihnachtserlebnisse: von der wüsten Zimtstecherei in der Küche mit meinen Kindern, bei der der

Teig anstatt weniger immer mehr wurde, und ich das Ding einfach aus dem Fenster schmiss; von abgebrannten Bäumen, zankenden Schwiegermüttern und friedlichen, weil betrunkenen Großvätern; von Geschenken, die nie geschenkt werden dürfen, und von Gästen, die einfach bei der Tür hereingeschneit waren, und es sich erst viel später herausstellte, dass sie mit der falschen Familie gefeiert hatten. Sie zählen heute zu unseren besten Freunden.

Heiteres Gelächter begleitet meine chaotischen Familiengeschichten, die mir allesamt deutlich machen, dass wir uns trotzdem über alles lieben.

Und dann – ein plötzlicher Bums.

Die blonde Birgitt ist vom Ball gerutscht und atmet schwer. Ihr Richard schreit auf: „Verdammt, bei Birgitt geht es los!“ Die Frauen fangen alle automatisch im Gleichklang zu atmen an und skandieren: „Tief einatmen und dreimal in kurzen Stößen ausatmen! Wieder einatmen und durch den Nabel ausatmen!“

Durch den Nabel ausatmen? Das hat vor Jahren auch jemand zu mir gesagt. Ich erstarre. Plötzlich geht mir ein strahlendes Licht auf. Das ist ja gar kein Therapiekurs für Weihnachtsgeschädigte, das ist ein Geburtsvorbereitungskurs! Ich muss in der Hektik, um ja nicht zu spät zu kommen, den falschen Seminarraum erwischt haben! Wie konnte ich nur so blöd sein und die Zeichen nicht erkennen? Die Gummibälle, die erwartungsvollen molligen Frauen, die Punsch ablehnen, ihre großen Brüste und die desinteressierten Männer, die sich über die Flasche Punsch hermachen!

Was habe ich da nur angerichtet? Ich wollte doch nur die Wartezeit überbrücken und etwas Nettes über Weihnachten erzählen, da muss man doch nicht gleich ein Kind kriegen!

„Nun tun Sie doch endlich was!“, brüllt mir eine Stimme zu. Heiliger Himmel, die halten mich doch wohl jetzt nicht für die Hebamme, die ihnen beibringen soll, wie eine Geburt geht?

Doch wird mir beim Anblick ihrer Gesichter siedend heiß klar, sie tun es! Wie sie es die ganze Zeit schon taten! Hilfe! Gott, steh mir bei!

In Katastrophensituationen, dies habe ich schon oft bewiesen, wachse ich über mich hinaus, da bin ich durch meine Familie bestens geschult, und diese Situation hier habe ich selbst schon viermal am eigenen Leib erfahren dürfen. Ich atme kurz durch, konzentriere mich und dann geht's los.

Die Männer sollen sofort alle ihre Pullover und Sakkos ausziehen und Birgitts massigen Körper auf das provisorische Wollnest betten. Ich entledige sie währenddessen ihrer Gymnastikhose und Unterwäsche. Die anderen Teilnehmerinnen bilden einen Kreis und atmen, wie sie es gelernt haben, damit Birgitt es nachmachen kann. Richard, Birgitts Mann, kniet sich hinter seine Frau und legt ihren Kopf auf seine beiden Oberschenkel. Alle befolgen brav meine Befehle. Freddy und Sybille, unsere Kleinstadtschamanen, bleiben ruhig wie Ochs und Esel im Stall von Bethlehem. Offensichtlich denken sie nach, was ihnen das Leben gerade eben zeigen will. Da darf man sie nicht stören.

„Ruft den Notarzt und die Rettung! Handys habt ihr ja alle!", höre ich mich in ihre Richtung brüllen, dann ergießt sich ein Schwall Fruchtwasser über meine Füße. Jetzt wird's wirklich ernst!

Birgitt atmet ein. Birgitt pustet aus. Birgitt atmet schneller ein, Birgitt pustet schneller aus.

Ich fühle mich wie in einem Film. Müsste ich jetzt nicht um heißes Wasser schreien? Das habe ich nie verstanden, ich verzichte darauf, spreche Birgitt dafür Mut zu: „Du machst das hervorragend, wirklich ausgezeichnet! Denk an deinen Luca – du weißt ja, wie's geht!"

Die anderen, wahrscheinlich alle unerfahrene Erstschwangere, pusten im Rhythmus weiter. Ich hocke mich zwischen Birgitts Beine und habe keine Ahnung, was jetzt zu tun ist, weil ich verdammt nochmal bei meinen Geburten immer in die andere Richtung schaute! Ja, meine Kinder sind auf die Welt gekommen, aber in einem Krankenhaus und nicht während eines Geburtsvorbereitungskurses!

Freddy, den Notruf schon längst beendet, fängt zu trommeln an. Woher er dieses Instrument plötzlich hervorgezaubert hat, ist mir ein Rätsel. Er meint unter Zuhilfenahme schamanischer Gebetsformeln, die seine Sibylle zu singen beginnt: „Der Kleine ist nun soweit."

„Scheiße, aber ich noch nicht!"

Ich starre hilfesuchend in die ängstlichen Gesichter um mich herum, doch diese atmen nur, ein und aus. Ich wende mich wieder Birgitt zu, ihr Kopf ändert spontan seine Farbe in glühendes Dunkelrot.

Freddy trommelt immer schneller, Sybille singt, die anderen atmen. Richard kämpft gegen seine Bewusstlosigkeit an, er kann kein Blut sehen.

„Das ist nun die Austreibungsphase!", erklärt Mirjam auf einmal, offensichtlich die Oberstreberin der Gruppe.

„Austreibungsphase?! Birgitt, bitte zwick zusammen! Die Rettung ist schon unterwegs!", flehe ich die Gebärende an.

Birgitt kann aber nicht mehr zusammenzwicken, sie und die Mädels um mich stöhnen, atmen und keuchen wie die Verrückten. Und Birgitt presst und presst. Irgendjemand hinter mir berührt meinen Rücken. Unser Kreis zieht sich enger und enger um die blonde Birgitt und ihren halbbewusstlosen Richard zusammen, wie eine kleine heilige Familie, die in der äußersten Not zusammenhält und zu einem Herz und einer Seele wird.

Für einen Moment steht die Zeit still. Um uns ist nichts.

Dann entfährt Birgitt ein unfassbar tiefer, rückhaltloser, todesähnlicher Schrei und zwei Sekunden später halte ich ein schmieriges, zuckendes Leben in den Händen, das tief einatmet und zu schreien beginnt.

In diesem Moment strömt eine Welle an Glückseligkeit durch uns alle hindurch.

„Oh gütiger Gott!", beten wir, obwohl keiner an ihn glaubt. Ich nehme das Baby und lege es der blonden Birgitt auf ihren großen Busen, jetzt erst können wir alle erleichtert durchatmen.

Richard ist mittlerweile wieder bei Bewusstsein. „Ist Josua schon da?", fragt er benebelt.

„Josua?“ frage ich.

„Ja“, stöhnt Birgitt. „Unser zweiter Sohn! Luca hat den Namen ausgesucht.“

Dann fallen wir uns alle heulend in die Arme und lassen die Mama und den Papa hochleben, obwohl der am wenigsten zum Gelingen dieser Geburt beigetragen hat. Aber so ist nun mal das Leben.

„Lassen Sie uns durch!“ Zwei Minuten später stürmen der Notarzt und einige Rettungssanitäter in den Seminarraum. Sie tun sich schwer, unseren spirituellen Kreis zu durchbrechen, wir halten uns immer noch an den Händen.

Sie versorgen die überglückliche Mutter und das Kind, dessen Nabelschnur durchtrennt und in Tücher gewickelt wird. Beim Hinaustransportieren ruft der Sanitäter lautstark nach der dicken Hebamme. Damit meint er offensichtlich mich.

„Bravo! Haben Sie gut gemacht. Solche Hebammen wie Sie lieben wir! Kind gesund. Mutter gesund und die blutige Sauerei ist hier und nicht im Rettungswagen.“

Erst jetzt schaue ich zu Boden und sehe mich inmitten einer Lache von Blut, Fruchtwasser und sonstigen Flüssigkeiten stehen. Das kann mein unfassbares Glück aber nicht schmälern.

Zu Hause fragen mich die Burschen ironisch, ob ich nun meine Einstellung zu Weihnachten geändert hätte.

„Und wie!“, meine ich überschwänglich und verstecke meine Hände, auf denen immer noch Blut klebt, hinter meinem völlig durchschwitzten Pullover. „Ich liebe Weihnachten, es ist absolut das schrägste Fest im Jahr. Dauerfett und dauerhigh!“

Dann wird mir schwarz vor Augen und ich falle mit einem glücklichen Lächeln auf den Lippen in die Arme meiner Kinder.

Totales *Taste beaming* eben!

MEHR LAMETTA FÜR OMI!

Es ist noch sehr früh am Morgen. Ich stehe am Herd und koche für meine Lieben ein gutes Frühstück. Heute bin ich einfach gut drauf! Noch ein Tag, dann ist Heiliger Abend. Die Großfamilie hat sich bereits mit Kind und Kegel in meinem Haus einquartiert.

Ich liebe Kochen. Wäre ich nicht Schriftstellerin geworden, würde ich heute in mindestens fünf verschiedenen Spitzenrestaurants arbeiten oder diese führen. Ein asiatisches Restaurant, ein Wirtshaus mit Altwiener Küche – weil mir gebackenes Schweinshirn „zum Sterben" gut schmeckt –, eine Küche mit veganen Köstlichkeiten, ein französisches Lokal und eines mit griechisch-mediterranen Spezialitäten.

Das Leben hat es anders mit mir gemeint, nämlich noch besser. Ich bin Mutter und Schriftstellerin geworden. Die Liebe zum Kochen ist aber geblieben.

Da ist für alle etwas dabei, selbst die ausgefallensten Gerichte. Weil ja die Wünsche meiner lieben Söhne und meiner Schwiegerkinder ziemlich unterschiedlich sind, zumindest was die Kulinarik betrifft.

Nur bei der veganen Eierspeise zeigt sich meine Wissenslücke. Zum Suchen bleibt mir aber noch genügend Zeit. Constantin steht erst kurz vor Mittag auf, und bis dahin habe ich dank der Unterstützung von *Freund Google* diese Lücke sicher geschlossen. Mein Notebook steht am Küchentisch und so surfe ich durchs Internet auf der Suche nach einer *veganen Eierspeis*'.

Schon schlägt mir die Suchmaschine dutzende Varianten von veganem Rührei vor.

Das ärgert mich, weil ich nicht danach gefragt habe. Gut, vielleicht muss der Computer mit dem vollständigen Wort gefüttert werden, heißt ja nicht *Eierspeis'*, sondern richtigerweise *Eierspeise*. Wir Österreicher lassen umgangssprachlich gerne mal einen Vokal unter den Tisch fallen. Doch egal mit welchen Wörtern ich das Programm füttere, es kommt immer nur *Rührei* heraus. Was die Deutschen von den Österreichern trennt, ist offensichtlich wirklich die gemeinsame Sprache.

„Ich bin Österreicherin und kein Piefke!", motze ich das Gerät an. „Sogar die Bayern würden mich und *eine Eierspeis'* verstehen, du dummer Google!"

Dem habe ich es jetzt echt gezeigt! Was brauche ich Meisterköchin ein Rezept googeln? Ich bin achtundfünfzig Jahre und bisher hervorragend ohne technische Einflüsterer aus den USA durchs Leben gekommen.

Google und ich führen seit Jahren eine Art Hassliebe. Ich bleibe dabei aber immer die überlegene Gewinnerin, weil Google eben nur eine Suchmaschine ist, ich jedoch analog UND digital denken kann.

Haben Sie schon mal Google die Frage aller Fragen eines jeden Kleinkindes gestellt, die meterweise Regale in Buchabteilungen für Psychologie füllen? *Die* Frage, die gewiefte Omis und Opis immer mit einem überzeugten „JA!" beantworten, nämlich: „Gibt es das Christkind?"

Sie müssen jetzt nicht aufstehen und sich an Ihren Computer bemühen. Ich habe es bereits getan, und wissen Sie, was mir *Herr Google* geantwortet hat?

„Ja!"

Google glaubt tatsächlich ans Christkind?!

Diese Aussage tat er aber ganz bestimmt nicht, weil er meine religiöse Einstellung teilt. Das Programm glaubt doch nicht an Jesus, geschweige denn an die völlig verrückte Idee einer Gottesgeburt. Das hätten sich die Entwickler entsprechender Künstlicher Intelligenzen wie Elon Musk und auch ein Marc Zuckerberg in seinem Metaverse verboten.

Auch wenn Google immer intelligenter wird und seit neuestem mit künstlicher Intelligenz ausgestattet ist, so ist es eben nur ein Programm, das suchen, aber – noch – nicht fühlen kann. Freude, Liebe oder Humor versteht das Ding nicht, umso mehr sollten wir darauf achten, besonders wenn es um Weihnachten geht.

Zum Beweis stelle ich Google ein weiteres Bein: „Wie heißt das Christkind?"

Der Depp antwortet mit der Schlagzeile der Nürnberger Tagespost vom 21. Dezember: „Samanta Gruberger ist das neue Christkind von Losheim."

Na Bumm! Das hätte mein Enkelkind nicht gerne gehört. Gut, dass es noch nicht lesen kann. So eine Aussage wäre absolut entzaubernd und hätte mein Engelchen sehr traurig gemacht.

Auch wenn es stimmt, weil es eine Frau namens Samanta Gruberger ja wirklich gibt, so können derartige, aus dem Zusammenhang gerissene Informationen Menschen völlig durcheinanderbringen, sie sogar zu Verschwörungstheorien animieren.

Was wird wohl ein unwilliger Nicht-Bildungsbürger mit einer derartigen Information anfangen? Er würde sie wahrscheinlich als große Erleuchtung einstufen und dann in seinen Foren schwurbeln, dass man es ja immer schon gewusst hätte. „Die da oben" hätten die Geschichtsbücher gefälscht. Ein Klassiker! „Alles Lüge, das Christkind gibt's gar nicht! Der Bub ist in Wirklichkeit ein Mädchen und heißt *Samanta*. Sie ist auch nicht in Bethlehem geboren, sondern in Losheim!"

Ich höre die ersten Morgenmuffel auf der Toilette. Bei allem Verständnis selbst für Schwurbler, ich muss zurück zu meiner veganen Eierspeise. Das Rezept werde ich schon irgendwie hinkriegen, und wenn nicht, dann erfinde ich eben ein neues, immerhin bin ich Schriftstellerin.

So wie mir oft meine Großmutter Kochgeschichten aus dem Zweiten Weltkrieg erzählt hatte. Viele Frauen verwendeten in dieser Zeit als Ersatz für Eier Eipulver, das sie in Milch oder Wasser auflösten. Gut, ich besitze zwar kein Eipulver, dafür probiere ich es mit Hafermilch, Sojamehl und Backpulver zum Aufquellen. Wenn das nicht gelingt, bin ich eben um eine Erfahrung reicher geworden. Meine Hühner werden dann anstatt ihres gewohnten Kukuruz eben den missglückten veganen Eierbatzen aufpicken.

Da erinnere ich mich plötzlich an die Lerntheorien aus meinem Wirtschaftsstudium. Veränderungen und Entdeckungen passieren nach dem *Trial-and-Error*-Prinzip. Eine gute Idee entsteht durch ständiges Ausprobieren und Testen.

Während ich mit Soja und Kurkuma an meinem veganen Problem tüftle, denke ich belustigt an den berühmten Buchdrucker Johannes Gutenberg (1400–1468). Der hatte vor sechshundert Jahren zwar kein Problem mit einer Eierspeise, dafür mit den Schreibkräften in seinen Skriptorien. Die Schreiberlinge waren in der Renaissance ungefähr genauso schwer zu kriegen wie heute ein vernünftiger Tapezierer, Maler oder Installateur.

Als wieder einmal ein Schreibstubenmitarbeiter stressbedingt kündigen wollte, soll Gutenberg ihm in seiner Verzweiflung ein Buch nachgeworfen haben. Im Fliegen riss es die Tinte und den hölzernen Griffel mit sich. Der Griffel drückte sich im Buch ab und hinterließ einen Buchstaben – et voilà, der Buchdruck war erfunden. Gutenberg entwickelte daraus eine Mechanik und konnte sich fortan den Ärger mit seinen Angestellten ersparen.

So ähnlich könnte es passiert sein. Aber bitte glauben Sie mir kein Wort davon, ich bin nämlich keine Künstliche Intelligenz!

Ich werfe den ersten Teil, einen mit Hafermilch getränkten Sojaklumpen, in die Schüssel, die ich für meine Hühner vorbereitet habe. Der Teig schmeckt scheußlich. Weg damit. *Trial-and-Error* schießt es mir wieder in den Kopf. Ich probiere die Eierspeise nun mit sprudelndem Mineralwasser anzurühren. Während ich den

Teig schlage, kommt mir noch einmal mein alter Gutenberg und seine revolutionäre Idee des Buchdruckes in den Sinn. Ich fange wieder zu philosophieren an.

So rasant wie damals Bücher verbreiten sich heute KIs, also Künstliche Intelligenzen. Die KI kümmert sich in Zukunft um dein Gewicht und hilft dir beim Abnehmen. Sie sagt dir, wann du aufs Klo gehen sollst, flüstert dir ins Ohr, ob dein Partner Ruhe haben oder mit dir in die Kiste springen will, und misst dir dabei gleichzeitig den Blut- und Augendruck. Sehr praktisch. In medizinischen Notfällen, bei Herzproblemen oder einem Schlaganfall, löst die KI dann umgehend eine Rettungskette aus. Sollte dein analoges Leben doch schneller aus deinem Körper herauswollen als die KI rechnen kann, dann ruft sie teilnahmslos ein Notärzteteam und vorsorglich auch deinen Bestatter an.

Diese Programme sind laut einer Definition die neuen E-Bikes für den menschlichen Verstand. Da müssen sie aber vier Räder besitzen, denke ich, so blöd und kindisch ich oft durch die Welt torkle, noch dazu, wenn Prosecco im Spiel ist.

Irgendwie gefällt mir der Gedanke. Ein E-Bike im Kopf, mit dem ich reden kann wie mit Tom Turbo, das hat was! Das Schöne daran ist, dass mein Tom Turbo auch von mir lernen muss. Je blöder ich im Alter werde, desto blöder wird dann auch Tom Turbo. Unwillkürlich muss ich grinsen, das wäre etwas für Erich Kästner, wenn plötzlich statt hochintelligenter Bürger lauter doppelte Deppen-Lottchen herumrennen würden. Nicht auszudenken.

Weiter komme ich allerdings mit meinen philosophischen Gedankengängen nicht mehr. Ich höre nämlich über den Holzboden tapsende Füßchen. Jetzt fängt Weihnachten wirklich an! Die Kinder tröpfeln verschlafen aus ihren Betten, allen voran meine große Liebe, mein kleiner Enkelsohn.

„Hallo Omiiiiiiiiiiiiiiiiiiiii!“, stürmt mein Engelchen in die Küche und schmeißt sich an mein Bein. Nichts ist schöner als die fröhliche Stimme eines Kindes gleich in der Früh. Er trägt eine dunkelrot karierte Hose und auf dem Leibchen strahlt mich das

Rentier Rudi mit roter Bommelnase an. In der rechten Hand zieht er seinen besten Freund Freddy, einen dicken Braunbären, nach.

„Guten Morgen, mein Engelchen!“ Ich nehme meinen Schatz hoch und schnuddle ihn ab. Seine Haare duften wie ein Weizenfeld im Sommer. Ich herze und küsse ihn, wie es Omi-Bären gerne tun. Auch sein Freund Freddy kriegt ein Bussi.

„Was magst du denn Gutes essen, Engelchen?“

„Pa-Schinken!“ Aus seinem Mund klingt es wie ein schnupfiges Hatschi.

„Was? Schinken? Wirklich – und das gleich in der Früh?“

„Nein, Omi! Pa-ta-ta-schiiii-nken!“, widerspricht der Kleine.

„Ah, ich verstehe! Palatschinken!“

„Sag ich doch die ganze Zeit!“ Dann schmiegt er sich in die Pölster der Tischbank und wartet genussvoll mit einer Flasche Kakao in der Hand auf sein Frühstück.

Ich öffne den Kühlschrank und Engelchen lässt bei der Fülle der eingekühlten Würste, Früchte, Joghurts, Milchprodukte, der Torte und den vielen anderen Köstlichkeiten, die für die Feiertage bestimmt sind, vor Freude seine Flasche fallen. „Boah Oma, der ist ja genauso dick wie du!“

Beide müssen wir herzlich lachen. Obwohl eigentlich niemand zu mir sagen darf, dass ich mollig bin, geschweige denn dick. Engelchen aber darf den Vergleich ziehen. Er liebt wie alle Kinder Fülle und das in jeder Hinsicht.

Während ich die Zutaten aus dem Kühlschrank nehme, summen wir gemeinsam das Kinderlied *„Backe, backe Kuchen, der Bäcker hat gerufen. Wer will guten Kuchen backen, der muss haben sieben Sachen …!“*

Engelchen weiß die sieben Zutaten für Palatschinken, weil auch er einmal ein Koch werden will, so wie seine Oma. Während ich die Eier aufschlage, Milch und Mehl einmenge, hüpft er von der Bank herunter zu mir. Beim Teigrühren darf er helfen. Einiges landet am Boden. Egal, die Hunde freuen sich darüber. Dann kommt der Zucker und eine Prise Salz.

„Omi nicht“, brüllt Engelchen, „das ist Salz!“

„Ich verrate dir ein Geheimnis, mein Schatz. Beim Kochen ist es wie im Leben, eine klitzekleine Prise Salz macht das Essen bedeutend besser!" Ich lasse ihn kosten. Er nickt bestätigend mit dem Kopf.

Nun darf er eine Miniprise in das Gefäß geben, danach schlagen wir den Teig wieder. Der Bommel von Rudi bekommt dabei zwar einen Spritzer ab, den ich dem Rentier jedoch von der Nase abschlecke. Engelchen setzt sich wieder zu Freddy, dem Bären, während ich die Palatschinken in der heißen Pfanne brate.

„Omi, erzähl mir eine lustige Geschichte!"

Ich erzähle ihm heitere Anekdoten aus meiner Kindheit. Dass das schönste Fest im Jahr neben dem Geburtstag die große Freude auf das Christkind war. Dass es tatsächlich einmal meinen allergrößten Traum erfüllt hatte und ich zwei kleine Meerschweinchen als Geschenk bekam. Und ja, erzähle ich weiter, im Wohnzimmer waren Bäume aufgestellt, so groß und so prachtvoll wie in einem Wald. An ihren ausladenden Zweigen hingen wunderbar glitzernde Kugeln und die Kerzen waren mit roten und goldenen Stoffmaschen geschmückt.

„Und dann, oh dann hing auf unseren Bäumen immer wunderbares silbriges Lametta!" Ich halte den Teigwender in der Hand und starre verträumt in den Himmel. Lametta! Meine Güte, wie schön war das damals!

Wer in den 1970ern und weit in die nächsten Jahrzehnte etwas von sich hielt, schmückte seinen Baum kiloweise mit diesen glitzernden Metallstreifen. Ein mit Lametta geschmückter Christbaum war *das* Statussymbol des aufstrebenden Wirtschaftswunders namens Österreich. Je mehr, desto besser. Heute würde dieser Schmuck durch den hohen Blei- und Zinnanteil in den Streifen unter die Kategorie Sondermüll fallen. Damals aber sollte das Glitzern die Schnee- und Eiskristalle draußen in der kalten Weihnachtsnacht symbolisieren. Stundenlang mussten wir Kinder mit den Großmüttern und meiner vor Nervosität platzenden Mutter den Baum schmücken, während die Herren, also Großväter, Väter und Cousins draußen in der Küche saßen und die Lachsbrötchen verspeisten.

Die Großmutter ließ dann ihre Wut über die leergegessenen Teller lautstark wie einen auf ein Blechdach hämmernden Regen über die Männerwelt niederprasseln. Wir Kinder freuten uns darüber diebisch und tranken dafür die Flasche Eierlikör aus, die sie am Tisch stehen gelassen hatte.

Trotz Nervosität, lautstarker Kritik und aller Zwistigkeiten in der Familie erstarrten wir spätestens beim Klang des Glöckchens zu Stein. Alle. Die Onkels, die Omis und Opis, die Schwiegereltern, Geschwister, meine Mutter und mein Vater, alle blickten verzückt in die silberglitzernde Pracht. Es war Magie – der Zauber von Weihnachten!

Seliges Glück legte sich weich wie Lametta über unsere aufgewühlten Seelen, die glitzernden Streifen strichen sie glatt und es entstand in uns stiller, wohltuender Frieden.

„Oma!“, rüttelt mich Engelchen aus meinen Träumen. „Was ist Lametta?“

Natürlich kann und darf ich dem Kind nichts von unseren früheren Christbaumschmuckorgien erzählen, ich will ihm den Zauber von Weihnachten nicht nehmen, also übergehe ich seine Frage und versuche, seine Aufmerksamkeit wieder auf die Palatschinken zu lenken.

Diese sind trotz meiner Träumereien fertig. Engelchen sitzt erwartungsvoll am Tisch und freut sich auf seine morgendliche Mahlzeit. Ich bestreiche eine Palatschinke mit Marillenmarmelade, rolle sie ein und lasse den Staubzucker in dicken Flocken auf sie herunterfallen. „Siehst du, jetzt schneit es!“

„Oma“, wiederholt mein Engelchen, „sag mir, was Lametta ist!“

Es hilft nichts, die Frage muss beantwortet werden. Weil es bei uns aus ökologischen Gründen diese Form von Christbaumbehang nicht mehr gibt, zeige ich ihm eine Rolle Alufolie, die ich vor ihm ausbreite, während Engelchen ohne Besteck nach der Palatschinke greift, gierig das eine Ende abbeißt und mich lachend, fast spitzbübisch anschaut. Beide schauen wir glücklich in die ausgebreitete Alufolie. Wir sehen uns im Spiegelbild.

„Omi, das sind ja wir zwei!"

„Und was siehst du, Engelchen?"

„Zwei echt dicke Weihnachtspataschinken!", lacht mein Engelchen in die Folie, dabei tropft ihm etwas Marillenmarmelade aus dem Mundwinkel.

Ich reiße ein kleines Stückchen von der Alufolie ab und rolle es wie eine Spaghetti Nudel zusammen.

„Siehst du, so kannst du alle lachenden und glücklichen Gesichter einfangen, zusammenrollen und damit den Christbaum zum Glitzern bringen, das ist Lametta!"

Mittlerweile schlurfen nach und nach auch die anderen hungrig in die Küche. Engelchen isst noch eine Palatschinke und zieht sich dann mit der Rolle Alufolie und Freddy in das Kinderzimmer zurück, während ich dem Rest der Familie ein gutes Frühstück auf den Tisch stelle, inklusive der veganen Eierspeise, die ich mit Sojaflocken, Hafermilch, Mineralwasser und Kurkuma zubereitet habe. Mein Experiment ist gelungen, Constantin ist glücklich und die Hühner bekommen den alten Klumpen Teig und ihren Kukuruz dazu.

Wir sitzen am Tisch, lachen, plaudern und diskutieren, auch über neueste Trends in der digitalen Welt. Jetzt bin ich ganz still und höre den hoffnungsvollen, teilweise aber auch kritischen Betrachtungen meiner Söhne interessiert zu. Ist alles sehr aufregend, was sie erzählen, und die Zeit vergeht schnell.

Plötzlich steht Engelchen wieder vor mir, erschöpft und mit hochrotem Gesicht.

„Was ist denn los, mein Engelchen?", frage ich besorgt. „Du bist ja ganz verschwitzt!"

„Omi, ich hab' dem Christkind seine Arbeit abgenommen und ganz viele lustige Gesichter eingefangen ... ein Geschenk nur für dich!"

Dann hält er mir den Papierkorb vor meine Nase. Ich greife hinein und ziehe unzählige Lametta-Spaghetti-Streifen heraus.

Dann falle ich dem kleinen Nasenrentierrudikind um den Hals.
Es hat die Magie von Weihnachten verstanden.

Das hätte Google nicht erklären können, wie aus Lametta Liebe wird.

FROHE WEIHNACHTEN!

FEINE „GLÜCKS"-WEIHNACHTSKEKSE

AUS DEM HAUSE ULLI AMON-JELL

<u>Zutaten</u>
150g Butter
150g Mehl
150g geriebene Nüsse
1 Ei
2 Esslöffel Kakao
eine Prise Zimt und eine Prise Nelkenpulver

<u>Zubereitung</u>
Aus den Zutaten einen Mürbteig kneten, die Hälfte des Teiges mit Kakao einfärben. Nicht wundern, es gibt keinen Zucker!
Danach den Teig auf einer bemehlten Arbeitsfläche ausrollen und beliebige Kekse ausstechen. Diese auf ein mit Backpapier belegtes Blech legen und im vorgeheizten Backofen bei 180° Grad Ober- und Unterhitze etwa 10 Minuten backen. Nach dem Backen abwechselnd ein weißes und ein dunkles Kekserl mit Marmelade zusammensetzen.

Wir lieben diese Bäckerei. Sie lässt sich gut in einer Dose aufbewahren und schmeckt auch nach längerer Lagerung sehr gut. Darf bei uns bei keiner Weihnachtsbäckerei fehlen.

Gutes Gelingen und frohe Weihnachten!

Danke an Ulli Amon-Jell vom Landgasthof Jell aus Krems für das Keksrezept.

Das Rezept für meine „speziellen" Glückskekse erfahren Sie bei einer meiner Lesungen.

DIE AUTORIN

Mag. Katharina Grabner-Hayden, geb. 1964 in Wien, Studium der Sozial- und Wirtschafts-wissenschaften. Die vierfache Mutter und Großmutter lebt, liebt und arbeitet in Niederösterreich.
Seit 2009 publiziert sie in diversen Zeitungen und Blogs und hat sich mit den Romanen „Lö-schen", „Drei Leben" und den humorvollen Anekdotensammlungen „Jeder Tag ein Muttertag", „Ein himmlisches Chaos", „Komm ins Bett, Odysseus!", „Einmal Scheidung mit alles!" und „Von Nudeln, Nockerln und Neurosen" in die Herzen einer breiten Leserschaft geschrieben. 2020 erschien die Satire „Endlich Ruhe! – Sterben für Anfänger" mit großem Erfolg. Mit dem neuen Buch „Mehr Lametta, Schatzi!" taucht sie ein in den „Irrsinn", der Weihnachten heißt.

Katharina Grabner-Hayden ist bekannt und beliebt für ihre Lesungen und musikalischen Lesekabaretts.

Mehr Informationen und Termine unter www.grabner-hayden.at

KARL HEINRICH WAGGERL

WEIHNACHTS- UND ANDERE GESCHICHTEN

Erinnerungen an die Kindheit

Karl Heinrich Waggerl
Weihnachts- und andere
Geschichten
978-3-99103-020-1
152 Seiten; 21 cm x 15 cm
Hardcover
€ 9,90

„Immer am zweiten Sonntag im Advent stieg der Vater auf den Dachboden und brachte die große Schachtel mit dem Krippenzeug herunter. Ein paar Abende lang wurde dann fleißig geleimt und gemalt, etliche Schäfchen waren ja lahm geworden, und der Esel mußte einen neuen Schwanz bekommen, weil er ihn in jedem Sommer abwarf wie ein Hirsch sein Geweih ..."

So beginnt eine der bekanntesten Weihnachtsgeschichten des beliebten österreichischen Heimatdichters Karl Heinrich Waggerl. Viele verbinden diese Geschichten mit ihrer eigenen Kindheit, als sie diese von den Großeltern oder Eltern vorgelesen bekamen und sich auf das Christkind freuten. Gerade heute in der Zeit des Weihnachtskonsumrauschs tut es gut, die Ruhe einkehren zu lassen und sich auf das Wesentliche zu besinnen. Dabei ist die Lektüre der weihnachtlichen oder auch anderen.. Waggerl-Geschichten genau das Richtige, um „abzuschalten", zu entspannen und sich in die Vorfreude und Gefühlswelt der eigenen Kindheit zurückzuversetzen!

Ein zeitloser Begleiter durch den Advent!

DIETER MAIRINGER

N FAUNGT WEIHNACHTN AU?

Altes und Neues zu Advent und Weihnachten

Karl Heinrich Waggerl
Weihnachts- und andere Geschichten
978-3-99024-918-5
192 Seiten; 21 cm x 15 cm
Hardcover
€ 19,90

Alle Jahre wieder ... steht für viele Weihnachten allzufrüh vor der Tür. Es sind die Kritischen, denen Weihnachtslebkuchen schon ende September so gar nicht mundet. Für manche aber, und das sind speziell die Kinder, kann das Christkind nicht früh genug kommen. Und andere wieder, die finden manches, was mit Weihnachten so passiert, einfach nur zum Lachen. Letztlich aber gibt es Menschen, die zu Advent und Weihnachten Besinnung, Einkehr und Stille suchen und ersehnen.

Weihnachten hat also viele Gesichter. Hans Dieter Mairinger geht in seinen alten und neuen mundartlichen Weihnachtstexten auf alle diese unterschiedlichen Seiten von Weihnachten ein. Er versteht es, die Dinge auf den Punkt zu bringen und dem Leser kritische Blicke, Lächeln oder auch besinnliche Gedanken zu vermitteln.

Mairingers Weihnachtstexte sind also vielfältig, unkonventionell und sprechen die Sprache des Herzens, die Mundart. Mögen diese Texte Leser, Vorleser und Zuhörer berühren, erheitern und nachdenklich stimmen. Und natürlich geben sie auch Antwort auf die Frage: „Waun faungt Weihnachtn au?“